法藏知津

中國佛教研究集成

初 編

杜潔祥 主編

第 15 冊

《魚山聲明集》研究
——中國佛教梵唄發展的考察（上）

賴信川 著

花木蘭文化出版社

國家圖書館出版品預行編目資料

《魚山聲明集》研究——中國佛教梵唄發展的考察（上）／賴信川 著 — 初版 — 台北縣永和市：花木蘭文化出版社，2010〔民99〕

序 4+ 目 4+206 面；19×26 公分

（法藏知津——中國佛教研究集成 初編：第 15 冊）

ISBN：978-986-254-157-9（精裝）

1. 梵唄 2. 佛教史 3. 天臺宗 4. 日本

224.53   99001957

ISBN - 978-986-254-157-9

法藏知津——中國佛教研究集成
初 編 第十五冊   ISBN：978-986-254-157-9

《魚山聲明集》研究——中國佛教梵唄發展的考察（上）

作　　者　賴信川
主　　編　杜潔祥
總 編 輯　杜潔祥
印　　刷　普羅文化出版廣告事業
出　　版　花木蘭文化出版社
發 行 所　花木蘭文化出版社
發 行 人　高小娟
聯絡地址　台北縣永和市中正路五九五號七樓之三
　　　　　電話：02-2923-1455／傳真：02-2923-1452
電子信箱　sut81518@ms59.hinet.net
初　　版　2010 年 3 月（一刷）　2010 年 8 月（二刷）
定　　價　初編 36 冊（精裝）新台幣 55,000 元

《魚山聲明集》研究
——中國佛教梵唄發展的考察（上）

賴信川　著

作者簡介

賴信川，台灣台北縣人。台灣華梵大學東方人文思想研究所文學碩士，香港新亞研究所文學博士。學術專長為中國文學史、中國思想史、佛教史、梵唄史及佛典翻譯等。歷任光武技術學院、北台科技學院、德霖技術學院、經國管理暨健康學院、國立台北商業技術學院等多校通識學科教師。現任淨覺僧伽大學（泰國摩訶朱拉隆功佛教大學台灣分校）、經國管理暨健康學院、國立台北商業技術學院通識教育中心兼任助理教授，主授語文及佛教學相關學科。著有《一路念佛到中土——梵唄史談》、《遊心法海》。

提　　要

　　梵唄，固然可以當作佛教藝術／音樂的層面來研究，然而梵唄不僅只是音樂藝術而已，最重要的：它是一個成佛做祖的方便道——「戒、定、慧」三無漏學之藝術。如果忽略了梵唄在佛教教理上的位置，將無法探得梵唄的真實面貌。而研究中國佛教的梵唄發展史，需要一個有利的視角，以方便切入發展上的脈絡，使成為全面性開展考察的基礎。《魚山聲明集》符合了這個條件，它不僅是自唐以來流傳至今，日本佛教天臺宗的「聲明集」，更是一本收錄了隋唐風格的梵唄課誦本。其所具備的條件正可以扮演了這個切入中國佛教梵唄研究的重要角色，因此選擇了本書作為學位論文的研究主題。本研究是以「梵唄的四個重要基源問題」所構成的「梵唄研究模型」作為考察基礎，「梵唄的四個重要基源問題」，也就是以「結構論」、「角色論」、「功能論」與「歷史觀」的架構作為本研究的開展。就此將本研究的章節敘述如次：

　　第一篇序論，在「序論」中下屬三章，分別是：第一章、《魚山聲明集》研究的主題；第二章、前人研究成果及佛教梵唄與音樂的研究徑向；第三章、本論文的研究方法。

　　第二篇為聲明的意義與唄讚文化的發展，這一篇是用來作為了解「魚山聲明」的背景知識，下屬三章二節，分別是：問題點之所在；第四章、「聲明」與「梵唄」；第五章、梵唄的功能與角色思想；第六章、印度與我國自漢魏到隋唐唄讚文化的發展；小結。

　　第三篇為隋唐梵唄的遺風——《魚山聲明集》，這篇就是研究本文主題《魚山聲明集》的成果，下分三章二節，內容如次：問題點之所在；第七章、《魚山聲明集》的編訂及其流傳；第八章、《魚山聲明集》內容的特色與構造；第九章、《魚山聲明集》的保存與研究現況；小結。

　　第四篇為總結——《魚山聲明集》帶給我們的啟示，該篇不分章，直接分成四節，內容如次：第一節、禮失而求於諸野；第二節、現行臺灣梵唄研究方式的省思；第三節、成立「佛教梵唄史」的條件；第四節、「魚山聲明」研究的未來展望。

特別致謝

本研究完成首要感謝

我們辛苦的導師　曉雲大師

老人家爲了天臺宗法脈傳承所做的努力，眞是令人難以想像。沒有她這樣籌辦華梵大學與東方人文思想研究所，恐怕筆者也不能領略天臺教義的過人之處。

華梵大學東方人文思想研究所的所長周春塘教授，及全體所上的教授們。

本研究能夠完成，要感謝他們不眠不休研究與教學，眞正爲了培養跨世紀的人文學者而努力。

華梵大學東方人文思想研究所　何廣棪教授

國立臺灣師範大學音樂研究所　陳萬鼐教授

兩位指導老師苦心的栽培，感激之情，刻骨銘心。

財團法人覺風佛教藝術文化基金會

中華慧炬佛學會

台北樹林　福慧寺

高雄燕巢　觀音禪寺

華嚴蓮社

大乘精舍印經會

感謝以上單位對本研究的贊助與支持。

香港中文大學榮譽教授　饒宗頤教授

加拿大卡加利大學（University of Calgary）　巴博教授（Prof. A. W. Barber）

這兩位老師親切的鼓勵，與對後學不遺餘力的提供解惑與提攜。

日本京都魚山大原寺實光院天臺宗大僧正　天納傳中教授

日本京都大谷大學　岩田宗一教授

這兩位老師對於後學研究的鼓勵，及提供所有能夠提供的資料，深深感謝。

國立臺灣大學日文系　米山禎一教授

筆者的日文老師，不僅教授日文，還到日本協尋資料。

華梵大學東方人文思想研究所　釋悟觀教授

華梵大學東方人文思想研究所　蔡耀明教授

兩位授業恩師，提供頗多的資料與意見，對本研究的觀念形成上有決定性影響。

華梵大學共同科講師　范李彬老師

四海工專國文科講師　陳由斌老師

兩位老師與筆者亦師亦友，提供相關資料與必要的協助。另外，還有一位特別要感謝的老師，那就是：

中國文化大學退休教授　陸雲逵教授

南宋文學家陸游的後代，當代碩果僅存的傳統禮樂大師，對於後輩晚生十分提攜。對筆者愛護特別有加，高齡與我國同壽的他迄今仍不眠不休撰寫書籍，為傳承我國古代文化而努力，筆者深受感動。

還有很多很多關心筆者的人們，包含學弟妹、學長姐及親朋好友，在此一併感謝。

最後筆者要感謝三寶的支持，併感謝接受皈依的四位大師：

臺北市靈山講堂　淨行上人

臺中縣六佛茅蓬　慧坦大師

南投水里蓮因寺　懺雲大師

臺北市東湖格魯派　堪布昂念仁波切

他們無時無刻在護念著眾生，傳承一代清靜的善逝教法，也對筆者關懷有加，真正感恩所在。

末了謹將本研究成果獻給有心弘揚一代善逝教法的人們。如此微薄的淺見，若能利益眾生，接引初機，成熟老參，即是心願所在。

目

次

自 序

　　梵唄，又稱「唄匿」、「婆陟」（Bhasa），是佛教的儀式音樂。說到儀式音樂，重點應該是在「儀式」與「音樂」的研究，然而過去大多以音樂爲主要範疇來進行，歸入「佛教音樂」項目之下。我國臺灣地區以民國 59 年，李純仁先生的研究爲最早，之後的研究工作者，則以保存傳統唱腔的使命感而努力，爲中國佛教的梵唄研究留下了可圈可點的成就，眞正是應該給予掌聲鼓勵的。

　　然而就臺灣當前的佛教而言，這樣的梵唄研究，似乎是不足的。從昭慧法師就佛教的「非樂思想」及「音聲佛事」的探討撰寫了《從非樂思想到音聲佛事》，到法藏法師爲了當前部份人士持有的「梵唄無用論」及「非佛本制論」，爲了對教界提出諍言而作的《梵唄考略》。從這兩位法師的論文來看，國內對梵唄研究的需求，是到了要作「歷史考辨」的階段。然而，專門研究梵唄的學者向來就不多，教界人士不是針對現行律儀，就是在於唱法的辨正。而音樂學界則置於民族音樂學的範疇，使用西方宗教音樂觀點，以田野調查的采風，以曲式分析等樂學方式來研究梵唄。

　　但是若要回應「梵唄無用論」或「非佛本制論」，則已非純粹的音樂學問題，而是宗教上的問題，因之無法純以音樂學的方法來因應，尤須梵唄的歷史與佛教發展的視野上來理解，卒能獲得圓滿的解答。這才能進一步反省當前梵唄的表現形式：諸如可否放置音樂伴奏的這類問題。「梵唄無用論」或「非佛本制論」這個問題，也無法純自田野調查進行，必須追索梵唄在宗教的意義與歷史的發展。梵唄並非單純的佛教樂曲。沒有清晰的「梵唄史觀」，佛教音樂的創作，甚且是梵唄的創作，得不到理據的情況下是不會爲佛教所接受的。

　　因之吾人主張：梵唄的研究，除了聲曲本身以外，更在於背後所指導的思想與教義。自有佛教以來，梵唄的流傳，與其說是讚嘆佛菩薩的功德，不如說是一套方便成佛的法門。唯有從這個意義上來探討，梵唄的面貌才不致失真。所以佛教文化的研究，仍須先從教理入手，並從教史的發展來觀察，才能找到切確的答案。因此，本研究僅為《魚山聲明集》一書的研究，是可以從佛典目錄的角度來研究即可，但若忽略了該書所著錄的梵唄在中國佛教梵唄發展史上的地位，則十分可惜。蓋因《魚山聲明集》雖非成書於隋唐之時，著錄的內容多為我國隋唐時期的梵唄，敦煌資料足資可證。《魚山聲明集》真正的地位與價值在於此。然而該書卻罕為我國學界做相關的研究，不僅《魚山聲明集》一書，就連隋唐以前的佛教梵唄史發展研究付之闕如。這正是筆者必須在論文內就該書研究以前，必須先上溯佛陀以來的印度佛教梵唄，及來到中國以後，至隋唐以前的梵唄源流做一介紹，致此以如此面貌呈現的原因，主要仍在凸顯《魚山聲明集》歷史地位緣故。

　　本研究的過程可謂曲折離奇。專科學生時期，筆者就讀一所基督教會所辦的學校，校園頗有該教的氣氛，然所參加的是佛學社團。同窗好友當中不乏基督徒，常常相勸信仰耶穌，崇拜上帝，筆者總是一笑置之。一日，校外傳來佛教的儀式音聲，原來是比鄰住家辦喪事，吵雜的誦經聲音讓幾位同學頗為不解：「為什麼佛教的音樂這麼吵雜？」

　　一句無心的話，讓我放在心裡好久。悠揚的聖樂為基督教做了有力量的宣傳，他們創作了大量悅耳的聖歌，發展出了完整複雜的音樂理論。相形之下，佛教像是單薄了許多。佛教並沒有像西方那樣的複聲音樂，僅有單聲調的誦經音聲。拿音聲美感來比較，在這方面，佛教是要輸給了基督教。然而佛教的梵唄音聲為什麼可以存在人類歷史上這樣的長久？

　　毫無疑問，佛教擁有史上最偉大而深澳的哲學，但發展出這樣吵雜的宗教樂聲，頗為不稱，這個問題盤旋在心裡十多年了。但在筆者大學三年級，為了學習詩詞吟唱，偶然翻到《大正藏》第八十四冊，找到了這部《魚山聲明集》，這才知道佛教不但有音樂哲學，更有豐富的音樂資料！於是便許下心願：希望有朝一日必定研究這部珍貴的《魚山聲明集》。

　　佛菩薩是慈悲的，讓筆者考上了華梵大學東方人文思想研究所。我記起這個誓願，便開始進行這個研究工作。然而，所上並沒有專攻研究佛教梵唄的教授，國內的佛教界也沒有這樣的專家，心有餘而力不足。所幸研一時選

修了「亞洲佛教專題研究」，釋悟觀老師講授日本佛教史，提點筆者。這才領悟要找的東西可能就在日本。

民國 85 年 10 月，筆者參與籌辦日本中央大學來臺學術交流計畫。日方友人為表示感謝，邀請回訪。遂於民國 86 年元月前往東京，其間在神田神保町書店內，找到了相關的資料，顯示出魚山聲明的保存者就是日本佛教天臺宗。

回國後，筆者從這些資料裡，發現傳承《魚山聲明集》的根本道場在京都大原，對《大正藏》八十四冊的「聲明」典籍也算有了概念。但是心中仍有一些疑點：首先是《魚山聲明集》內的梵唄是來自中國，怎樣傳到日本？其次與現存的中國梵唄有所不同的地方是：《魚山聲明集》有中國梵唄所沒有的音律記載。這點讓筆者興奮了好久，為什麼日本有這樣的譜記，而中國卻沒有？但是最重要的是，從來沒有聽過魚山聲明的音聲，真的很想聽到那本梵唄本記載的聲曲。

就這樣，計畫了第二次日本的探索。但是遭遇到的挫折實在不小！先是募集同學參與的計畫失敗了，接著是參與的老師們紛紛取消行程。如此一來，遇到了兩難的境地——不去，東京的友人感到失望，他們都安排好行程，準備接待，不去的話就辜負了一番盛情；如果去的話，一來要瞞著父母，二來到了那裡，日語是一大考驗，諸多事宜都要想辦法自行料理。就在此時，華梵大學東研所客座教授，加拿大籍學者巴博教授（Prof. A. W. Barber）適時給予關懷鼓勵。他透過關係，聯絡好了京都大谷大學，專攻佛教音樂的著名學者，岩田宗一教授，並三番兩次告訴筆者，就算是一個人，無論如何都一定要去！巴博教授的耳提面命，讓筆者鼓起勇氣，一個人前往日本接受挑戰。

沒有想到，在簡單日語會話能力之下，獨自通過了海關審驗；在沒有人接送情形下，獨自搭乘電車從大阪來到京都；又在未曾見面，言語不通的情形下，在京都撥打公用電話與岩田教授聯絡。在初次見面情形下，讓岩田教授引領參觀了研究室，在研究室內又以簡單的日語討論了相關的問題，一切的一切都是第一次！我竟然在日本，無人協助的情形下，獨自完成了這個畢生難忘的訪問。岩田教授是日本當代著名佛教音樂學者，是日本《佛教音樂辭典》的四位主編之一。這次不但能夠訪問他，還受邀參觀研究室，不僅解答了許多問題，還獲贈了如獲至寶的相關資料。但是更重要的是，他還介紹了筆者真正想要參訪的，京都魚山大原寺，日本天臺宗梵唄權威學者，也是

《佛教音樂辭典》的編者之一，天納傳中教授。這使得筆者得以在第二天來到這座數百年以上的老寺院內，接受一切夢寐以求的事物，解答了大部分筆者想要知道的聲明歷史與傳承上的問題。京都的一切，我的感受也只能用「對佛菩薩無盡的感謝」來表達。

岩田教授與天納教授兩位的厚愛，真是佛菩薩的恩惠。他們不僅送給了筆者想要的原始資料、相關研究的論文，更解答了筆者最想知道的問題點。但重要的是，也贈與了魚山聲明的音聲資料。回想起這一段，心裡真的充滿了感激、甜美。沒想到我可以在語言不通的情形下，學到了這些珍貴的知識，認識這樣了不起的學者。一切的一切，只能說是佛陀的恩惠。今天研究論文有了重大突破。京都學者們的厚愛，巴博教授的鼓勵，所上老師們的啟發，這一切都令人永生難忘！

指導教授的關懷更是令人感激不已。在論文撰作期間，業師何廣棪教授及陳萬鼐教授時常給予筆者關懷。然而筆者卻因經濟關係，忙於工作，以致疏於向兩位教授親近問學。後雖辭去工作，全力撰寫論文，卻仍少與兩位教授聯絡，一力蠻幹，以致論文面貌，疏陋至此！兩位老師向為學界尊宿，學生的論文品質不致如此。距離考試不到一個月才完成論文，在這種緊迫情形下，還要老師細心指導，可謂過份非常。然而，兩位教授對筆者的關愛依然如舊，不厭其煩地指導，使筆者慚愧不已。自己任性的行為，損及老師們的名譽，造成老師們沈重的負擔，感到十分抱歉。「一日為師，終身為父」，筆者一方面獲得了為學上的受益，另一方面也深深體會到兩位人師的偉大！

本次《魚山聲明集》研究的重點，並非發現了新的佛教梵唄的唱法，而是冀望對於佛教梵唄發展史上開展了新的視野。這次的研究裡，筆者所得到的啟發是：不只是探索了失傳的我國隋唐時期梵唄，最重要的，日本對於傳統文化的保存態度與努力值得學習。經歷了如此久遠的歲月，今天仍然還可以聽得到它們的音聲，這是最值得我們去學習，去研究的所在。韓國也有一些我國佛教固有的梵唄及儀軌。因此筆者以為：若想對中國佛教文化有更完整的認識，亞洲佛教的研究是必要的。

民國八十八年六月
於臺北新莊東方人文思想研究室

附圖一：《魚山聲明集》首頁

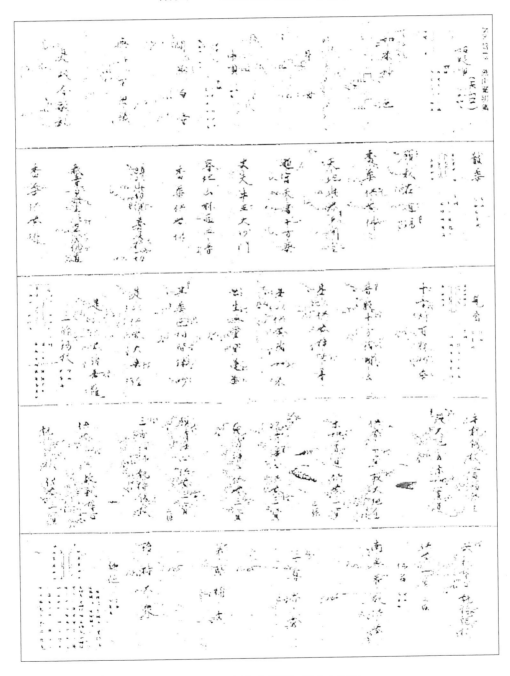

取材自《大正新修大藏經》第八十四冊

附圖二：日本佛教天臺宗課誦本

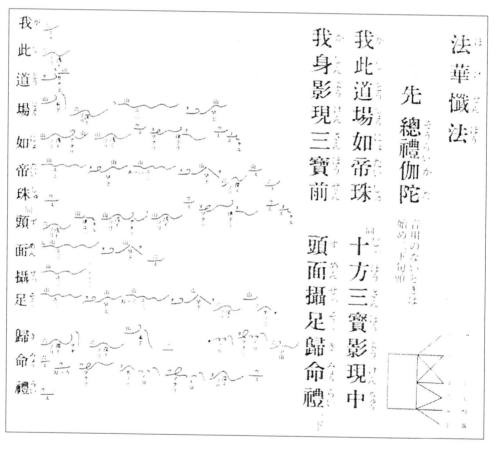

取自《台宗課誦》（日本京都：芝金聲堂，昭和 60 年（1986）8 月出版）

附圖三：魚山大原寺地圖

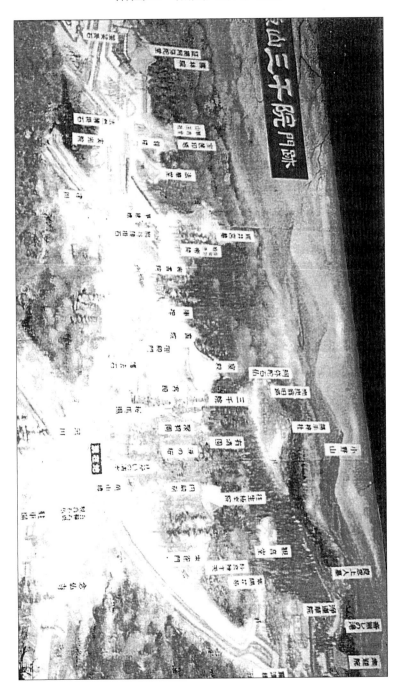

筆者攝於大原三千院門前，民國 87 年 1 月 18 日

附圖四：魚山大原寺實光院

該照片爲天納傳中大僧正提供

附圖五：魚山大原寺勝林院藏「調子竹」

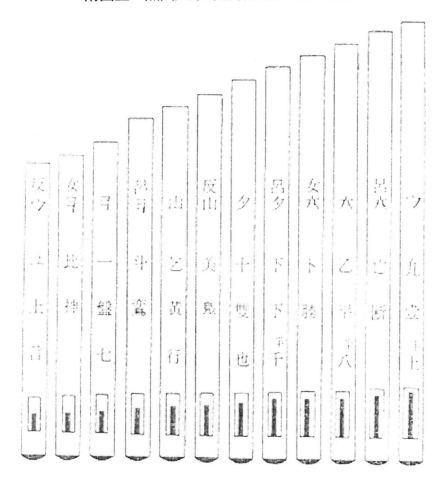

用作音律之律準
取自天納傳中《天臺聲明概說》

附圖六：天臺聲明練習用的「音律器」

十六顆口磬
筆者攝於大原實光院，民國 87 年 1 月 18 日

附圖七：日本佛教天臺聲明傳人

天納傳中大僧正（右）與筆者合影
攝於大原實光院，民國 87 年 1 月 18 日

第一篇　序　論

第一章　《魚山聲明集》研究的主題

　　這世上，再也沒有像梵唄這樣深情的音聲了！

　　不論是在北邊的高原，乃至南邊的海岸，甚且是烏蘇里江的江邊，還是帕米爾高原邊上，這「普天之下，莫非王土」的中國，到處都看得到寺廟。寺廟裡，除了如雲如蓋的裊裊香煙之外，就是高聳入雲的佛菩薩名號，和陳陣陣海潮的誦經聲。誦經的有廟裡的師父，還有我們的母親。

　　寺廟的四周，則是戶戶佛堂的鄉鎮。佛堂裡，常常看到一幅手捧羊脂淨瓶，立足龍雲頂端的佛菩薩畫像；伴隨著裊裊升起，代代相傳的煙火，是木魚聲，也是那佛號誦經聲，誦經的人也是我們的母親。

　　梵唄裡，有媽媽的音聲；那裡有多少祈求的心聲、感恩的心聲。這份心聲，是這樣常常託付給眼前那碩大的佛菩薩聖像，在郵電不發達的時代裡，佛菩薩可能是最可靠的信差，祂們常常要幫忙把這份慈母的愛，遞予那雲端之下的遊子。

　　是這樣，佛教深情款款地走入了每戶人家。不論他們認識佛祖與否，儘管他們對教義一無所知，就算是願意徜徉在這難忍難耐的五濁惡世，還是無知於另一個美麗而遙遠的極樂世界，哪怕是中觀與唯識，抑是八宗和五葉，誦經和念佛能夠獨得心安與庇佑，是千年以來人們的共識。梵唄，就算內容再深，義理再深，再難唱的曲調，大家還是願意唸，願意唱，只因為，梵唄，是媽媽的音聲，是希望的音聲，也是感恩的音聲，更是那代代相傳，風俗得以淳厚的音聲。

　　豪無疑問，佛教擁有這世界上無以倫比的哲學，佛教的主張與理想又是超越了這個世上一切宗教，然而，擁有這樣深邃的哲學，與超越世間所有的宗教境界，若非高度文明國家，受過高級的哲學，與其他高等教育的知識分

子，恐怕難以信受。然而佛教卻跨過了世界屋脊，飛越了廣闊海洋，是世界最大，跨越國界最廣，擁有最多信徒的宗教，豈不怪哉？這份寄託了慈母祈求的音聲，梵唄，恐怕要扮演了重要的角色呢！

第一節　研究佛教梵唄的意義

南宋著名的大儒、學者鄭樵注意到了這個現象，他在於《通志》的《七音略·七音序》裡提到了這件事情：

> 今宣尼之書自中國，而東則朝鮮，西則涼夏，南則交趾，北則朔易，
> 皆吾故封也，故封之外，其書不通，何瞿曇之書能入諸夏，而宣尼
> 之書不能至跋提河？聲音之道有障閡耳，此後學之罪也！〔註1〕

宣尼（孔子）的儒家義理不能流行於國外，如印度，在鄭樵來看，正是這「聲音之道」有障礙隔閡的關係。那麼什麼是「聲音之道」呢？鄭樵以爲：

> 漢人課籀隸，始爲字書，以通文字之學。江左競風騷，始爲韻書，
> 以通聲音之學。然漢儒識文字，而不識子母，則失制字之旨。江左
> 之儒，識四聲而不識七音，則失立韻之源。……夫制字之旨，四聲
> 爲經，七音爲緯，……縱有平上去入爲四聲，而不知衡有宮、商、
> 角、徵、羽、半徵、半商爲七音……。〔註2〕

鄭樵提到的「七音」，正是音樂上的七個音階，這七音階是來自北周武帝時代的龜茲人蘇祇婆所傳琵琶上的七聲，而：

> 古無韻字，猶言一韻聲也：宮、商、角、徵、羽爲五聲，加少宮、
> 少徵爲七聲……韻者，聲之本也，皆主於七，名之曰韻者，蓋取均
> 聲也。臣初得《七音韻鑑》，一唱而三嘆，胡僧有此妙義，而儒者未
> 之聞及乎。〔註3〕

換言之，語言之中含有音樂之音階，正是鄭樵以當時外來的佛教能通行全中國的主要原因，他對這種佛教特有的音聲文化給予高度的評價：「釋氏以參禪爲大悟，通音爲小悟。」〔註4〕

〔註1〕請見南宋·鄭樵著，《通志·七音略》之《七音略序》，該文見於臺北市藝文印書館《等韻五種》之《七音略》部份，民國78年9月三版，頁3。
〔註2〕前揭書，頁3。
〔註3〕前揭書，頁6。
〔註4〕關於《七音略》的內容問題，目前學者普遍以爲《七音略》所主張的是「聲

其實在佛教文化當中，語言與音階的結合，無非就是「轉經」、「轉讀」，或是「梵唄」。南朝梁・慧皎大師提到：

> 情動於中，而形於言；言之不足，故詠歌之也。然東國之歌也，則結詠以成詠，西方之讚也，則作偈以和聲，雖復歌讚爲殊，而並以協諧鍾律，符靡宮商，方乃奧妙。故奏歌於金石，則謂之以爲樂；設讚於管絃，則稱之以爲唄。〔註5〕

這種轉讀經典之法，自古以來深受中國文人的喜好，對中國文學，乃至中國音樂都發生極爲深遠的影響，而在佛教的傳播方面更有極大的影響。是故自南北朝以來的《高僧傳》、《續高僧傳》等各類高僧傳記的體例中，都有將音聲方面成就列爲要目（如《高僧傳》有《經師篇》等篇，《續高僧傳》有《雜科聲德篇》等篇）。足見「音聲之道」就是「瞿曇之書能入諸夏」的論點，鄭樵之說，其來有自。

在世界上，很多宗教都仰賴音樂來傳播它的教義。基督教有「聖歌」，回教有其祈禱聲曲，道教則有「科儀」與「道情」，佛教則是「梵唄」。然而所有的宗教音樂皆有一個共同的特性：就是宣揚其教主的偉大及其崇拜的意義，使信徒升起信仰熱切的殷望。佛教則有其獨到之處：它不僅有其崇拜菩薩的信仰部份，更有其修行的作用，也就是所謂的「修行法門」。這種「以理化情」之道不僅成爲部份僧人終身的事業，每日持誦經咒不斷，還形成了寺廟重要的生活重心。在中國，很多寺廟道場每天朝暮固定的五堂功課不算，

韻學」，也就是漢字字音的詮釋方法，被視爲「等韻」、「韻圖」之學的一部份，此派學人主張聲韻與音樂無關，只取其「等」及「內外轉」，而視七音爲「穿鑿附會」。然而，筆者的看法與此不同，若與音樂無關，則何以在序文內引出龜茲人，蘇祇婆的琵琶七種調，又提到唐代揚收論琴五絃之外復亦有二絃，再提到漢章帝太常丞鮑業始旋十二宮以七聲爲韻。鄭樵在序文內言明：「琴者，樂之宗也，韻者，聲之本也，皆主於七名之爲韻者，蓋取均聲也。」又復鄭樵於《通志・六書略第五》的「論華梵中」一文中說到：「觀《七音韻鑑》出自西域，應琴七絃，天籟所作，故從衡正倒，展轉成圖，無非自然之文，極是精微。」又說：「梵人長於音，所得從聞入，故曰：『此方眞教體，清淨在音聞。我昔三摩提，盡從聞中人。』有『目根功德少，耳根功德多』之說。」從前後對照，不難看出鄭樵所論述《七音略》並非純論音學之聲韻學，應論語言與音樂相關之「音韻學」，其所本者則來自梵文之朗誦。見鄭樵撰，王樹民點校之《通志二十略・上》（北京：中華書局，1995 年 11 月一版），頁 350～352。

〔註5〕請見梁・慧皎撰寫，《大正新修大藏經》第五十冊之《高僧傳・經師第九》（臺北市：新文豐圖書公司出版，民國 85 年 9 月修訂一版三刷），頁 414。

還有很多的法會，如講經、佛七、禪七、節日法會、信徒應酬等等，無一不用到梵唄。不論是住在茅逢，還是在公寓，乃至大寺廟道場，不管是信施的檀越有事，還是個人修懺用功，梵唄的運用是處處可見。因此，數千年來，傳唱不絕，不僅僧人們因此獲得智慧，往往極樂世界，中華文化還因此開展出了嶄新的一頁：聲韻學、音樂、舞蹈及戲劇等等出現，我們的列祖列宗、祖母和母親也得以在那些的苦難日子裡，靠著這些佛號經咒——梵唄裡獲得了身心的慰藉。

　　寶島臺灣，在風雲際會之下，成為中華佛教最後一片淨土，雖其發展歷史如此短淺，然而眾志成城，法會昌盛，誠屬歷來罕見，卻也不少異化現象。梵唄的流變便是其中之一。隨著梵唄而起的「佛教音樂」與「佛化歌曲」，近十年來隨著佛教傳播的發展而興盛，隨著社會人士的喜好而逐漸風行了起來。在此一潮流之下，部份僧侶，與教界信徒也加入此一行列，他們不僅消費，更投入了創作、演唱的隊伍之中，其曲式與曲風的導向更是日趨俗化，因而引起了教界人士擔憂。臺灣南普陀佛學院的法藏法師便因為這樣而撰寫《梵唄略考》一文，對這個問題表示了他的關懷，他說：

> 出家這幾年來，看到出家人對於梵唄的認知，率多一知半解，甚至認識偏差，因地不正的，亦不在少數。有些人不喜梵唄，堅持「梵唄無用論」或「非佛本制論」，視一切佛門傳統唱誦或儀式等，皆為異端而排斥之。完全無視於經、律之中，佛有開許的明文，以及如法從事梵唄，所產生的功德利益之事實。……另一方面，……「佛教音樂」近幾年來，正隨著佛教的興盛，與社會消費大眾的喜愛，而逐漸地風行起來。在此潮流下，不少出家人，也投入了消費，甚至創作、演唱的行列當中，他（她）們的理由不外是：佛教音樂嘛！聽聽又無妨……。然而，美音乃壞亂禪定之毒箭，佛陀早有明訓，是不是「佛教」音樂就不會有壞亂禪思的危險呢？而且利益眾生的方法很多，是不是所有的方法出家人都適宜投入？聽音樂固然不是什麼「大戒」，可是心神蕩漾久了，道心、道行會不會腐蝕？〔註6〕

「佛教音樂」與「佛化歌曲」的日趨俗化是一個不容忽視的問題，然究係佛教音樂或是佛故歌曲的創作規制如何，卻非本文探討範圍，筆者亦無意在此

〔註6〕請見法藏之〈梵唄略考〉，該文存於《僧伽雜誌》（臺中市：僧伽雜誌社發行，民國84年10月20日），頁46～47。

評論。值得注意的是，法藏法師所說的「有些人不喜梵唄，堅持『梵唄無用論』或『非佛本制論』」而來排斥傳統的唱唸。曾經是開創中華文化的源頭活水，多少亞洲人民的心靈糧食，梵唄，竟成了「無用論」、「非佛本制」的東西，這對佛教來說，真是一件不無遺憾的事。身為佛教徒，其事可非同小可。問題的核心，正是在於對梵唄流變的歷史不明了的緣故；而造成當今梵唄不受人喜愛的原因，則是因為梵唄帶給人們以下的刻板印象：

一、殯葬業者的梵唄

　　君不見當前臺灣殯葬儀式裡，使用所謂的「釋教」儀式者的殯葬業者比比皆是，這些業者使用了大量的佛教儀軌來「超薦亡靈」，一天之內數以百起，乃至千起以上。彼等人士算是對佛教的宣傳有著極大的貢獻，然而所使用聲曲俚俗，且嘈雜不堪入耳，早為其他宗教所訾議，與教界普遍的不滿，更為廣大社會人士質疑：「難道，這就是佛教的梵唄？」無怪乎南華管理學院成立了「生死學研究所」之後，還要成立「殯葬管理學系」，頗受各方輿論的重視。

　　國人對於殯葬儀式的概念，向來就偏好佛教，就連先進國家日本，儘管再多的年輕人喜歡在教堂裡結婚，大多數人寧願選擇佛教的方式死去 [註7]，足見佛教在亞洲深入人心的一面。然而不可忽視的是：在面臨死亡，這件人生最後的一件大事，就在人們已經認同釋迦牟尼佛的思想，選擇了佛陀的教誨作為死後的依歸時，佛教何不趁此機會，作好宣傳工作呢？假如佛曲能夠扮演好角色，不就是最好的宣傳嗎？

　　事實上，殯葬業者超薦的儀軌法本確實就是佛教的法本（如《金剛科儀》），可是唱唸的方式不盡相同的，速度亦為有別。所使用的法器，業者與僧人雙方沒有多大差別，敲打的方法也大致相同，可是因為曲風嘈雜俚俗，再加上使用擴音器。若非在佛教界勤跑道場法會者，恐怕不易分辨，還以為佛教的梵唄就是這樣俚俗、嘈雜而不堪入耳的噪音。

　　當前社會對於臨終關懷日益重視，不論是安寧思想，還是彌留的照料，是臨命終的助念，抑且是做功德的思想，做好死亡之前的看顧，到送入火葬場，或是送到山頂土葬，是許多沒有宗教信仰的人們對宗教的第一個或最重要的印象來源。除非人們對死亡的看法起了變化，否則民間的殯葬儀式恐怕

〔註7〕請見日人‧長谷川勝行著，《日本人的祕密》（中、日、英）對譯（臺北市：漢思有限公司，民國85年2月20日初版一刷），頁143。

也會像現在一樣一成不變。嘈雜的佛曲，成為社會人士的質疑，與教界改革呼聲的一個重要來源，如此看來是一點也不為過。

二、非佛宗教的梵唄

認真研究起來，其實在臺灣地區使用梵唄的宗教不是只有佛教而已，還有其它宗教，那就是民間信仰。臺灣民間信仰種類繁多，有王爺信仰、王母娘娘信仰，還有關聖帝君、玄天上帝、太子爺等眾多信仰，奉祀這些神明的地方就是宮廟。有趣的是，他們也使用梵唄。部份宮廟還設有「誦經團」，也有所謂的「誦經生」，他們的梵唄絕大多是以方言唸誦。歷史悠久，受過良好訓練的神道宮廟誦經團，亦有相當的水準。然而作為「分靈」的神壇設在住宅區內，使用擴音器播放，不論是人聲或是錄音帶聲音，常被視為噪音。部份宮廟也有這個現象，使用擴音器，讓人心生厭離。

再加上，參加宮廟活動者，大多以高齡人士居多，或是較不識字，學歷較低的男女。一般受過中高教育的人士多不參與，因此這些神道信仰常被視為「迷信」，不受尊重。連同他們所誦持的經典、法會等活動，也常被一視同仁地當作迷信，梵唄也就多了一個讓人瞧不起的印象。

還有一個現象，部份神壇自號為「釋壇」，也自稱「釋教」者，根據國立臺灣師範大學音樂研究所邱宜玲的調查，這些「釋教」還分成兩派，即所謂的「沙門」與「緇門」：

> 「釋教」本身另分「沙門」與「緇門」兩派，對派別的稱呼載於法事所使用的文書中。中部地區家族式釋壇多自稱屬「緇門」，而北部地區則多自稱屬「沙門」。清代以來之方志及日治時期的宗教調查有這方面的記載，如《臺灣宗教》（按：作者引用徐福全譯本）丸井圭治郎：「本地和尚」多肉食娶妻，以為人做功德為業，不論其住廟與否，若以「和尚」自居者即稱「沙門」，其不住廟而在家且自稱「長髮（毛）僧」者，即所謂「緇門」是也。又如《新竹縣志》：臺灣佛教分有「沙門」、「緇門」、「齋門」三派。住寺院、食素、不娶妻、朝夕誦經禮佛，時為喪家主持葬儀，此種和尚屬於「沙門」。蓄髮並可娶妻食肉者屬「緇門」，俗稱「長髮僧」。〔註8〕

〔註 8〕見邱宜玲著，《臺灣北部釋教的儀式與音樂》，國立臺灣師範大學音樂研究所碩士論文，民國85年1月，頁7～8。

這些「和尚」還有所謂的「長毛僧」、「香花僧」，這兩者都是指可以娶妻食肉，及為人做法事的「和尚」。日據初期的《安平縣雜記》記載：

> 大約臺之僧侶有持齋與不持齋兩種之分。佛事亦有「禪和」、「香花」之別。作「禪和」者不能作「香花」；作「香花」者不能作「禪和」，腔調不同故也。禪和派惟課誦經懺，報鐘鼓而已。香花派則鼓吹喧闐，民間喪葬多用之。〔註9〕

這真是一件駭人聽聞的事情：臺灣的「和尚」食肉娶妻，還可以「為人做功德為業」。有佛學常識者都知道，一個中國佛教的和尚起碼要受二百五十條戒，戒酒、戒殺、戒淫都不在話下。這些人不但葷素不忌，與世俗無異，卻還到處跑經懺做功德，與寺廟法師的事業無異，卻沒有僧眾們的清修。這些人使用佛教儀規作經懺法事來超渡亡靈，卻不按照清規來修行，達到了魚目混珠的效果；彼等不持守佛制禁戒，還「鼓吹喧鬧」，雖有其歷史因素〔註10〕，然敗壞佛門清譽，使人誤解佛門法事居然如此，惡果不少。

三、聲曲的本身

其實上述這些問題，不管梵唄被使用在殯葬儀式，還是在宮觀內，都有被人瞧不起的情況。但是連佛教內部對現行的梵唄亦有鄙視的現象，其原因乃在於聲曲的本身。據筆者了解，臺灣地區佛教徒對於梵唄聲曲不喜歡的原由，大略是這樣的：

1. 梵唄曲調裡，一字的音調太長，有時長過四拍（一個全音符長度）、八拍、十二拍不等，緩慢冗長，十分曲折低昂。聞者若非預先讀過讚辭，往往

〔註9〕 同註8，頁9。值得注意的是，這些「釋教」人士常自稱自己的佛事是屬於「龍華派」，邱宜玲引徐福全的《臺灣民間傳統喪葬儀節研究》：「……臺灣島上為人做功德之佛門人物，大多屬齋教之龍華派（有「龍華科儀」），自稱齋門，因蓄髮不剃，故世人亦稱之為『長毛僧』此外齋教的人稱其所作功德法事為「香花科儀」，內容大多與「龍華科儀」重複。部份「釋教」從業人員同意：北部稱「香花」，南部稱之為「龍華」。同註8，頁10。

〔註10〕 據邱宜玲調查：「『沙門』一詞原係指佛教之出家眾，因釋教法事亦有源於住寺之僧者，因而有『沙門』一派，……至於『緇門』之由來，則應與佛事之流行和在家佛教之興起有關。據釋教『和尚』云：過去因鄉下地方廟少僧少，僧侶為喪家做功德時，常感人手不足，乃收俗家弟子傳授功德法事，俗家弟子習得法事後以此為業並世代相襲，遂成佛門中專為喪家做法事之「緇門」一派。」同註8，頁7～8。

難以知曉確實字句內容，唱到令大眾聽不清楚的情況經常發生。對於時尚年輕人而言，由於流行曲風都是低於四拍，甚至於到了四分之一拍音符的快節奏，若非經過一定的教育或訓練，這種超過四拍的梵唄節拍，恐怕不易令人接受。

2. 一般在法會裡，常因為舉腔者音高關係，或是參加法會信眾欠缺訓練，再加上法會裡唱國臺語不一，使得氣氛有欠莊嚴，導致信眾對梵唄印象不好，寧願不用梵唄，直接言語音讀。

大凡臺灣各寺院所傳梵唄唱腔，一般分為「海潮音」與「鼓山調」。關於兩調來源眾說紛紜，有人以為傳「鼓山調」寺院，其開山法師或住持師父來自福建省鼓山大叢林之師父；或本為臺籍人士，日據時代回到福建省鼓山湧泉寺受具足戒，返臺之後將此唱腔一併帶回，故稱「鼓山調」。

而外省籍法師來臺後普傳所謂的「海潮音」，高雅俐認為「海潮音」則可能是梵唄唱腔的一種泛稱。她說：

> 據丁福保《佛學大辭典》「海潮音」項下之記錄：海潮音（術語）音之大者，又海潮無念，不違其時，與大悲之音聲應時適機而說法相似。《法華經‧普門品》曰：「梵音，海潮音。」《楞嚴經》卷二曰：「佛興慈悲哀愍阿難及諸大眾，發海潮音，遍告同會諸男子。」長水之《義疏》注之曰：「天鼓無思，隨人發響，海潮無念，要不失時，此表無緣慈悲，應機而說，不待請也。」可知佛教之諸多典籍對於梵音之稱謂為「海潮音」。……故推論「海潮音」為大陸各寺院唱腔之泛稱……而「鼓山調」可能為海潮音眾多唱腔之一。〔註11〕

然而就這兩種調式來說，根據高雅俐的調查，其旋律之主要骨幹大致相同，不同的地方在於：

> 演唱時讚偈發音（國語或閩南語），加花〔註12〕情形，則常影響了曲調之進行。一般情形，「鼓山調」讚偈以閩南語發音為多，而其加花

〔註11〕 以上資料轉引自高雅俐著，《從佛教音樂文化的轉變論佛教音樂在臺灣的發展》，國立臺灣師範大學音樂研究所碩士論文，民國79年6月，頁86～87。

〔註12〕 所謂的「加花」是指民間音樂中使曲調變化的手法。即是在基本曲調上增加花音，以增加曲調的花彩。又民間傳譜曲調一般只記寫基本曲調，甚至只有曲調的基本輪廓，而在口授薪傳時，則有曲調的細部，一般用加花的手法。寺院音樂中稱這種加花部份為「阿口」。上述資料詳見丹青圖書有限公司出版之《中國音樂詞曲》，頁61。

情形較少，曲調進行較平穩，速度較「海潮音」稍快，於做經懺法會時較常加入旋律樂器伴奏。而「海潮音」讚偈多以國語發音，加花較多，且其加花之曲調進行起伏較大（喜由低音區域向高音區進行，且其節奏較複雜），故於法事進行時無法以旋律樂器伴奏，速度較「鼓山調」為慢。〔註13〕

由此可知，調式不同，語言不同，加上唱唸過程中旋律加花，拍節起伏複雜，凡此種種皆為當前梵唄給一般人士的刻板印象，是以部份人士以為繁複，固有放棄梵唄的想法，是不足為奇的。

　　3. 臺灣地方梵唄使用節拍，有的使用「老實板」，按照課誦本規定的節拍敲打法器，有的則使用「流水板」，也就是「花板」，快節奏速度來進行梵唄課誦。據了解，大多使用「流水板」、「花板」者多為地方宮廟，殯葬業者與「釋教」業者，部份佛教寺廟的經懺也有使用。然而，使用「流水板」、「花板」的梵唄曲風屬於快速節奏，是不容易比課誦本上規定的「老實板」還要莊嚴的。

　　4. 另有一個屬於梵唄內部的問題在於：若對宋元的詞曲有所了解者，就不難發現，現行梵唄聲曲多有屬於詞曲成份。例如現行日課誦本常用的《爐香讚》、《楊枝淨水》、《彌陀海會》等曲詞是同樣形式，稱之為「六句讚」，這與明代蒐集曲牌作品《太和正音譜》中收錄的曲牌《華嚴讚》是同一形式。餘者如佛教亦改民間的小曲卒成佛曲者，如吳曾的《能改齋漫錄》卷二說：

> 京師僧念《梁州》、《八相太常引》、《三皈依》、《柳含煙》等如唐贊，
> 而南方釋子作《漁父》、《撥棹子》、《漁家傲》、《千秋歲》，唱道之辭，
> 蓋本毗奈耶云。〔註14〕

這樣一來，古來即有使用民間詞曲牌來唱唸佛曲的情形，亦不少見。這與佛教的發展歷史也有關係。因而使用民俗曲調唱唸佛曲，曲風傾向俚俗，也不是奇怪的事情，只是歷史久了，知道的人不多，則原來民間俗曲也成了佛教梵唄的一部份，同樣情況也發生在著名的「京音樂」——北京智化寺的佛教音樂，也採用了民間小曲變成佛曲〔註15〕。高雅俐在〈佛教音樂傳統與佛教

〔註13〕同註11，頁86～87。
〔註14〕此文轉引饒宗頤著《敦煌曲續論》（臺北市：新文豐圖書公司出版，民國85年12月一版），頁153。
〔註15〕關於京智化寺的音樂研究，請詳見袁靜芳著，《中國佛教京音樂研究》（臺北市：慈濟文化出版公司出版，民國86年6月）。

音樂〉一文就中國佛教梵唄的表現形式部份提到：

> 佛教唄讚類音樂的唱誦在速度上的要求與表現，通常是平穩緩慢。主要還是為符合宗教需求：止斷外緣，止息內心。至於行腔上的特色，則強調委腕纖膩，經常是一字多腔，且常使用「襯字」〔如：阿、伊、唉〕。講究行腔圓潤，而不強調輕重頓挫。值得特別注意的唱腔表現是：維那起腔的結束音及唄讚樂句在某個長音做停頓時，音腔常進行成「嘆息式自然下行」。這樣的唱腔很容易使人與「崑曲」或「南管」、「一唱三嘆」的唱法做聯想。……〔註16〕

關於這個問題，釋昭慧法師亦就此提出對當前梵唄的看法：

> 早先的梵唄，雖亦不免於表現民族的特殊風格，但卻還是充分掌握宗教音樂的特質，單調而舒緩；逐漸的，地方色彩愈加濃厚了。許多輕快的地方曲調也改頭換面，出現於佛教的儀式之中。這在經懺法事之中，最為明顯。瑜伽焰口的唱唸，夾雜了許多地方戲曲的調子；本省拜懺唱的佛號有十數種之多，極盡變化之能事，有些在乍聽之下，還以為是歌仔戲呢！（近時甚至有人以流行歌曲調唱唸佛號以禮懺，真是不忍卒聽）這些經懺曲調，日益趨於俚俗粗鄙，喪失梵唄所應有的特質。〔註17〕

從以上我們可以知道，現行梵唄的唱腔容易引人聯想為崑曲或南管，甚至是「歌仔戲」之類的地方戲曲。筆者無心鄙視地方戲曲，然而作為廟堂的讚歌，具備了「雅樂」性質的梵唄，相較於戲曲，可謂成了「走調」，「出格」的演出。梵唄走向俗化，恐非「冰凍三尺，絕非一日之寒」的事情。雖然俗化的梵唄，有助於化俗的弘法事業，性質上仍非正格，亦恐有失尊重。

　　如此發展下來，難怪教界會出現「『梵唄無用論』或『非佛本制論』，視一切佛門傳統唱誦或儀式等，皆為異端而排斥之。」的呼聲，只因為梵唄帶給社會「迷信」、「嘈雜」乃至於「俚俗」、「粗鄙」的刻板印象。如此一來，熱衷護教，關心佛教的人士不免憂心忡忡地想為佛教的宗教音樂找尋前途，便尋求不斷進行創作，期能賦與佛教音樂的新生命，反省佛教現行的梵唄，

〔註16〕 請見高雅俐發表的〈佛教音樂傳統與佛教音樂〉，該文收錄於《一九九八年中國佛教音樂學術研討會會議手冊論文集》中，民國87年2月26～27日，由佛光山文教基金會與南華管理學院舉行，頁106。

〔註17〕 請見釋昭慧〈從非樂思想到音聲佛事〉，收錄於華宇出版社出版之「世界佛學名著譯叢」第九十一部，高楠順次郎等著《佛教藝術‧音樂、戲劇、美術》。

甚至改變梵唄表現形式，以為佛教的形象的改善而努力。〔註18〕

　　然而，梵唄是否真的「無用」？梵唄真的是「非佛本制」？一切佛門傳統唱誦或儀式等，是不是應該要視為異端而排斥之？凡此問題都可以歸諸於此一問題：「梵唄是不是像今天這樣嘈雜、俚俗，這麼的不悅耳？」若要回應這個問題，則須就梵唄的經論根據、作用及歷史上作徹底的研究不可。然然我們要了解，梵唄的活躍空間主要是在於佛門儀規法事之上。誠此而論，吾人可說，梵唄就是佛教的門面，梵唄的良善，將決定了人們對佛教印象的重要因素。梵唄研究的意義並非僅止於唱唸方式而已，而是為了傳統佛制的時代性問題，甚且是存廢的問題。梵唄的改變，不單純是聲曲的改變，就連相關的儀式也將隨之改變，甚且連僧侶與佛教徒的生活都會跟著改變。況且一個宗教，在其宗教音樂上不受大家認同，那麼在宣傳上也起了一定的負面作用，如此被質疑，不被認同的梵唄，對佛教而言該是個多麼重的包袱呢？

　　職是之故，今天我們來研究梵唄，其目的並非僅僅是為了唱唸而已，更是要緊的是研究梵唄的歷史流變，尋找梵唄的教制意義，以歸結梵唄的創制原則，作出佛教文化回應時代的開展。本文的撰寫，正是為了關懷當前的佛教文化所做的一個初步的研究。

第二節　我國梵唄流變之溯源

　　在上一節說到，我們今天要研究梵唄，所關切的非只是為了唱唸，而是要溯源歷史，釐清教制，始於探求梵唄的教制意義，終於歸結梵唄的創制原則，以為佛教就當代文化的發展做出合理回應。這是因為梵唄的運用，是因應了整個佛教發展的需要孕育而生。因而，如果我們回應前節提出的問題：「梵唄是不是真的『無用』？是不是真的『非佛制』？」這就必須從梵唄在佛教發展的歷史上的流變來探究了。

　　佛教，以一個外來的宗教，其文化能夠成為中華民族文化的一部份，是什麼樣的因素，使得中國人願意傾心接受，甚至積極吸收其思想呢？這和佛教的教義有著絕對的關係。然而最得力的是傳教大師們的智慧，他們以德行、

〔註18〕熱心於佛教音樂創作者，早期如弘一大師，現在則有吳居澈先生等人，撰作一些佛教歌曲，而不少佛教西式的合唱團也成立，如臺北「燃燈合唱團」、「弘誓合唱團」等等。有些寺廟團體也有意改變梵唄形象，如佛光山以舉辦大型音樂會形式，伴以大型國樂團伴奏來弘揚梵唄。

修持感悟了在上君王，也感動了在下的民眾。此外，他們也積極介紹了博大精深的佛教文化，翻譯經典，把佛教哲學介紹給知識份子；他們制定了佛門的儀規，推動了屬於實踐的修行法門（例如：禪修、持咒、念佛等），使「佛法生活化」的理念落實在中國這塊土地上；他們更舉辦了各式各樣的佛教的法會，擴大了與群眾的接觸面，向民間廣闊地宣揚佛教的慈悲教義。就這樣，佛教哲學不但贏得了知識分子們極高的評價，其實踐方法也受到了大眾的認同，而佛教的法會更獲得普遍的歡迎，使得每逢吉慶喜日，上廟燒香拜菩薩成為中國人根深蒂固的觀念，與習以為常的事情。

在這段日子裡，扮演了最得力的宣化助手，吸引群眾的重要角色，除了弘法的大師們獨特的魅力，就是梵唄。不論是在廟堂之上的經論講座，或是為祈福而設的大小法會之上，梵唄負責了「以理化情——運用美妙的音符，來詮解簡單而深刻的佛教哲理，傳遞了慈悲而深情的宗教關懷，不僅感悟了許多君主帝王的心，也淨化了黎民百姓的情。這些梵唄的內容包含了兩個部份：分別是在於讀誦經典，與讚歎佛菩薩的讚歌。大概是本自於佛經本身就具備兩種文體：所謂的「詩偈」與「長行」，這兩者均成梵唄的主要內容，乃在於「歌詠法言」，即經典內容。然在傳入中國之後的佛教卻有所分別：讀誦經典稱之為「轉讀」，而讚嘆佛菩薩的古代佛教歌曲，「讚頌」，則稱之為「梵唄」〔註19〕。本文所要介紹的「梵唄」，便是以佛教寺廟使用的儀式、法會上唱唸的讚歌與誦經為主之佛教音樂。

梵唄在佛教裡通常被賦予「讚頌」與「修行」兩種功能。特別是後者，唱誦梵唄可以使人心情平和，甚且進入「禪定」狀態，是以「音聲卒成成為佛事」。然而，最主要的還在於梵唄是附著於法會儀軌來發展的。儘管自東漢佛教傳入以來，其間雖然有過佛教的宗派分立，然而佛教始終沒有停止過它的活動，梵唄也是這樣毫無間斷地流傳著，基本上還是在於儀軌與清規的關係。是以廣受佛教各界各派的重視，在《高僧傳》等歷來的古代佛教傳記上都有記錄，闢有欄目。而《法苑珠林》〔註20〕甚且將梵唄功德闢為專章敘述〔註21〕，可見梵唄

〔註19〕梁代慧皎法師曾就「梵唄」的定義做說明：「然天竺方俗，凡是歌詠法言，皆稱為唄；至於此土，詠經則稱為轉讀，歌讚則號之為梵唄。」，請見大正藏五十冊，《高僧傳》（臺北市：新文豐公司出版），頁415，B段。

〔註20〕大正藏五十三冊，《法苑珠林·唄讚篇第三十四》（臺北市：新文豐公司出版），頁574。

〔註21〕如《高僧傳》有〈唱導篇〉等引證梵唄得感應事蹟。

在過去佛教受到重視的程度。

　　中國佛教的梵唄與古代印度佛教的梵唄與音樂是一脈相傳的。因此中國佛教梵唄同佛教學說及哲學一樣，只是全部佛教史的「流」，至於它的「源」，自然不在中國。從本質上來講，中國的梵唄文化並不是中國本有的東西，它承接了印度佛教梵唄與音樂文化；另一方面，佛教梵唄同其他佛教文化一樣，不僅僅是作爲宗教音樂的文化，也是印度古代民族音樂文化的一部份。從印度傳入中國，大致上來說，是經過了兩條管道：（一）佛教傳教人士的管道；（二）國家與民間的外交管道。當它在中國紮下了根，一方面作爲宗教的文化藝術，保留並流傳在寺院裡，另一方面則作爲中華民族的新興文化藝術，被保留在宮廷內及民間宗教活動裡。佛教自東漢初傳中國以來，大概經過了六、七個世紀，中國人才逐漸認識、了解並接受，而逐漸的轉變成爲屬於中國的寺院音樂文化，與中華民族的音樂文化的一部份。

　　但是，今天的梵唄並非佛教初傳中國之形式一成不變，換言之，中國梵唄已有流變的現象。其實，這和佛教思想在中國情形一樣，既有保留印度佛教的文化，使成獨立的一面，又有經過中國大師整理，順應中國民情風俗的融合一面。因而，在中國佛教的梵唄而言，一方面也保留印度「梵音」的部份，而另一方面則爲華梵融合，成爲中國特有的佛教梵唄。又因爲梵唄的唱誦關係到儀式的成功與否，因此梵唄的不易修正，與傳承的嚴格，自古以來始終如一。因之梵唄保守性，在民族音樂受到重視的今天，格外地引起中國音樂學者們的重視，因此有音樂學者主張將梵唄史研究，而作爲研中國音樂史的重要背景。〔註22〕

　　然而本來就不容易修改的梵唄，到底還是改變了它的面貌。很明顯的，今天使用的梵唄形式絕非佛教初傳中國的梵唄，其流變的現象是如何察覺的呢？察覺梵唄的流變，最顯而易見的方法是得自於文學體裁上的考察。因爲梵唄的體裁，最初並不是這樣的「倚聲」或「詩餘」的「詞曲牌」體制，也就是循著音樂而填詞的聲曲。質而言之，它是先有文學，才有配曲，所製作出來的讚歌。誠如西域來華姚秦三藏大師，鳩摩羅什就華梵文體所作不同的評論：

　　　天竺國俗甚重文製，其宮商體韻以入絃爲善。凡覲國王，必有贊德。

　　　見佛之儀，以歌歎爲貴。經中頌偈，皆其式也。（《大正新修大藏經》

〔註22〕請見胡耀著，《佛教與音樂藝術》（天津市：天津人民出版社，1992 年 12 月一刷），頁 1。

第五十冊，頁332）

換言之，梵唄的製成，是依據了合於音樂規範的韻文。再且，就傳統的印度音樂的表現形式來看，即興創作的詩歌，配上旋律（Rāga），與適當的節奏（Tāla）所做出的即興式演出，是自古以來的音樂主流〔註23〕。歌詞與音樂並無絕對關係，要之以適當旋律表現其詩歌的韻味爲主。因之，以文學體裁來觀察，是筆者用來觀察梵唄流變的主要根據。

在此，我們且看一首現在流行的讚曲《爐香讚》：

爐香乍熱　法界蒙薰　諸佛海會悉遙聞　隨處結祥雲　誠意方殷
設佛現全身。

又《蓮池讚》：

蓮池海會　彌陀如來　觀音勢至聖眾偕　接引上蓮臺　大誓弘開
普願離塵埃。

上面引用的兩條讚曲，出自現在流行之《佛門必備課誦本》（引自臺北市大乘精舍印經會，民國84年4月第四版）是當前佛教界最常用的讚曲，經常使用在法會儀式之首，不僅作爲「佛前供養」儀式使用，也象徵著法會儀式的開端之標記，因此可以說非常重要。以上述這兩首讚曲字數來看，是使用「四、四、七、五、四、五」句法，而類似的讚曲還有《楊枝淨水》、《韋陀讚》、《伽藍讚》、《天廚妙供讚》等等許多的讚，不僅句式相同，韻腳之處亦同，凡此類之讚曲，佛門稱之爲「六句讚」。然而此類各讚曲調皆爲相同，顯見這是一種填詞倚聲的「詞曲牌」文體。而該文體乃爲唐宋年間發展出來的文體。故我們可以了解，現行梵唄絕非最早的中國梵唄。那麼隨唐的梵唄，曲文形式大概如何呢？這要從現在中國流傳儀式法本來看。在此我們看隋代天臺祖師灌頂大師所撰寫的《國清百錄》內收錄的天臺宗修行人使用的法儀，「敬禮法

〔註23〕印度與西方音樂教育訓練最大的差別，是西方音樂教育重視樂器學習技法，然而傳統印度音樂教育卻首先著重於學習各種的「拉格」（Rāga，翻譯爲「旋律」）與「塔拉」（Tāla，翻譯爲「節奏」），大概必須學習六十個以上的「拉格」和「塔拉」，才有取得職業音樂家的地位。他們的目標就是爲了達到印度音樂之心──即興演奏，即興歌唱。如此看來，如能完成即興演唱目的，除需有高度的音樂訓練，尚需要高度的文學訓練（以上資料見謝俊逢《印度傳統音樂之研究》，臺北市：全音譜出版社，民國83年6月一版，頁9）。又就鳩摩羅什所說的：「其宮商體韻以入絃爲善」（《大正新修大藏經》第五十冊，頁332），筆者推測，印度頌歌之特色，應在於取決特有語言音韻，配上適當音階旋律，卒成讚歌。是一種音樂文學體裁。因此歌辭與音樂並非有絕對的關係，但與節奏有關。

第二」中有這首讚偈：

> 願此香華雲　遍滿十方界　一一諸佛土　無量香莊嚴　具足菩薩道
>
> 成就如來香……。

上述讚曲，出自《國清百錄》卷一（《大正新修大藏經》第四十六冊，頁 750）。這首梵唄聲曲唱法已經在中國失傳，所幸日本天臺宗還在使用（稱之爲《供養文》。見《魚山聲明集》，大正新修大藏經第八十四冊，頁 818）。然而它卻是當時天臺宗最重要的讚曲之一，只要有法會（大多是懺悔儀式），就幾乎會用到這首讚偈。地位猶如現在的《爐香讚》在現行儀規，被安置在法會「供養三寶」位置，隨後所有的天臺宗所用的梵唄，舉凡懺儀、禮佛等等都可以看得到。很明顯的是，它是詩偈體，來自《觀佛三昧海經》卷十（見《大正新修大藏經》第十五冊，頁 695）。屬於五言詩文體，字數排得十分整齊，顯然是受了當時流行文體影響。

　　從以上看來，我們不難明白，梵唄在中國確實有所改變。那麼，梵唄最早情況是如何呢？而演變狀況又是如何呢？於是筆者就梵唄聲曲的文體演變狀況，結合佛教史典籍上記錄的相關梵唄發展情形，就年代上向上推溯的順序整理，可知我國梵唄已經歷經「三變」。

一、唐宋以後爲之一變

　　從文學體裁上來看現行梵唄：所謂的「六句讚」、「八句讚」〔註24〕在其文體有明顯的變化。屬於「六句讚」如《爐香讚》（爐香乍熱，法界蒙薰……）較似唐宋後才有的文體，而「八句讚」如《大彌陀讚》、《三寶讚》由八句組成。上述梵唄作品多屬我國祖師與文人的作品。關於這個問題，已有學者就此提出研究，高雅俐認爲：

> 今佛教梵唄由於受唐、宋、明以來流行之南北曲影響，曲詞多已「曲
>
> 牌化」，此情形以讚類音樂特別明顯。〔註25〕

從這些《爐香讚》、《楊枝淨水》、《彌陀讚》等讚類文體來看，其字數、句法皆以長短句爲主，再者由格律、用韻情形來看，明明白白的顯示了這些讚曲有一

〔註24〕這是目前中國梵唄常見的分類方法，請見林子青等著，《中國佛教儀規》（臺北縣：常春樹書坊，民國 77 年 7 月出版），頁 113。

〔註25〕請見高雅俐著，《從佛教音樂文化的轉變論佛教音樂在臺灣的發展》，國立臺灣師範大學音樂研究所碩士論文，民國 79 年 6 月，頁 281。

定的「詞曲牌」規制（筆者按：高雅俐名之爲「曲牌化」，筆者以爲應正名爲「詞曲牌化」較爲妥當，正因爲有些曲牌沿用詞牌名稱，然並非所有梵唄使用牌名必然曲牌，以爲周延考量緣故）。關於「詞曲牌化」的問題，大陸學者如周叔迦、林子青、胡耀等人曾就此研究，經高雅俐整理，提出佛教內常用的一些曲牌，如《浪淘沙》（如《寶鼎讚》）、《華嚴會》（如《爐香讚》）、《掛金鎖》（如《戒定眞香讚》）、《寄生草》、《梅花引》（如《南海普陀山觀音大讚》）等曲牌〔註26〕。造成佛教梵唄詞曲牌化的原因固然十分複雜，然而有一個比較決定性的因素，那就是明太祖洪武十五年四月頒佈聖旨，要求天下叢林諸山必須遵守《敕修百丈清規》，不入者「以法繩之」。再加上永樂十年下詔要求天下叢林「務要遵守」〔註27〕。明成祖於永樂十年（1418）頒訂了御制《諸佛世尊如來菩薩尊者名稱歌曲》五十卷，通令全國佛教徒習唱，其中大部分曲調即爲當時流行之南北曲，佛教梵唄受到官方干預。而《敕修百丈清規》所訂定之梵唄，大多使用今天所見之諸讚。是以近世中國佛教的梵唄，可說明代已經統一在禪宗叢林的清規之下。而禪宗叢林的唱誦，又以江蘇、浙江一帶的唱誦被公認全國梵唄唱腔的佼佼者，其中尤以常州天寧寺、南京寶華山寺等爲最。〔註28〕

　　既然現今梵唄曲目已經「詞曲牌化」，最早不過唐宋詞牌發祥的時代，然而，佛教是在東漢時代即已傳入中國，又在魏晉南北朝發展，隋唐大盛，那已經是在詞牌發展以前的時期，在「詞曲牌化」時代以前的僧人唱什麼呢？足見中國佛唄於唐宋時期必有其流變的情況。

二、魏晉以來到唐宋間爲之一變

　　在「詞曲牌化」以前的中國佛教界究竟使用什麼樣的梵唄？就史料上記錄來看，唐代曾經流傳過的天臺宗梵唄，如《云何唄》、《散花樂》等唱法都已經失傳了〔註29〕。早期唐代淨土宗使用的《願往生》、《散花樂》等諸讚唱

〔註26〕此處轉引高雅俐著，《從佛教音樂文化的轉變論佛教音樂在臺灣的發展》，國立臺灣師範大學音樂研究所碩士論文，民國79年6月，頁283之附表。

〔註27〕上述資料請見《敕修百丈清規‧序文》，收錄於《卍續藏經》第一一一冊（臺北市：新文豐圖書公司，民國83年10月臺一版三刷），頁471。

〔註28〕請見陳慧珊著，〈佛光山梵唄源流與中國佛教音樂的關係〉，該文發表於民國87年2月26日至27日，南華管理學院主辦之「一九九八年中國佛教音樂學術研討會」，收錄於《一九九八年中國佛教音樂學術研討會會議手冊與論文集》中，頁131。

〔註29〕上述討論唐代梵唄情形，請見林子青等著，《中國佛教儀規》（臺北縣：常春

法在中國也都失傳了。然而，雖然唱法失傳，曲文猶在。然而幸運的是，這些本國失傳的曲文在四周鄰近的大乘佛教國家，如韓國、日本至今仍在傳唱。上述這些唄曲大部分見於懺悔文、禮讚文等儀軌當中。文體上則有一特色：那就是常是整齊劃一的「古詩體」，還有部份的「樂府詩」的體裁。內容除少部份中國祖師、文人作品外，大部分來自經典之中。其實，這些詩偈聲曲迄今在臺灣也還有人唱，然而唱法已非當時的唱法，或多或少受到了臺灣的「鼓山調」、「海潮音」影響所致。而更早的魏國曹子建創制的梵唄、著名的「魚山梵唄」，及支謙的「連句梵唄」、唐僧會的「泥洹梵唄」、帛尸梨蜜的「高聲梵唄」、支曇籥的「六言梵唄」等著名的古代梵唄唱法與內容也都失傳了。失傳的原因，固然很複雜，筆者推測這些梵唄使用的場合不再常見關係：例如該種法會不常舉行，該部經典的誦持不再流行，是這些梵唄失傳的主要原因。像是以《泥洹經》爲主的法會，明清以後不再流行，因而爲《泥洹經》而製作的「泥洹唄」就不再使用，以致失傳。

　　這一期的梵唄最重要的特色，便是中國人自創漢化的梵唄。三國時代，中國的佛教徒注意到「梵音重複，漢語單奇」的現象，倘若使用漢曲詠嘆梵語，則「聲繁而偈迫」，若又用漢曲來吟詠梵文，則「韻短而辭長」，因此發生了矛盾〔註30〕。曹植因爲在魚山制梵，是屬於中國製作漢化梵唄的開始，後世尊他爲中國梵唄的創始者。東晉以後，佛教出現了「唱導」制度，爲後世佛教梵唄的目的、內容、形容、形式、場合的規範奠定了基礎。而齊梁之間更於永明七年（490），竟陵文宣王蕭子良集合了京師重要擅長梵唄的法師，將佛教梵唄唱制召開一個研討會，確定了「哀婉」作爲南方梵唄主要風格，形成了「經唄新聲」〔註31〕。其實，現今的佛教梵唄也大略存有類似這種「哀婉」的曲風。

　　由於上述這些梵唄主要用途，仍以誦持經文與唱導爲主，故多以經典相關的內容爲聲曲文辭，重以當時的文體，即五言詩，或七言詩，或者有樂府風格等較古詩歌爲主。這就是梵唄中國化的一個重要特徵。從而我們了解到，

　　　　樹書坊，民國 77 年 7 月出版），頁 113。

〔註30〕上述資料請見梁・慧皎著，《高僧傳・經師第九》，收錄於《大正新修大藏經》第五十冊（臺北市：新文豐圖書公司，民國 85 年 9 月修訂一版三刷），頁 415。

〔註31〕上述資料請見明青撰寫之〈中國佛教音樂的形成與發展〉，收錄於《佛教・音樂・藝術》一書中（臺北縣：世界佛教出版社，民國 84 年 6 月一版一刷），頁 53。

在梵唄文體上隋唐時期的梵唄主流，還是以繼承魏晉六朝以來的這種詩歌體梵唄為主，就連傳去日本的「魚山聲明」，至今還可以看到的《大正新修大藏經》第八十四冊的《魚山聲明集》內記錄的各種梵唄聲曲也是屬於這種類型的梵唄。

三、初傳佛教的東漢時期到魏晉以前

佛教初傳中國的說法有很多種，此處則取東漢明帝時期一說。根據史傳上記載，漢明帝劉莊晚上夢見了金人，於是在永平十年（67 年，一說永平七年）派遣使者前往西域迎請中天竺僧人攝摩騰與竺法蘭，並攜帶經卷。明帝為其建造了中國第一座佛教寺院，白馬寺。從此佛教在中國開始了傳法的活動。

初傳時期的梵唄，由於佛教的方興未艾，法師則以西域與印度籍的人士為主，故大多以「胡文」、「梵文」等外文的梵唄為主。如漢末的桓帝時代來到中國的安息國沙門安世高曾用梵語唱梵唄〔註 32〕。此外，在佛教初傳，而「魚山梵唄」的時代以前時期裡，在中國梵唄的主流除了以西域語言或是梵語之外，中國各地的法師們也曾嘗試用民間歌曲來歌詠法言，如在慧皎著《高僧傳‧經師第九》提到：「其浙左、江西、荊、陝、庸、蜀亦頗有轉讀。然止是當時詠歌，乃無高譽，故不足而傳也。」〔註 33〕因為他們用地方小調來唱佛教法言，因此並不十分出色。

以上即是筆者認為我國梵唄發展史上的「三變」。這也正是筆者對於佛教梵唄流傳上的歷史分期：第一期是從東漢到魏晉時期，這時候的梵唄是以西域語言「胡語」及梵語的歌讚為主；第二期是從魏晉六朝以來，到隋唐五代以前。這期梵唄發展是以北方「魚山梵唄」漢化梵唄的創制為主，透過齊梁時期，竟陵王發起的「集京師善聲沙門」總結六朝以來的梵唄研討會，發展出屬於中國人的佛教梵唄，而隋唐時期佛教幾乎大多繼承了六朝以來發展出來的梵唄；第三期是從五代以後到明清時期，這一時期的梵唄所使用則以使用「詞曲牌化」的梵唄聲曲為主，期間明代明太祖及明成祖就當時中國佛教頒佈的有關叢林清規敕令，及唱唸歌曲的規定，形成了今日我們所見到的中

〔註32〕請見梁‧慧皎著，《高僧傳‧卷一譯經上》，收錄於《大正新修大藏經》第五十冊（臺北市：新文豐圖書公司，民國 85 年 9 月修訂一版三刷），頁 313。

〔註33〕上述資料請見梁‧慧皎著，《高僧傳‧經師第九》，收錄於《大正新修大藏經》第五十冊（臺北市：新文豐圖書公司，民國 85 年 9 月修訂一版三刷），頁 414。

國佛教梵唄。

　　如此看來，梵唄確實有其興替演變。因此不論是師法相承，還是新聲再造，臺灣佛教若要就當前的梵唄良窳來做檢討，勢必要對梵唄的流變有一番清晰的明解。然而在臺灣，這種梵唄發展的研究卻不多見，其論著亦十分有限。但中國佛教的梵唄有所流變，是一個明確的事實，佛教界若要回應這種「梵唄無用論」或是「非佛本制論」的論調，那麼，再一次類似竟陵王發起的「集京師善聲沙門」的梵唄研討會或有必要。梵唄發展的歷史不僅代表了佛教本土化的重要指標，更是因應時代變化的重要措施，只有廓清源流，發掘梵唄本有面貌，保存固有的佛教優良文化，因此這樣的研究是有其重要性的。

第三節　《魚山聲明集》的學術價值

　　在上節裡，我們認識到，中國佛教的梵唄確實存在了流變的現象。但是在古典失傳的情形之下，要探索聲腔的流變，真是從何談起呢？更何況，明代以後的中國佛教各宗各派道場經由皇帝下詔，恪遵《敕修百丈叢林清規》，所用聲曲早亦要求以「詞曲牌化」為主的唄讚體系，再加上為期十年的一場浩劫，文化大革命，這讓大陸地區的佛教早已殘破，蕩然久矣！臺灣雖然是中國佛教的復興基地，來自內地的法師們有幸把神州大地流傳的聲曲傳授了下來，卻也受限所學，僅傳宗派所得，實在是不無遺憾〔註34〕。然而中國佛教正聲，有幸於臺灣重現，卻也是來之不易。

　　如此看來，當前的中國佛教想要在台灣舉辦一場像竟陵王那樣的梵唄研討大會，恐屬不易。問題就在於，早於「詞曲牌化」時代之前的梵唄，已然絕少傳承。然而幸運的是，在中國周邊的大乘佛教國家，日本，卻還有這類的梵唄流傳著——在《大正新脩大藏經》第八十四冊收錄了許多「聲明」曲。筆者於民國82年，因研究中國古代吟詩方法，冀以現行流傳之梵唄，推想佛教必然藏有大量古曲，遂而專心蒐羅佛教讚曲，無意間發現到這些《大正新脩大藏經》第八十四冊收錄的「聲明」曲。特別的是，這些聲曲都有「曲折線曲譜」。據中

〔註34〕據聞當今臺灣著名梵唄傳人有：傳承常州天寧寺唱腔者臺北縣新店妙法寺戒德法師，傳承「海潮音」著名法師者：廣慈法師、見如法師、默如法師等等。「鼓山調」傳承者則為臺北龍山寺之慧印法師，及臺中東勢大願寺聖心法師。上述資料請見高雅俐《從佛教音樂文化的轉變論佛教音樂在臺灣的發展》，國立臺灣師範大學音樂研究所碩士論文，民國79年6月，頁86。

國音樂學專家薛宗明《中國音樂史‧樂譜篇》（臺北市：商務印書館，民國 79 年 9 月修訂一版，頁 455）引述，指出《正統道藏‧藝術類》當中「養字類」卷上第十一有《玉音法事‧步虛子》，其譜爲「曲折線」形式，類似《魚山聲明集》內聲曲之曲線譜，薛宗明推測這種「曲折線」譜可能就是「六朝遺物」。《淵鑑類函》之卷三一九的「步虛聲」條下引用《吳苑記》說到：

> 陳思王遊魚山，聞岩裡有誦經聲，清遠寥亮，因使解音者解之，爲神仙聲，道士效之作步虛聲。（轉引自薛宗明著《中國音樂史‧樂譜篇》，頁 454）

上述關於「步虛子」記載，點明了道教音樂受到佛教梵唄影響的一面，然而筆者注意到的是：這類曲譜或許是「六朝遺物」，值得探討，內心大感興奮。經過兩年的資料蒐羅，並於民國 86 年、87 年兩次赴日考察，前往東京蒐羅相關資料，之後則前往位於京都大原，日本佛教天臺宗「魚山聲明」根本道場——大原三千院門跡與大原實光院，與聲明專家岩田宗一教授，及天臺宗聲明大師天納傳中大僧正（也是教授）請益，發現這些聲曲的保存尚稱良好，現今仍應用於寺院法會，令人感到無比珍貴。

佛教自東漢傳入中國，至隋唐而大盛。隋唐時代的佛教，是中國佛教的「黃金時代」，不僅佛教的教理發展成熟，在文化上也發達到極致，梵唄亦是如此。由於此一時期中國國威大振，聲名遠播，備受各國仰慕，紛紛遣使來華進貢，學習中國文化。日本也不例外，隋唐以來，中日關係密切，日本官方曾派遣多次「遣唐使」前往中國各地學習中華文化，爾後傳回日本。其間要以佛教文化爲最，其中包含了佛教的音聲文化——「聲明」（梵唄）。《大正新脩大藏經》第八十四冊就是收錄了這些典籍資料，而這些資料裡，最重要、最有影響力的要算是「魚山聲明」了。

值得注意的是，該書內收藏的聲明典籍中，主要都冠以「魚山」爲名。

魚山，位於山東省東阿縣（聊城縣東南方三十公里）西南方二十公里處。這個海拔八二‧一公尺小山丘的西麓埋葬了中國一代大文豪曹植。據說曹植就在這裡聽到來自天空傳下來的「天音」，有所感悟，遂撰寫下了《般遮瑞響》、《太子頌》與《睒頌》等，號稱《魚山梵唄》，受公認爲中國最早漢語梵唄的宗祖。日本、韓國的佛教梵唄也以「魚山」來作爲他們梵唄的主要名稱。不僅是在天臺宗，連眞言宗等日本早期佛教宗派的梵唄也都宗仰「魚山」。儘管內容不盡相同，他們崇拜曹植，尊他爲中國梵唄的「聖祖」，也是一致的。日

本天臺宗僧侶於 1996 年 3 月組成「魚山聲明研究會魚山參拜團」，前往山東省東阿縣魚山曹植墓參拜，並特別立碑紀念，同時出版了專書來紀念這件事情（以上資料請見《魚山曹植墓》，日本京都魚山大原實光院，1997 年 6 月 18 日發行）。

　　雖然日本佛教各宗之「魚山聲明」內容並非直接與曹植「魚山梵唄」有關，但也紛紛冠以「魚山」做主要梵唄集名稱。如天臺宗梵唄有《魚山聲明集》，眞言則有《魚山私鈔》，都見錄於《大正新修大藏經》第八十四冊內。這些梵唄大部分都是隋唐時代從中國傳來日本，其文體有一特色：除了咒願用的佛號外，絕大多數是詩偈體，不論五言、七言，都是整齊劃一的五七言詩，還有部份的「樂府詩」體裁，而沒有那種類似「詞曲牌」文體（本文第三篇第八章有舉例）。其內容大部分是唐代曾經存在，而今卻失傳的聲曲。值得慶幸的是，那些唱腔在日本多少有所保留。

　　此外，還有一個特點，便是十足的「宗派」特色。如本文所要研究之主題《魚山聲明集》內收藏的梵唄曲便十分有天臺宗特色，收納的都是日本佛教天臺宗現行法會使用的梵唄聲曲，是有其一宗一派風格的梵唄，所謂的「一宗一派風格」，則是指這些梵唄所附著儀軌，是本於該宗派的教義底下設制的修行儀軌及法會，如天臺宗最強調的修行法門「法華三昧懺儀」，是因爲天臺宗教理是以法華經爲主而開展，故其梵唄爲這些相關修持儀軌而服務。這與現行中國佛教的情況有別，不論是淨土宗或是禪宗，甚至是中國天臺宗，現行梵唄清一色都以「六句讚」、「八句讚」等《禪門日課誦本》內之聲曲，而《禪門日課誦本》的儀規大多來自《百丈叢林清規》，則使用明清以來的「詞曲牌」化。日本佛教的後起宗派如：淨土眞宗、禪宗等宗派梵唄發展幾乎都受到這些「魚山聲明」的影響。

　　然則，日本佛教梵唄「魚山聲明」卻以「聲明」命名，這是什麼原因呢？

　　大乘佛教《瑜伽師地論》揭示了所謂的「五明」：因明、內明、醫方明、工巧明與聲明。這「五明」分別代表了大乘佛教的菩薩所必須具備的五種特長。而此「五明」當中，「因明」是屬於邏輯、辯證方面的學問；「內明」則是屬於禪定、修行方面的學問；「醫方明」則是代表了醫學方面的技術與知識；「工巧明」則是屬於工藝技能與知識的學問；最後，「聲明」則代表了文學藝術方面的學問。不單是佛教，這「五明」也是印度各宗教，特別是傳統的婆羅門教徒所要學習的技藝。就佛教而言，「聲明」可分爲兩種：一種就是「文

字」之學，另一種就是「音韻」之學。在《南海寄歸內法傳》中我國祖師，義淨大師說：

> 夫聲明者，梵云「攝拖苾馱」（Śabda-Vidyā），「攝拖」是「聲」，「苾馱」是「明」，即五明論之一明也。五天俗書，總名「毘何羯喇拏」，大數有五，同神州之五經也，一則創學悉談章，亦名「悉地羅窣睹」，斯乃小學章標之稱。〔註35〕

關於佛典內的聲明學，《瑜伽師地論》卷十五中所列甚詳，然而皆是小學標章〔註36〕。呂澂在其著作《聲明略》開章明義敘述聲明學概要：

> 印度古代重要學術總稱五明（梵云播遮苾馱 Pañca-Vidyā），學者肄習則自記論（梵云毗阿羯剌拏 Vyākarana）始，蓋記論者，分別聲韻、訓釋文例，其大體有似於後世所謂文典等籍，又屬於研習他種學術之基礎也。佛家特名此學為「聲明」（梵云攝拖苾馱 Sabda-vidyā）。
> 〔註37〕

如此看來，聲明學本為「分別聲韻、訓釋文例」的學問。然而日本佛教對於「聲明」的定義與中國對「聲明」的定義有別。日本的祖師，凝然（1240～1321）在著作《聲明源流記》開卷處便說到：

> 夫聲明之道，由來尚矣。聲相清雅，悅諸人耳；音體哀溫，快眾類心；直爾語言，備貧富相；歌詠引曳，顯吉凶旨。高下隨時，云殊功於冥眾；屈曲順物，彰祥德於幽類。四大扣擊，出大小之聲，眾微聚集，作高下之韻，心法執受，成歌詠之曲；情識分別，作好惡之相。聲分呂律，精陰陽於二六，韻有甲乙，割乾坤於一五，悅人心者，是調子也。〔註38〕

從上面的說明來看，同樣是講「聲明」，這裡似乎講的是不同的東西。一個是包含了音韻、文字、訓詁的「小學標章」，另一個講的卻是「歌頌吟唱」的學問，是怎麼一回事呢？答案是：「聲明」是一種結合聲音、語言及音樂的學問。

〔註35〕《大正藏》第五十四冊，《南海寄歸內法傳》卷四（臺北市：新文豐公司出版），頁 228。

〔註36〕請見《大正藏》卷三十（臺北市：新文豐公司出版），頁 360～361。蓋論中所述者大略如下：六種施設相建立（法施設建立相、義施設建立相、補特伽羅施設建立相、時施設建立相、處所根栽施設建立相），再由此六相去開展。大致上是梵文的文法、音聲等小學內容。

〔註37〕請見呂澂，《聲明略》（臺北市：廣文書局，民國 82 年 1 日再版），頁 1。

〔註38〕《大正藏》第八十四冊，《聲明源流記》（臺北市：新文豐公司出版），頁 864。

也就是說，印度所謂的「聲明」應該不單純止是小學標章而已。印度宗教是有其轉讀經典之傳統，如同日本音樂學者田邊尚雄就印度古典音樂部份做如下說明：

> 梨俱吠陀（Rg.-veda）只為簡單之朗誦，僧馬吠陀（Sama-veda）則置重旋律。……蓋惟其中例如 Sāstras 之讀法等，亦有朗誦的，恰與僧侶之經文相同，至相當於聲明者，則為僧馬吠陀，講式等則為朗誦的，又普通之經文，亦略有幾分朗誦的形式。〔註39〕

造成印度宗教經典可以做出朗誦形式者，能夠「相當於聲明者」的原因，則在於印度語文特色是在於與音樂結合的緣故。印度聲明學的祖師 Panini 的《Aśtadhyayi》（「八章書」，這是梵文文法的根本典籍）中就有多強調文體與音律的規則，如在朗誦方面指出了緣於各種母音變化，而有各種誦讀方法〔註40〕。因此日本佛教界就把這種「小學」的「聲明」與「佛教音樂」的「聲明」看作一起。日本佛教學者大山公淳提出了一個看法：

> 要言之，印度的聲明是關於文字、音韻、和文法三者關係非常密切的學問。……〔註41〕

以上，我們知道，日本佛教所認知的「聲明」與中國佛教認知中的「聲明」，不太一樣。如同日本《元亨釋書‧音藝志》卷二十九所說：

> 聲明者，印度五明之一也。中國稱之為「梵唄」，以曹陳王（即曹植，他被封為陳思王）為創始。我國沿用印度名稱，稱之為「聲明」。〔註42〕

因而，我們明白，日本佛教是以「聲明」來稱呼中國佛教之「梵唄」的。這就告訴我們一個重要線索：印度文學具有易於朗誦的特色。由於印度宗教文學向來重視口傳，早期文書不輕易用文字撰寫下來，為了保持口傳內容的正確，印度文學便有以「聲」為主的語法作為文法的特色，這種情況在印度聲

〔註39〕日‧田邊尚雄著，陳清泉譯，《中國音樂史》（臺北市：商務印書館，民國77年9月第七版），頁53。

〔註40〕上述資料摘自印度學者 śriśa Chandra Vas 的 Panini 的《Ashtadhyayi》英譯本，請見自饒宗頤先生撰作之〈印度波你尼仙之圍陀三聲論略〉，收錄於《梵學集》（上海市：上海古籍出版社，1993年7月一刷），頁85。

〔註41〕大山公淳著，《佛教音樂與聲明》（日本：東方出版社，1992年2月1日二刷），頁59。

〔註42〕見天納傳中氏著，《天臺聲明概說》（日本：叡山學院，昭和63年8月1日發行），頁1。

明祖師巴你尼（Panini）的重要的著作《八章書》（Ashtadhyayi）當中便有說明。

　　前面提到日本佛教「聲明學」典籍不只一個宗派有而已，也不只一本書而已，本文則取日本天臺宗聲明《魚山聲明集》，其書究竟有什麼樣的學術價值呢？筆者認為此一典籍價值甚高，對於研究早期中國梵唄有所助益，原因分析如次：

一、重視傳承，甚有歷史價值

　　佛教是在日本公元 538 年由百濟地區（今韓國）傳入，自此就有了佛像、佛教禮儀與佛寺廟。隨後聖德太子在難波建立了「四天王寺」（593），目的是為提倡雅樂。西元 657 年 7 月開始有了「盂蘭盆法會」的舉行，兩年後天皇詔告群臣在京城內寺廟皆設立「盂蘭盆法會」。西元 642 年有所謂的「悔過法要」（按：所謂的「法要」就是「法會」，悔過法會也就是懺悔法會），就此日本的佛教音聲禮儀自來受到朝廷保護與尊崇。然而，隨著朝廷對法會的重視，佛教日益興盛，儀式的讚唄也發生問題（唱法不正確緣故）。西元 720 年，天皇要求整肅法會儀式用的音曲，避免日久唱法上的錯誤而積非成是。並要求當時在朝的中國籍的沙門道榮，與學問僧勝曉等依照正確的轉經唱禮來制定正音，使能排除其他「不正確」的唱法。就此可以了解，日本的聲明唱誦重視傳承，甚有歷史上的價值。〔註43〕

二、著錄了唐代流行的天臺宗梵唄

　　「魚山聲明」乃是由日本天臺宗所傳承。其來源乃是日本慈覺大師（圓仁大師，日本天臺宗祖師）入唐期間所學的中國唐代梵唄（838～847 年間，約唐武宗前後）。圓仁曾經留學天臺山、五臺山與長安，據傳天臺聲明乃是圓仁在唐朝「會昌法難」以前學得。《魚山聲明集》中首要精彩之處在於記錄了這些唐代流行梵唄，如《云何唄》、《散花》等。不僅收錄了顯教聲明，另有天臺密教的聲明（日本天臺宗獨有，中國天臺宗沒有）。該書收錄的部分聲曲在中國使用的場合，則被記載於號稱「東方三大遊記」之一——圓仁撰寫之《入唐巡禮求法記》中。

〔註43〕見天納傳中氏著，《天臺聲明概說》（日本：叡山學院，昭和 63 年 8 月 1 日發行），頁 33～39。

三、罕見的「梵唄樂譜」

　　《大正藏》內的「聲明學」典籍有一處值得研究的地方，就是在中國現存的藏經內罕見的「梵唄譜」，特別是《魚山聲明集》以雅樂（唐代傳來）樂制記錄的方式形態，甚有參考價值。目前筆者所知，學界就研究中國音樂史上可見到的譜記方法，大多以「工尺」譜為主。但是以曲折線來記錄古代的樂曲，除了《正統道藏》的「玉音法事」以外〔註44〕，就很少聽說其他的此類記錄資料，而《魚山聲明集》內讚頌文體來看，沒有類似《爐香讚》那種「長短句」，原文大多轉自佛經的詩偈，所標示音階的僅有「宮、商、角、徵、羽」五音，間或增加二變（變徵、變宮），可說記錄了隋唐以來的梵唄〔註45〕，十分有價值。

四、以佛經上詩偈為主

　　梁代慧皎《高僧傳》就我國早期梵唄發展情形有所記載：「東國之歌也，則結詠以成詠。西方之讚也，則作偈以和聲，雖復歌讚為殊，而並以協鍾律符靡宮商乃奧妙。」〔註46〕早期的中國佛教梵唄形式記載，與日本保存的聲明情形十分類似。日本佛教的聲明不僅使用佛經上詩偈，而且強調音律。頗有中國古風，值得十分注意。

　　由以上可知，在中國固有的資料因為兵燹、天災與人禍交織的情況下，相關資料大多散失。就以梵唄本身來說，《魚山聲明學》對於重構中國佛教梵唄史，該書所蘊涵的價值顯著。然而臺灣現今所流行的中國佛教梵唄，部份人士以為所謂的「鼓山調」與「海潮音」所涵括者即為梵唄的全部〔註47〕。筆者以為，能夠認識到「現行梵唄是經過流變後的作品」這件事情的人並非多見，何況要說唐宋朝以前作品，至於提到梵唄的原貌，那就更少人去探索

〔註44〕請見薛宗明先生，《中國音樂史》（樂譜篇）（臺北市：商務印書館，民國79年9月修訂一版），頁454。薛先生以為這種曲線是六朝時代的遺物。

〔註45〕中國傳統音樂係以「五音」為主，七音樂律的系統大約是從西域傳來，其流行大約在隋唐以後。

〔註46〕見《大正藏》第五十冊，《高僧傳》（臺北市：新文豐公司出版），頁414。

〔註47〕如呂炳川先生以為「梵唄」與日本的「聲明」當作不同的兩樣東西做比較。請見《佛教音樂──梵唄──臺灣梵唄與日本聲明之比較》，該文收錄於《中華佛教百科全書》第七冊（臺南縣：中華佛教百科文獻基金會，1994年1月出版），頁3921。其實日本佛教的觀念以為梵唄就是聲明，見天納傳中氏著，《天臺聲明概論》（日本：叡山學院，昭和63年8月31日出版），頁14。

了。彼邦藏有珍寶如此，卻罕爲我國學者所探索，十分可惜。筆者發現此一珍寶，內心眞是振奮不已，若能藉此研究，呼籲重視佛學研究的國際合作，彌補我國梵唄史的不足，對我國佛教做出貢獻的話，則心願足矣！

第四節　導歸佛教梵唄史之研究基礎

在前面，我們談到當代佛教梵唄產生的流弊，及時人對於梵唄的誤解，問題就在於對我國佛教梵唄流變的歷史不了解的緣故。本文撰作的目的，是爲了建構「中國佛教梵唄史」的理論基礎提出初步的研究。筆者以爲，想要建立「中國佛教梵唄史」的理論，所需要事前預備的思考如下：

1. 首先釐清一個重要的概念：「梵唄」與「佛教音樂」之分野，廓清研究的領域。
2. 就佛教梵唄的質素與特性，找出研究佛教梵唄所牽涉的學科，目的是在於建立正確的研究方法。
3. 最後找到一個重要的歷史「切入點」，作爲觀察佛教梵唄史流變現象最好的發展點。

上述三點乃是筆者認爲建構佛教梵唄史，所需要建立的基礎，本文的撰作也將建立在此三點思考之上。

一、認清「梵唄」與「佛教音樂」之分野

有關佛教梵唄歷史的研究，世界上起步最早的國家要屬日本，這是因爲秉於其歷史傳承，加上彼等資料自佛教傳入以來，保存較爲完整的緣故。歐美地區，如法國學者，S. Lévi 則於廿世紀二〇年代，撰寫了《佛經原始讀誦法》，對於印度原始佛教讀誦經典曾有初步的研究。大陸方面對佛教梵唄史開始注意雖始於三〇年代，由二胡專家劉天華所記錄的「佛樂錄」開始，但眞正有學術工作，則是在於一九八〇年代以後。而在臺灣，相關的研究最早散見於各雜誌短文，直到七〇年代才有文化學院的研究生李純仁開始，自此臺灣正式的梵唄學術才算有了起步。算起來，臺灣還比大陸要早呢！

然而，問題就在於佛教梵唄的文化究竟要作什麼樣的歸屬呢？前面所說的，除了法國學者 S. Lévi 以外，其餘日本，乃至中國與臺灣，幾乎都以「音樂」爲主的範疇來作研究，而歸屬在「佛教音樂」的範疇之下。截至目前爲

止，中國大陸與臺灣梵唄研究，大多集中在田野調查的整理，尤其大陸方面自從北京智化寺音樂被發掘出來，率多投入在「寺廟音樂」的研究裡。大凡此類研究，不外乎分析調式、節拍、旋律，及演奏形態與聲情的分析等等。雖亦有注意歷史發展的學者，但此方面專著尚不多見。

日本的「佛教音樂」，當然也有上述的「調式、節拍、旋律，及演奏形態與聲情」的分析，凡此皆爲音樂學之範疇爲主的研究。然而彼等研究已經進展到歷史發展與分析之上，像是大山公淳有《聲明之歷史的研究》（收錄於《密教研究》第三十一期），天納傳中《平安中期之聲明實唱之考察》（收錄於《印度學佛教學研究》第二十五卷，第一號，發行於 1976 年 12 月 25 日），他們研究已經追溯到日本佛教梵唄初傳時期的部份。目前最新的成就，則是 1995 年 5 月 20 日出版的由天納傳中、岩田宗一、播磨照浩及飛鳥寬栗四位學者合作編著的《佛教音樂辭典》一書，可謂當代日本佛教音樂研究大成之作。

如此看來，佛教梵唄在日本研究已經到了極高的成就。然而，彼等緣於歷史因素，資料僅止於日本佛教部份。屬於中國佛教梵唄史的研究，到底還是要我們中國人來完成。然而我們仍須注意的是，當前梵唄史的研究是被歸類在「佛教音樂」底下的一支。

當然，歸屬於「佛教音樂」項下來研究，有其方便，亦有其好處：便是以「音聲」方面的實體研究，然而不免會產生流弊。最顯著的，就是梵唄所扮演的角色，與梵唄在佛教的位置無法清晰的呈現緣故。

梵唄，前面提到，是附著於儀軌或清規之下的東西，其使用的場合，除了具有儀式上的意義之外，最重要的，也是最主要的還是在於修行法門之上。梵唄雖可謂受到華夏禮儀觀念的影響，含有宮廷雅樂的成份，卻不像宮廷典禮那樣，止是配屬在禮儀之下的一環。梵唄成立的眞正因素，乃是在佛教哲學教理的指導之下，而附著於儀軌之上。也就是說，梵唄研究的重點應該是在於佛教的教理，而不單只是音聲而已。何況在佛教的律制來講，佛陀就不允許僧眾們「觀聽伎樂」，而制其戒。如《五分律》上有載有諸比丘：

> ……往觀歌舞作伎，生染著心，不復樂道，遂有反俗作外道者。
> 〔註48〕

〔註48〕 由於白衣居士不方便觀看僧眾戒本，本文轉引自請見釋昭慧〈從非樂思想到音聲佛事〉，收錄於華宇出版社出版之「世界佛學名著譯叢」第九十一部，高楠順次郎等著佛曆 2532 年 6 月出版之《佛教藝術・音樂、戲劇、美術》，頁

由此記載我們看出，佛教對音樂基本上是採取禁止的態度，原因就在於「不復樂道」，之所以產生「非佛本制論」的看法，或許與此不無關係。據昭慧法師對佛教排斥音樂的原因，歸納如下：

1. 壞威儀（遭到在家人的譏嫌）。
2. 曠時廢事（著迷而沈湎於其中）。
3. 近惡墮惡（容易產生非非之想）。
4. 妨修禪定（音樂的「餘音繞樑」，造成習定者的干擾，極其深遠）。
5. 障礙解脫（耽逸歌樂，妨礙一心，造成無法解脫）。〔註49〕

由此可知，音樂在佛教上確實是被列為禁戒的。如此來看，佛教本來也應該沒有「音樂」才對，但卻有所謂的「梵唄」。可見「佛教音樂」與「梵唄」應該有別。大乘佛教固然在這方面有比較寬鬆的解釋，但是對於音樂而言，並非全盤照收。《發菩提心經論》在論及「布施」一節中特別提到了：「所不應施復有有五事……音樂、女色不以施人，壞淨心故。」（《大正藏》第三十二冊，頁511），音樂被列入「不應施」項目，足見佛教對音樂的持與態度還是屬於嚴謹的。然而梵唄卻是開許的，如《高僧傳》卷十三有說：

> 夫聖人制樂，其德四焉：感天地、通神明、安萬民、成性類。如聽唄亦其利有五：身體不疲、不忘所憶、心不懈怠、音聲不壞，諸天歡喜。〔註50〕

又《續高僧傳》卷三就唄讚的意義，有如下陳述：

> 尋唄匿亦本「天音」，唐翻為「靜」。深得其理，謂眾將散，恐涉亂緣，故以唄約，令無逸也。〔註51〕

所謂的「天音」，固然可解為「天上傳下來的聲音」，但也可能是「天竺的聲音」。從上面我們看到，梵唄是有一定的規制，那就是道宣法師所說的「靜」，其旨則在於「謂眾將散，恐涉亂緣，故以唄約，令無逸也。」換句話說，「唄讚」就是可以說是佛教「可以接受」的音樂。其創制原則，則在於佛教的教

56。

〔註49〕請見釋昭慧，〈從非樂思想到音聲佛事〉，收錄於華宇出版社出版之「世界佛學名著譯叢」第九十一部，高楠順次郎等著佛曆2532年6月出版之《佛教藝術·音樂、藝術、美術》，頁54～60。
〔註50〕請見梁·慧皎，《大正新修大藏經》第五十冊之《高僧傳·經師第九》（臺北市：新文豐圖書公司出版，民國85年9月修訂一版三刷），頁414～415。
〔註51〕請見唐·道宣著，《大正新修大藏經》第五十冊之《續高僧傳》卷三十（臺北市：新文豐圖書公司出版，民國85年9月修訂一版三刷），頁706。

義與教理。「佛教音樂」的範疇固然也可以納入「梵唄」，亦有「與佛教相關」的音樂，如智化寺僧人之以樂器演奏的佛教音樂，就未必稱得上是「梵唄」，僅能名爲「梵樂」。要言之，「梵唄」具有其莊嚴性，具有教理的基礎。「佛教音樂」則未必有其「莊嚴性」，亦可以方便開緣，以接引渡化眾生關係，納俗樂以爲教化之用。俗樂者，雖有化俗之功能，卻未必具備修行功能，恐有擾亂修行的情況。是以單以「佛教音樂」一詞含括「梵唄」，就佛教而言，概念上恐有混淆，是以有分離二者，釐清意義之必要。這也就不難想像到在前面提到的法藏法師，爲何會對「時下對禁唄認識不清」而表示關切，他特別指出「佛教音樂」與「梵唄」是不同的兩件事情：

> 「佛教音樂」，近幾年來，正隨著佛教的興盛，與社會消費大眾的喜愛，而逐漸地風行了起來。在此潮流下，不少出家人，也投入了消費，甚至創作、演唱的行列當中，他（她）們的理由不外是：佛教音樂嘛！聽聽又無妨……。然而，美音乃壞亂禪定之毒箭，佛陀早有明訓，是不是「佛教」音樂就不會有壞亂禪思的危險呢？而且利益眾生的方法很多，是不是所有的方法出家人都適宜投入？聽音樂固然不是什麼「大戒」，可是心神蕩漾久了，道心、道行會不會腐蝕？……〔註52〕

這種擔心是其來有自的，由於人們對於「佛教音樂」與「梵唄」未加區分，不了解佛教在非樂誡律的傳統之下，音聲之所以可以成爲佛事，乃是在於音聲必須符合一定的原則，緣於一定的規制而創作的，並非全照人間的「音樂藝術」原則，甚且有違「音樂美學」現象。就如同中國大陸佛教音樂學者胡耀的看法：

> 人們……認爲中國的佛教音樂始終屬於中國本土的文化。進入八○年代，這個結論開始有些鬆動。要解決這個問題需要從兩個方面入手，一個是從了解古代中國和印度兩個民族的音樂學說的理論入手，解決音樂學中的源與流及方法論問題；一個是根據佛教與寺院生活特徵解決歷史的傳承問題，這兩者缺一便不能達到解決當代寺院音樂的文化歸屬的目的。〔註53〕

〔註52〕請見法藏之〈梵唄略考〉，該文存於《僧伽雜誌》（臺中市：僧伽雜誌社發行，民國84年10月20日），頁46～47。

〔註53〕請見胡耀著，《佛教與音樂藝術》（天津市：天津人民出版社，1992年12月一

換言之，縱然要用「音樂學」的角度來研究「佛教音樂」，也還必須要從了解古代中國和印度兩個民族的音樂學說的理論入手，來分辨寺院音樂的源流。除此之外，還必須根據佛教與寺院生活特徵解決歷史的傳承問題。由此可知，胡耀說明的正是從「梵唄」，來析解出「佛教音樂」的文化歸屬問題，是進步的見解。

因之，吾人不可不了解，研究梵唄史的首要條件，更是要了解到：「梵唄」與「佛教音樂」是不同的兩樣東西。研究「梵唄」，最重要的命題是：「音聲（而非「音樂」）可以成為佛事」，其條件與要求是在哪裡？這樣的研究態度才能夠切中命題，也才能做出確切的結論來。

二、佛教梵唄涉及的學科

前面特別指出，「梵唄」與「佛教音樂」是不同的兩樣東西，若要研究音聲為何可以作佛事，可以修行，則研究的對象應該是「梵唄」才對。若對梵唄研究只歸屬在「佛教音樂」之下，則將因焦點僅僅置於音聲本身，而喪失了探求全貌的機會。蓋梵唄的產生，不純是為了娛樂而已，最重要的是它具有宗教上的目的，有儀式上的功能。如此說來，梵唄的研究，並非只是單純的音樂研究，而應該要做「科際整合」的音樂考察研究。

關於這個問題，大陸學者王譽聲在其著作《音樂源流學論綱》（大陸上海：上海音樂出版社，1997 年 5 月一刷）提到，民族音樂學是研究一個（傳統）或數個（比較）民族的音樂形態的學科。他說：

> 傳統音樂學與比較音樂學，二者原來合稱民族音樂學。我覺得，應該一分為二，前者，主要考察並研究一個民族、一個國家、一個樂系的傳統音樂，後者，則是考察和比較地研究兩個或兩著以上的民族、國家、樂系的音樂因素。（《音樂源流學論綱》，頁 205）

因之王譽聲便就此擬出一個音樂的考察大綱，其內容約略如次：

甲、本體考察

1. 音律（類、種）。〔使用民族、氏族、地域、語言系屬、樂類、樂種，所占比例，曲例。以下各項均應有此。下略〕
2. 音階、調式：音階 1（調式（1）、調式（2）、……）、音階 2（同上）

……。

3. 旋法：包括聲部；音列（三音列或四音列）；旋律進行骨架；調式內的模進；常用樂匯；終止式；節拍、節奏；其他。

4. 樂類、樂種（主次）。

5. 體裁。

6. 曲式。

7. 樂器（主次）、樂隊及組合形式。

乙、音樂的社會考察

1. 民族、社會歷史：包括民族源流與社會歷史兩部份。

2. 語言系屬。

3. 自然環境：包括地理、物產。

4. 生產、生活：包括生產活動與生活兩部份。

5. 風俗、性格。

6. 音樂生活：包括日常與節假日。

7. 音樂家。（以上請見《音樂源流學綱》，頁 206）

　　從上面可知，當代研究民族音樂的方法，尚且須注意「音樂風格」及「社會文化」的兩面考察。佛教梵唄研究自然也不能僅強調音聲一面。筆者以為，想要了解梵唄，應該具備的知識如下：

（一）有關佛教的語言學研究

　　了解梵唄所需要的學科首要知識是屬於語文方面學科。這當中，當然最重要的要屬梵文（Sanskrit）或印度相關的佛教語言，其次是中文的語文知識。所謂的語文方面學科，重點著重於語文之發音、語調，以企圖了解其作為梵唄之詩文的聲調。這些聲調，則可能是梵唄曲調的主要形成因素。就中文來講，首重發音與聲調，就梵文來講，亦重於發音，另須注意連音規則（Sandhi, or Euphonic Combination of Letters），尤其後者，往往會改變了語詞的外觀，音聲也產生變化，使得聲調也跟著轉移。

　　又，梵語和中文一樣，也有「聲氣」之說。且由西藏密宗般，有其「氣脈」、「明點」之說，很明顯的可以看出，梵語的「聲氣」之說來自印度自身文化，蓋因印度本土具備了特殊的「音聲哲學」。另外，印度語文的特性，與中文有別，除了「名身」的結合成為「句身」，再由「句身」結合成為「文身」，

這種結合的方式以外，特別還有所謂的名詞、形容詞、動詞個別的「人稱」、「格」、「時態」、「數目」等造成的單字變化，此一過程即所謂的「文法」。印度自古以來崇尚語言文法，認爲語文有自然神祕力量，是故有所謂的「文法學哲」一派，並有重視語言力量的「彌曼沙學派」（Mimansa）等重要的印度古典哲學派。佛教傳入中國後，佛教並無像印度其他教派那樣強調梵語，反而是在說明了咒語上持誦之上與人的五臟有關，這與中醫哲學似有相應之處。

（二）有關佛教的文學研究

關於梵唄所牽涉之文學，大多屬於詩歌。在中國研究部份，則須具備「五言詩」、「七言詩」及「樂府詩」，及後期發展起來的「律詩」、「絕句」及「詞曲牌」等文學知識。在印度語言則要研究巴利文與梵文的 Metres，這些 Metres 構成了各式各樣的印度誦偈，如「śloka」等詩偈文體。而上述印度詩歌的結構，乃是具備了一定的規制，頗類中國的「律詩」、「絕句」。關於此方面的細部內容，則有待於第二篇之第二章部份將有討論。

此外，梵唄亦有其「劇場」成份。由於大乘佛教儀式以迎請諸佛菩薩降臨會場，來進行種種法事爲主而開衍出種種法會，例如祈雨法會、祈福法會、超薦法會、供養法會、懺悔法會等等。我們可以看到，許多法會儀軌都以《華嚴經‧普賢行願品》揭示的「十大願」爲其母本——從「一者、禮敬諸佛」到最後「十者、普皆迴向」的思想深深影響了佛教儀規的制定。這說明了法會的規制常常以經典爲依據，而經典的記錄常常就像是一本劇本一般。佛教徒舉行這些法會，亦有被要求「觀想」，使能在心中「原景重現」，也就是「敬佛如佛在」的情況一般。因而，梵唄必須以儀式上的需要，安排各種不同的聲曲，來營造各種不同氣氛，達到其宗教上的目的。這與戲劇上的情節安排是不無相關之處，因此經文結構的研究不宜忽略。

（三）佛教哲學史的研究

關於梵唄的創制，除受到前面兩項學科的影響外，最重要則是應用的場合，而有適當的設計。例如日本圓仁大師在《入唐求法巡禮記》中講到的「赤山院講經儀式」中的講經法會上，則有「云何唄」的唱誦，另有恭請佛菩薩親臨會場，獻上供養的「散華樂」等等。其曲目的安排，不僅關係到法會場面的莊嚴，更重要的是有其儀式結構上的根據，而其根據則來自於教義及教理。如此梵唄的唱唸才能算是有意義，梵唄的曲風也因此被創作出來。凡此

種種都是我們研究梵唄史所要注意的課題。

如此一來，我們亦須注意梵唄在佛教上的哲學史依據，也就是它在使用的場合問題。要言之，佛教在其非樂誠律的傳統上，卻開許一脈的梵唄文化，其間緣由值得我們留心，而梵唄在儀軌上扮演的角色也值得我們十分注意，其中亦有教理成份所在。就此研究梵唄的學者就不能不對佛教的哲學有一番了解不可。

（四）有關佛教的各民族之音樂學

關於「民族音樂學」，前面提到，該學科即傳統的音樂學，結合了社會學、人類學等學科做的綜合研究。在此，我們要關心的是屬於梵唄的音階與音律問題。

就梵唄而論，印度慣用的音律與中國不太一樣。由於印度佛教，及至其他宗教之唄讚，與其語文聲調有一定的關連，換言之，古代印度佛教使用的是音律相關的語文，歌唱體的語言，這對於當今的人們而言或許是較為特殊的文化現象。這部分可就現存的古梵文資料——「悉曇」（Siddhamatrka）得到相關訊息。日僧安然在《悉曇藏》卷一處就提到：

> 悉曇而韻有六，長短兩字十有二，……聲之所發則牙、齒、舌、喉、唇等，合于宮商。〔註54〕

對於「合于宮商」一事，顯見梵語之音韻發音有其符合音樂體式一面。鄭樵於《通志・六書略》第五的「論華梵」一文中說到：

> 觀《七音韻鑑》出自西域，應琴七絃，天籟所作，故從衡正倒，展轉成圖，無非自然之文，極是精微。〔註55〕

這種《七音韻鑑》的「應琴七絃，天籟所作」正說明了梵語可以相應於「七絃琴」音樂的特色，具體的地方則在日僧・了尊法師的《番曇輪略圖抄》卷第六中之「發聲事」，了尊以笛子來說明悉曇的發音，他說：

> 如真旦律呂九孔調音，今於天竺字母九處聲音皆悉攝更盡無遺餘者。〔註56〕

〔註54〕請見日僧・安然著，《大正新修大藏經》第八十四冊之《悉曇藏》卷第一（臺北市：新文豐圖書公司出版，民國85年9月修訂一版三刷），頁372～373。

〔註55〕見鄭樵撰，王樹民點校之《通志二十略・上》（北京：中華書局1995年11月一版），頁350～352。

〔註56〕請見日僧・了尊著，《大正新修大藏經》第八十四冊之《悉曇輪略圖抄》卷第六（臺北市：新文豐圖書公司出版，民國85年9月修訂一版三刷），頁687

了尊在說明了悉曇發音之後，更在後頭接著引到了「五調子」，說明如何以「五音」配中國傳統之「十二律呂」，最後則提到：「韻有六，長短分二。字十有二，凡呂律者，如短長調子者似摩多而已。」〔註57〕了尊在此說明了，梵文具備配樂的特色之處，也告訴了我們古代梵律之音階所在。

從上述資料可以發現到：梵唄的發音可以用「琴」及「笛」之律來說明梵唄的音律。這也就解釋了為何在日本《魚山私抄》之後記載的「諸流聲明調子譜事」中說明的以「棋笛譜」及「琴譜」兩譜來記錄梵唄。其中傳承《魚山聲明集》之天臺宗「大原流」的譜記是屬於「橫笛譜」。從日本的記錄，與鄭樵的說明，我們了解到佛教梵唄使用的音律當時很可能使用這兩種樂器的樂律。這兩種樂器的樂律也就是中國的「十二律呂」。然而在此，日本所使用的律呂，名稱與中國相同，卻有稍許的變化。就此部份，留待後面討論。

（五）佛教佈教之記錄與佛教史研究

最後一個最重要的，也是研究者必須要清楚的一個學科與知識，就是佛教史與佈教記錄的研究。這是因為梵唄就是佛教傳播的指標，如果有一個地方存在著梵唄，那就代表著佛教可能在那一帶傳播，起碼象徵著那個地方有僧侶的存在（當然也可能有趕經懺的白衣居士，像臺灣這樣，不過那也是佛教盛行的標誌）。梵唄應不失為佛教傳播的重要標記，也是佛教「本土化」的重要標記。因此，梵唄的研究裡，確實少不了佛教教理的研究，然而佛教史的源流也是不可或缺的。

以天臺宗來說，梵唄研究的重點，在此則指向天臺宗僧人生活之考察，由於天臺宗向來講究「教觀雙美」，頗重視禪坐，日常皆有止觀的功課。如此重視禪坐的天臺宗，梵唄在他們的眼裡究竟是什麼呢？這就梵唄研究者的眼光所在。由於該宗派對於梵唄的看法不同，通常也決定了該宗梵唄的成就與失落（如堅持「梵唄無用論」的宗派，梵唄大概也不會太發達）。蓋因梵唄使用的重要場合，便是寺院的生活。寺院生活的重點，不外乎每日固定課業與與法會慶典，再加上講經教育等等。凡此種種皆需使用梵唄。是故寺院生活的記錄，佛教傳播的記錄等等都是梵唄研究的重要材料。以寺院為單位作考察的研究的方法，對於南宋以後走向融合的中國佛教趨勢而言，顯得特別重要。

～688。

〔註57〕請見日僧‧了尊著，《大正新修大藏經》第八十四冊之《悉曇輪略圖抄》卷第六（臺北市：新文豐圖書公司出版，民國85年9月修訂一版三刷），頁6898。

因此想要研究梵唄，必先了解其語文特色，到形成樂曲之道，乃至流佈的情形都必須有所掌握。如此就不難探知梵唄來到中國，如何結合中國諸方的固有文化，達成「開權顯實」、「以理化情」的目標。由於梵唄的要訣，乃是在於「聲文兩得」〔註58〕倘若「聲而不文」，就無法讓道場大眾的道心無法堅固，若是「文而不聲」，那是無法接引佛教外的大眾來信仰佛教的。因此「精達經旨，洞曉音律」〔註59〕是佛教梵唄的作品所必備的條件。

三、《魚山聲明集》，佛教梵唄史的《廣韻》

以上，我們了解到佛教梵唄史研究，並非僅止於音樂一科而已。民族音樂學固能提供大部分的研究方法，然而，若要徹底了解梵唄的全貌所在，仍要以佛教教理及其哲學為依歸不可。蓋因梵唄並非市井笙歌，而是廟堂之上的聲曲，並具備了一定的宗教特質，及其神祕與神聖性的一面，光是解剖樂譜，分析樂理，是無法深入其種種內涵，特不能以平常等而視之。

前面提到，我國梵唄史流變上有「三變」，何以有此「三變」就成為我們研究佛教梵唄史的主要課題。本文選擇《魚山聲明集》作為佛教梵唄史研究的切入點，乃是在於《魚山聲明集》內聲曲使用的時代與保存，都可以表現出隋唐時期聲曲重要特色出來。尤其它們大多在唐武宗「會昌法難」之前，圓仁大師在中國看到的中國天臺宗使用的梵唄，這些聲曲也都在現在古代佛教儀規上有記錄。因此筆者認為《魚山聲明集》應可視為中國佛教梵唄史上的《廣韻》，並期望這本書能夠成為《廣韻》那樣在「中國聲韻學」的地位一樣，被大家所重視。

《廣韻》是一本什麼樣的書呢？該書全名《大宋重修廣韻》，作於宋代，卻承襲了隋唐時代的韻書，算是隋代重要聲韻學家陸法言所作的《切韻》的增訂本。《廣韻》不但對隋唐中古音有詳細的記載，更對研究上古音有顯著的幫助，對於研究近代中國漢語形成也有莫大的助力。因此，這本書可以說是中國聲韻學史與中國語言學史上最重要的基石，沒有了它，中國聲韻學將難以入手，漢語的發展路徑也不易被了解。同時因為《廣韻》的關係，我國的古典文獻研究

〔註58〕 請見梁‧慧皎撰寫，《大正新修大藏經》第五十冊之《高僧傳‧經師第九》（臺北市：新文豐圖書公司出版，民國85年9月修訂一版三刷），頁415。
〔註59〕 請見梁‧慧皎撰寫，《大正新修大藏經》第五十冊之《高僧傳‧經師第九》（臺北市：新文豐圖書公司出版，民國85年9月修訂一版三刷），頁415。

取得了很大的進步，對於我國傳統文化的認識，有著極大的貢獻。

如此看來，假如要研究中國梵唄史，考察《魚山聲明集》具備的條件，應可扮演了《廣韻》一樣的角色，是探索佛教梵唄史的方便入門之處。由於該書記錄的聲曲都附有「聲折」曲線；這些曲線的構成，又非隨意繪製，而是一段一段的構成，並在前面繪製了「博士圖」來標記了這每一小段曲線代表的音階。如此一來，中古時期佛教梵唄聲樂便有了清晰的記錄，不僅能夠研究近代以來的佛教梵唄發展的軌跡，更重要的是，如能就《魚山聲明集》深入研究，重構我國古代的佛教梵唄，或許不再是夢想。

再者，《魚山聲明集》內存的梵唄，大部分都是天臺宗當時所使用的儀軌與清規上有制定的，例如天臺宗最重要的行門「法華三昧懺儀」使用的梵唄，《魚山聲明集》內都有記錄，並在日本仍繼續沿用。前面提到，佛教儀軌制定常以經典爲主要範本，因而《魚山聲明集》的研究，不能忽略天臺宗的思想，必須著手於天臺教理的研究，以歸結出天臺宗教制原理，如此方能了解天臺宗梵唄在儀軌上，所扮演的角色，與聲曲的安排。不論這是否爲中國祖師所創制，抑爲梵僧所製作，假如我們能夠就其聲曲內容分析，《魚山聲明集》研究將提供了對中國天臺宗的音聲佛事及藝術美學之觀念，可資從事梵唄運用者及有心致力於佛教音樂創作之參考。

復次，《魚山聲明集》透露一個重要訊息：那就是「專宗梵唄」的現象。從圓仁大師《入唐求法巡禮記》內，我們發現圓仁大師在中國所訪問的寺院與天臺宗有關者頗多，如當時的揚州「開元寺」。因此他所傳承的顯宗梵唄屬於天臺宗使用者居多，形成後來日本天臺宗顯宗的聲明了。就此推想，會昌法難以前的中國佛教是否有「專宗梵唄」現象？如中國眞言宗當然有特殊梵唄，法相宗有自己獨有的梵唄，其他諸如法相宗，及初期中國禪宗叢林之梵唄規制等等，都值得進一步研究，或許這將可能有助於探索中國諸多失傳的梵唄，以釐清「詞曲牌化」梵唄以前的中國佛教梵唄流傳情形。然此工作並非本文所研究之範圍，相關研究則有待來日，故特此說明。

然而，筆者必須指出，佛教梵唄的研究在世界而言，還算是起步階段。即如世界上佛教學研究最發達的日本，在梵唄史的研究上，時代上也只溯及到佛教傳來日本的時期。對於中國佛教梵唄及印度佛教梵唄的研究，到目前爲止，要解決的問題，開拓的空間還非常的多，其程度之複雜與艱難之處更不在話下。然而，要了解《魚山聲明集》的知識，則必須對中國梵唄的歷史

有所考察才行，故本次研究仍需將所知中國佛教梵唄的流傳作一整理，目的
不僅在作為《魚山聲明集》研究之背景知識，更在於呼籲我國佛教界的人們，
大家一起來研究佛教梵唄史，一起重視我們的梵唄文化，以提升我佛教文化
水準，促進正統梵唄的發揚與流傳。

　　要言之，本文的研究主題便是在於說明：《魚山聲明集》是中國佛教梵唄
研究的《廣韻》，也就是中國佛教梵唄研究的「秘藏之鑰」。

第二章　前人研究成果及佛教梵唄與音樂的研究徑向

　　自從英國工業革命以來，歐美彊國挾其強大的工業力量與軍事侵略，將世界多數的土地淪為殖民地。亞洲各國遭受被迫進行有史以來最劇烈的文明改造。在以西方文明為主的價值觀下，在各殖民地區不僅原有的傳統文化受到鄙視，甚且是有意識地摧殘。中國則於滿清末年以來，不僅悲慘地遭遇到租界林立，領土瓜分，民族自信迭遭挫落，更在二場災難性的「五四運動」，與「文化大革命」摧殘之下，傳統文化的價值對中國人而言幾近蕩然無存。

　　事實上，佛教自傳入中國以來，梵唄的教學與研究一直就沒有停過。但是，在這股時代風潮之下，佛教，也被列入「迷信」黑名單中一員，又加上一連串的戰亂，使得中國是遍地烽火，家破人亡。在那個時代，那些個日子裡，真正是霜雪紛飛，風雨飄搖，自身的溫飽都無暇自顧，何況是文化的遺產與傳承？戰後的中國，已是滿目瘡痍，不料中共甫自建政，就來一番「破四舊」、「立四新」以及「批孔揚秦」等多次政治運動，再加上十年浩劫的「文化大革命」，對佛教的凌虐，為禍尤烈地超越了「三武」。在腥風血雨颼吹之下，佛教文化幾無喘息餘地，若非寶島臺灣保護了這片僅存的文化空間，中國佛教就要消失在神州大地之上了！

　　大戰以後，渴求已久的和平到來。西方人士發現，現代的科技文明固然為人類生活帶來幸福，卻也暴露了心靈空虛的大漏洞！高度智慧與科技的人類，解決紛爭手段竟然就是戰爭！人們開始反省，解決戰爭之道不再是戰爭，而是「雙Q」——IQ與EQ的「雙運之道」。人們更發現到，現在的物質真該滿足了，真正要做的建設，莫過於心靈重整。於是一股向東方學習的熱潮，

在西方世界迅速地崛起而開展。東方文化的價值受到了世界各國的注目，佛教，就是那顆東方文明裡最耀眼的寶石。而中國作爲大乘佛教的祖國，最燦爛的文化當然就在這裡。然而，正當神州沈淪，西方世界對佛教的興趣方興正艾之際，這世界上唯一能夠繼承中國佛教，作爲中國佛教的代言人，就只有臺灣了。毫無疑問，臺灣不僅是中國佛教最後的一片淨土，更是未來中國佛教的希望所在，復興梵唄的任務，歷史，選擇了臺灣。

中國大陸雖然早於三〇年代，即有劉天華等人注意佛教梵唄譜，並有記譜作品。然而戰禍連年，再加上腥風血雨似的政治運動，及一場幾近毀滅性的文化大革命之下，一切文化研究停頓了下來。佛教更被視爲「封建時代的大毒草」，又被視爲「人民的鴉片」，遭受摧殘不已。直到 79 年「改革開放」以後，1983 年湖南省文學藝術工作室音樂組就以「內部資料」方式，重新翻印了 1956 年《湖南音樂調查報告》中《宗教音樂》部份。與此同時的山西省音樂工作者推出了《山西民間器樂集・五臺山寺廟音樂》，中斷了二十年的佛教音樂的研究才開始有人注意。迄今已恢復采風的工作，並積極參與了佛教音樂國際研討會。民國 87 年臺北更舉行了「1998 年中國佛教音樂學術研討會」。然而在中共統治之下，人民在宗教信仰上仍然諸多限制，即使討論相關論題時，依然抱著一定的意識型態。

而日本，曾經是亞洲大乘佛教的邊陲地區，卻是世界上對佛教的研究與相關文化發展最高度的地方。日本的佛教音樂研究，由於並未發生類似「三武」毀佛的事件，重以政府尊崇佛教，老百姓也對佛教十分支持，大部分歷史文物並未遭到嚴重破壞，受到政令保護。因此日本擁有最完整佛教歷史文物，也有一群世界最多、最用心的研究工作人員，做出了許多傲人的貢獻。如同呂炳川先生《佛教音樂——梵唄——臺灣梵唄與日本聲明之比較》當中提到，日本的梵唄其音樂構造已經整理得相當有系統，例如各種用語的定名，音組織（System of tones）構造的分析、整理，各種派系的音樂構造等皆有相當深入的結論，堪稱世界的模範。

然而，想要研究中國佛教的梵唄，以及其歷史，到底還是要海峽兩岸的中國人共同來完成。日本人的成就再高，範圍所及也只能以研究日本的佛教爲主，即使有日本以外佛教音樂的研究，依然存在著種種限制。本文在此將討論前人所研究之成果，分成三方面，即臺灣方面、中國大陸方面與日本方面。筆者將以彼等研究佛教音樂概況作出論述，作爲本文研究方法構成之基礎。

第一節　臺灣方面相關課題的研究

想要走進甚深的佛法之門，一條廣為人知的路徑就是「唸經」，那是許多皓雪白頭的生命寄託，也是廣大眾生走入佛門的第一課。尤其近二十年來，臺灣的佛教有了不同的面貌，致力於提倡臨終關懷的淨土宗，助念的思想與活動受到了社會的注目，人們開始注意到了亡者的尊嚴，及死後的種種問題。佛法的傳播，從個人的修行，到「菩薩道路線」──建醫院、辦救濟、蓋學校，這一切都與淨土宗精神的發揚不無關係。淨土宗極力推薦「西方極樂世界」為人們下一生的最佳去處，要去西方極樂世界，當然不能欠缺經書上所說的「福德因緣」──也就是多做好事、善事，然而重要的，還在於「念佛」與「讀誦大乘經典」〔註1〕。更重要的是，唸經是實踐佛法一條非常重要的路徑。於是在以念佛、唸經為主的風氣興盛之下，帶領著臺灣法會的蓬勃發展，開創了中國佛教未曾有過的新格局；這些法會的興盛，迅速帶領了佛教在臺灣的發展。於是法會的相關研究，也受到佛教界及相關領域的學界人士所關注。臺灣地區的佛教音樂與梵唄的相關研究，是在這樣的背景下發展的。

有關佛教音樂研究，大多散見期刊雜誌，或被他人收錄於論文集中，在此並不介紹，特以專門研究論文為主，那是因為散見各地的期刊論文，大多為這些學術論文所引用，同時討論學術論文可以觀察學術風氣所在，收其提綱挈領之效。討論臺灣現階段的梵唄與佛教音樂所撰寫的學術論文，經筆者所知約有七篇，全都是碩士論文，並沒有一篇論及《大正新修大藏經》第八十四冊《魚山聲明集》，唯一提到日本天臺宗梵唄的，是呂炳川先生撰寫的一篇短篇論文，連同此篇加起來，總共八篇。茲將此八篇論文介紹如下：

一、李純仁《中國佛教音樂之研究》

臺灣第一篇有關佛教音樂論文的研究，是由民國 59 年中國文化學院（中國文化大學的前身）藝術研究所的李純仁先生提出的《中國佛教音樂之研究》，由曉雲法師與鄧昌國教授兩位指導。這篇臺灣首篇的佛教音樂研究論文共有八章，是手寫稿，目前未見出版。文中佛教音樂部份除兩位指導老師的

〔註1〕請參考《大正新修大藏經》第十二冊（臺北市：新文豐出版公司出版，民國85年9月修訂一版三刷），頁344。收錄之《觀無量壽佛經》中有言：凡欲往生西方極樂世界九品人之上品上生者，除發三種心外，並有三種眾生當得生彼國，其中之一便是讀誦大乘方等經典。

指導外，並由臺北縣樹林鎮山佳吉祥寺之續祥法師，及臺北縣新店市妙法寺戒德法師協助錄音，其內容概述如下：

第一章：是釋迦牟尼生平簡述。

第二章：是簡述佛教中心思想，以「緣起性空」來歸納，表現「般若」無上的智慧，修己之心，進而以「悲智雙運」、「普渡眾生」的菩薩「大悲」基本精神，來兼善天下，使眾生均能達到「極樂世界」的彼岸。進而論述佛教所表現的精神與宗旨是平等的、和平的、積極的宗教，在這種如此深奧而完整的哲學體系的背景之下，所產生的佛教音樂，就如同其思想一般的嚴肅而富哲學意味。

第三章：則說明了佛教起源於印度，經西域諸國傳入中國，考諸時代當早於東漢明帝流傳於民間。

第四章：敘述了中國佛教音樂起於僧侶為做法事而唱讚，或有利於修行。又敘及印度僧侶唸經音聲稱之為「梵音」，而中國和尚所唱之讚偈稱之為梵唄。李純仁並認為，梵唄緣自印度，但「創行於中國」。

第五章：略述中國佛教音樂史略，敘及佛教之讚偈創於三國時代，為曹植所作，隋唐時期為其鼎盛期，自宋以後至今，固守不變。從歌詞上來看，今之讚偈疑係宋後之作，最使李純仁先生感到困難之處是無任何足資佐證的參考書及。於是他大膽下筆了作上述擬測。該章除關於梵唄流傳中國這方面論述外，並論述及隨佛教來到中國帶來的印度、西域音樂，並一併討論之。

第六章：是屬於純音樂的研究，從儀式中分類成「朝晚課」、「聖典祝儀」、「齋戒」、「放焰口」及「水陸大法會」五大部份來討論，選出一百個譜例，從音階與旋律來分析出佛教音樂的音階是帶有「變徵」（Si）的「五音音階」，李純仁先生稱此為「六音音階」，但其功用與五音音階完全相同，「變徵」音拘束在一定的樂句裡表現出來。另特別說明佛教音樂旋律進行，則一律的「下行的」句尾及結尾，說明了佛教音樂具有「壓抑性」，始之歸於平和、寧靜的境界。李純仁先生並認為佛曲並無顯著的調性及豐富的和聲，但有轉調的跡象，整個曲體上，可視為一個極簡單而完整的變奏曲。

第七章：討論法器。佛教音樂所用的法器均為打擊樂器，至於絲、管樂器至今已不復存矣。另外又加有揚琴、風琴等，其奏法簡單而無特殊變化。

第八章：由敦煌壁畫來討論中國當時的音樂情形及樂器種類，由於敦煌壁畫大多以佛教為主題，壁畫中涉及音樂者為淨土變相圖──伎樂天、飛天

畫像等。

　　這篇論文是臺灣學界有史以來第一篇佛教音樂的學術專著，其體例、內容等許多方面堪稱首創。筆者認爲，這不僅是臺灣的首篇佛教音樂論文，更是價值第一的佛教音樂論文，在內容、體例與研究方法上爲後面的佛教音樂及梵唄研究的學術打開了一個非常寬闊的路線，後續的研究論文幾乎都受到這篇的影響，因此是值得推崇的。它的優點如下：

1. 該文以佛教思想爲背景，論及佛教思想與佛教音樂可能連結的關係。李純仁先生以第一章、第二章介紹釋迦牟尼佛與佛教的思想，蓋以淨土宗思想爲背景來闡述佛教思想大意，並以此基礎討論佛教音樂與佛教思想的關連，這一個見解是十分卓越的。

2. 企圖建立佛教音樂的流傳概略，爲佛教音樂做一個略史，這對後面研究工作者的啓發而言，居功厥偉。他更發現到了中國佛教現行梵唄「疑係宋後之作」，發現了梵唄存在著流變的現象，對於從前未有的首篇臺灣佛教音樂論文來說，這是非常了不起的見解。

3. 最重要的地方，也是最可觀之處，就是該文對佛教聲曲的分析。這個地方是筆者認爲該文最了不起的地方，就是在第六章中討論「音階」、「旋律」的討論當中，李純仁先生提出了「六音音階」論，認爲現行佛教梵唄樂句當中，以《爐香讚》爲例：

> 變宮（Si）之進行不像西洋音樂中具有導音作用，而進入主音宮（Do），它大部分（也可以說一定）進入商音（Re）。……筆者稱它爲「六音音階」，但它的作用則與五音音階相同。……幾乎在每一首讚偈中均同樣的出現，除了在《爐香讚》音調性之關係而在不同的位置上。……此種變宮音之進行，除在上列之音型外，決不在他旋律中出現，故可視爲佛教曲中之一大特色。〔註2〕

以上述的心得，李純仁先生發現了佛教聲曲的旋律，受到了中國文字所具有的「陰、陽、上、去」四聲變化所拘束，因之就佛教曲中之旋律與國語聲調的關係做了一番討論。並引用譜例，繪製曲線，來說明四聲唱腔的現象。關於討論部份，請見該文（84 頁起）。

　　對於李純仁先生的研究，由於那個時代佛教聲樂研究尚爲少見，資料的

〔註2〕請參考李純仁，《中國佛教音樂之研究》，中國文化學院藝術研究所碩士論文，民國 59 年，頁 83～84。

闕漏，所在難免。筆者覺得沒有什麼可以批評的地方，但是有關上面述及的，當代中國佛教梵唄「疑係宋後所作」的見解與以「四聲」討論及分析佛教聲曲之處，令人耳目一新。他從文學體裁上看到這個流變的現象，顯示其眼光獨到之處。另就該篇論文顯示，李先生似乎沒有見到《大正新修大藏經》第八十四冊之資料，不知道以唐朝梵唄為主的日本聲明是以「四聲」作為梵唄主要的音聲描述，也沒有涉及到其他音韻學方面的學說，就此而發現了「四聲」與佛教梵唄的關連，又根據樂譜，繪製了曲折線來作解說。相對於當時的研究環境，資料得之不易的情況下，能夠有這樣的研究成果，真的是非常的不了起，筆者衷心佩服。然而其後的佛教音樂研究卻沒有朝這方面的方向繼續下去，實在非常可惜。

二、林久慧《臺灣佛教音樂——早晚課主要經典的音樂研究》

繼李純仁先生之後，以佛教音樂為主題撰寫研究論文的，是呂炳川先生所指導的國立師範大學音樂學研究所林久慧小姐。主題是《臺灣佛教音樂——早晚課主要經典的音樂研究》。

林久慧小姐以為，中國佛教音樂流傳於民間其由來已久，只因缺乏明確的文獻與樂譜記載，又因代代口傳相授的結果，結果是差之毫釐，日久就失之千里了。有鑑於西洋樂器加入佛教音樂伴奏的行列；有些教界人士則想為佛教音樂作「新聲」。姑且不論這些後來的音樂價值如何，她要以佛教的「正統佛門音樂」，去除旁流，取之精華的理念來作佛教音樂的研究。

該研究是以田野調查工作為主，所作的錄音與採譜分析。她以李純仁先生的研究為主要參考，並以教界流傳簡譜記錄的唱讚音樂。她主要的研究方法是在於實地調查、錄音。並訪問教界老法師，以其共同的結果再做分析。這篇文章純以記錄佛教早晚課音樂為主題，遺憾的是佛教的哲學、義理並未包含在裡面。該文所記錄的音樂，以臺灣北區為主，並受到華嚴專宗學院開智法師、臨濟護國禪寺的明復法師、新店妙法寺戒德法師、十方叢林書院的從智法師等教界人士協助。

林久慧小姐的論文特色在於早晚課錄音比對、記錄，及音樂分析。該文的結構共分三部分別是：

序論，下分四章：第一章、佛教音樂考源；第二章、臺灣佛教歷史的演進；第三章、臺灣佛教的現況；第四章、資料。

　　本論，下分四章：第一章、梵唄；第二章、早晚課誦的法器；第三章、音樂結構的分析；第四章、早、晚課音樂的比較。

　　結論，下不分章。

　　這篇論文在早、晚課的研究上來看，所下的功夫最力，該研究算是對於佛教個別的儀軌記錄與梵唄研究的開創之處，對臺灣的梵唄研究而言，有其卓越的貢獻。然而，由於林小姐的研究專注於音樂記錄，而忽略了早、晚課的佛教義理層面，固然是在音聲的記錄上顯著卓越，可惜的是，也僅止於音聲保存而已。蓋佛教梵唄並不是單純的讚歌而已，而是有其教理依據的。忽略了教理依據，僅僅著於其音樂表現，是無法深入佛教梵唄的核心，發掘梵唄的真實意義，甚者還可能做出錯誤結論，實在非常可惜，如同該文的「本論」──第四章做出「早晚課音樂的比較」，這個部分有失欠妥。現行臺灣佛教的早晚課，主要在於儀軌內容的不同，既然內容不同，使用的梵唄當然也有不同。早晚課的不同，乃是佛門修行法門的不同，因此作這樣的「音樂比較」，若非在佛教哲學上著力，恐怕意義無法彰顯，這顯示了該文在傳統音樂學理的研究下，對佛門日常儀軌與佛教哲學理解上的弱點，造成了研究結果上的缺憾。然而，這也說明了早期的臺灣佛教梵唄或音樂的研究，專注於音樂采風，忽略了該有背景知識現象。其實，就當時學界人士就此領域的研究，還屬於摸索的階段，林久慧小姐的論文，對於佛教界的鼓勵與實質作用，還是有其貢獻的。

三、高雅俐《從佛教音樂文化的轉變論佛教音樂在臺灣的發展》

　　繼李純仁先生、林久慧小姐之後，就是許常惠、呂錘寬兩位教授指導的國立臺灣師範大學音樂研究所 79 年 6 月的碩士論文，由高雅俐小姐撰寫的《從佛教音樂文化的轉變論佛教音樂在臺灣的發展》。該文與林久慧小姐論文一樣，以田野調查作為研究的背景，卻發展出了「臺灣當代佛教音樂發展史」的研究。高雅俐小姐的論文共有分六個章節：

　　第一章：緒論，說明研究動機、目的、研究範圍、對象、資料蒐集與研究步驟等。

　　第二章：佛教在中國地區與臺灣地區的傳播，探討佛教在中國大陸及臺灣地區之傳播情形，並說明佛教音樂在大陸發展的沿革。

　　第三章：佛教音樂在臺灣的發展，探討佛教音樂之分類方式，在臺發展

的佛教音樂於整體佛教音樂中所屬之性質與型態；不同類型道場之音樂文化；創作性佛教音樂之發展。

第四章：臺灣佛教儀式中的音樂及其功能，探討臺灣寺院中梵唄之傳承情形；法事結構與音樂之關系，音樂功能；法器之記譜方式與其應用情形。

第五章：臺灣佛教儀式音樂之音樂型態與特點，主要就臺灣佛教儀式音樂型態（含音階、曲式、曲調、演唱方式，歌詞形式）作分析，並就其演唱時機加以說明，且儘量歸納出其遵循的原則，列表說明。

第六章：結論，就本文各章所述提出總結，並試依其音樂所呈現之音樂型態及特點，說明其宗教上之意義。

就這一篇論文的內容來看，高雅俐小姐的眼光十分突出。她注意到了「佛教在中國地區與臺灣地區的傳播」，來探討佛教在中國大陸及臺灣地區之傳播情形，作為說明佛教音樂在大陸發展沿革的基礎。又就做了「佛教音樂之分類」，論述了臺灣發展出的佛教音樂，於歸屬於佛教音樂當中的性質與型態，另外她特別提到不同類型道場之音樂文化，也談到創作性佛教音樂之發展；她在大陸中國佛教流傳於臺灣的研究，下了不少功夫，毫無疑問，是十分有時代性，並有創見的佛教音樂研究。高雅俐小姐的眼光著力於當代臺灣佛教音樂的演變與梵唄流傳情形，這是首篇就臺灣地區梵唄研究以外，特別注意臺灣當代佛教音樂的發展論文。高雅俐小姐將佛教音樂的純音樂研究提升到了音樂史的研究層級，這個貢獻是非常值得肯定的。

然而高雅俐小姐所訂定的題目《從佛教音樂文化的轉變論佛教音樂在臺灣的發展》，固然著眼在於「佛教音樂文化的轉變」之上，卻還是發生了和林久慧小姐類似的問題，就是忽略了佛教的義理哲學方面。高雅俐小姐注意到了各項臺灣當代佛教寺院使用的各種梵唄，及「演變」成臺灣佛教音樂文化的歷史問題，僅就其各項內容做了一份可觀的記錄，卻無法就此提出一個「史觀」，對這些演變作出合理的解釋，以致於僅能達成表層研究。例如高雅俐小姐論文在第六章「結論」上論及臺灣佛教音樂問題時，做出這樣的結論：

> 目前臺灣地區所保存傳統佛教音樂，多偏於聲樂型態之梵唄，而無器樂型態之佛教音樂，究其原因，主要因臺灣地區並無如大陸地區器樂型態佛教音樂之音樂環境，畢竟大陸各地民間戲曲對臺灣民眾為陌生的，且佛教音樂中常見之笙、簫、笛、管等樂器屬大陸北方音系統之樂器於臺灣本地仍屬少見，於對其原有音樂文化陌生，且

　　無樂器及樂僧制度之情形下，傳統器樂型態之佛教音樂，於臺灣並無保存或發展之條件，自然未能流傳下來。〔註3〕

觀其結論來由，顯然受了大陸北京智化寺「京音樂」及山西五臺山的寺廟音樂等影響之下所做出的結論。然高雅俐小姐似乎沒有注意到，佛教本來就有「非樂」誡律傳統存在，從印度傳來的僧團傳統之下，梵唄主要是以「清唱」為主，自佛門只有「音聲佛事」講法，而未曾聽聞過「音樂佛事」的說法。儘管智化寺、五臺山只是隨著在家信眾（特別是國王貴族與富有的長者）的「伎樂供養三寶」（即如《妙法蓮華經》中《方便品》所說的「作樂供養」即屬此類）的傳統發展出的「讚佛音樂」，嚴格說起來，並非佛陀立下的律制，與佛門真正用於修行「佛教音樂」。要言之，早期的佛教梵唄是「無器樂伴奏」的，即如後來的梵唄使用引磬、木魚等打擊樂器伴奏，其功能誠如法藏法師所說「大抵取其聲音清亮、悠遠、沈穩、肅穆等特質而使用」為的是「帶引大眾節拍一致及增上專注和恭敬」（〈梵唄略考〉，見錄《僧伽雜誌》，頁53，84年10月20日刊）而非增加音樂效果，不尚花俏如藝人一般。所以臺灣梵唄傳承如此，應屬佛門正常現象，並非有所偏頗。這就顯示一個問題：研究佛教音樂不能僅由音聲上的研究而已，前面已經提到，佛教梵唄的研究是一個「科際整合」的研究，音符的研究是無法滿足與解決佛教音樂創作與發展上的問題。林久慧、高雅俐小姐研究的未足之處，都凸顯了音樂學界研究佛教梵唄及音樂的迷思。

四、張杏月《臺灣佛教法會──大悲懺的音樂研究》

　　繼林久慧小姐的佛門專一儀軌的研究，是王正平教授指導的文化大學藝術研究所84年碩士張杏月小姐所撰寫的《臺灣佛教法會──大悲懺的音樂研究》。

　　張杏月小姐與林久慧小姐同樣對佛教音樂懷有崇高的熱誠與理想，有鑑於西洋宗教音樂對西洋音樂的影響深遠，並佔有極崇高的地位來看，與佛教音樂不受重視的狀況，實在有極大的差異。張杏月小姐以佛教徒身分，深感佛教音樂有其莊嚴、動人之處，卻又給人陌生、難懂的印象，於是決定在佛教音樂的領域裡，做較深入的耕耘與探討，期望能使社會大眾對佛教音樂有更進一步的瞭解。

〔註3〕請參考高雅俐，《從佛教音樂文化的轉變論佛教音樂在臺灣的發展》，國立臺灣師範大學音樂研究所碩士論文，民國79年，頁307。

　　這篇論文分爲兩個部份：

　　第一部：份簡介佛教與佛教音樂，包括佛教音樂之分類及佛教的音樂觀，並簡述佛教音樂在臺灣之現況。

　　第二部：份介紹大悲懺，包括其由來、精神、功德、儀軌及音樂等。以不同宗教派中較具代表性之四座寺廟——承天寺、佛光山、農禪寺、蓮華學佛園爲主。由儀軌唱頌過程之介紹，藉田野、記譜將大悲懺的音樂以五線譜呈現。大悲懺儀軌共分六個部份；四個版本之記譜共有九十二首單曲。另由樂曲分析，介紹大悲懺音樂之旋律架構、調式、音域、音階等。並由梵唄不同的演唱方式與演唱形式之特色，更進一步認識臺灣佛教音樂的風貌。

　　張杏月小姐追隨林久慧腳步，繼續佛門專一儀軌的音樂研究。對於其研究內容而言，主要是參考了林久慧小姐的研究，另外她也參酌了昭慧法師的《從非樂思想到音聲佛事》一文。她選擇了「大悲懺」，據說該懺是張杏月小姐訪談過的法師當中，認爲所有法會中，旋律最美、最感人的，也是當前最流行、最廣的懺法。

　　張杏月小姐論文的長處，在於標顯了不同道場的同一法會的唱腔比較。這是她對臺灣佛教音樂研究上的一個貢獻。她的研究主體，仍是在於就「大悲懺」的田野調查。從林久慧小姐的研究以來，似乎田野調查已經是音樂學界研究民族音樂的一個主流。張杏月小姐也是其中的一員，她將「大悲懺」的樂曲結構、速度、節奏、音色、張力及至音程，採用了「風格分析法」（Stylistic Analysis），就當樂曲的特色，涉及上述音樂分析範圍內某項或多項、特別值得討論時，特別就不同版本的單曲，作一比較探討。要言之，張杏月小姐所致力的就是將「大悲懺」音樂的風貌呈現出來，就臺灣的來說，算是臺灣最早專門研究「大悲懺」音樂的學者。

　　然而，張杏月小姐的問題，事實上也是林久慧、高雅俐兩人相同的問題：那就是佛教學背景知識稍嫌薄弱。張杏月小姐傾心專注於《大悲懺》的音樂描述，卻忽略了「懺悔」的思想與在佛教修行的角色，及佛門修持法門的演變地位。中國佛教對於懺悔法門研究最深入者，非天臺宗莫屬。許多重要的懺法，包括大悲懺在內的製成，都是出自於天臺宗大師們之手。《大悲懺》是宋代天臺四明知禮大師所製作，乃爲天臺宗修行法門之一。因之研究《大悲懺》，是不可以忽略了天臺宗教學的發展情形，最起碼的，也要知道《大悲懺》在天臺教觀體系下的位置與功能，以及流傳情形，張杏月小姐忽略了這些相

關佛教教理與佛教史知識，是以其研究僅研究《大悲懺》的音聲知識，對於
《大悲懺》的研究而言，不無缺憾，實在是可惜。

五、林仁昱《唐代淨土讚歌之形式研究》

　　嚴格說起來，這也是一篇研究佛教梵唄與音樂的論文，但非音樂科系研
究所所作。民國 83 年國立中山大學文學研究所徐信義教授指導下的碩士林仁
昱先生撰寫了《唐代淨土讚歌之形式研究》，以樂界外的學者，用不同的觀點
來觀察佛教梵唄——淨土讚歌。林仁昱先生以其文學專業角度來觀察佛教唄
讚，是佛教音樂研究的一大突破，使得臺灣佛教音樂研究走上了新的里程。

　　林仁昱先生之論文內容如次：

　　壹、本文論題及取材說明

　　唐代淨土讚歌，是為了配合淨土宗轉經，禮懺，念佛等宗教活動而作的
讚歌。其讚文（歌辭）收錄在《大正藏》第四十七冊及八十五冊，幾部唐代
淨土讚歌集中（如法照法師的《淨土五會念佛略法事儀讚》），而敦煌卷子中，
亦有零散的淨土讚歌。考察上述的原始材料，將可以從中見得聯章，和聲，
套語，疊句等兼具文學，音樂雙重意義的形式，且為了配合儀式的進行，其
形式常有多樣的變化。所以，本文探討唐代淨土讚歌的形式，將有助於唐代
音樂文學，佛教文學，佛教儀制等方面的研究。

　　貳、本文各章節之研究內容

　　第一章：緒論，除了說明寫作動機，並對原始材料作整理與界定外，且
由明瞭佛教讚歌的淵源及早期發展狀況，進而探討唐代淨土讚歌的製作背
景。

　　第二章：是讚歌的文學形式分析，所探討的項目包括句式，章法，篇法，
押韻，和聲，套語，修辭，語言旋律等。重點在於呈現讚歌歌辭文學形式的
樣貌，以作為探討音樂形式，儀式表現效果，及其與其它音樂文學相關問題
的基礎。

　　第三章：透過前章文學形式的分析成果，文獻上關於讚歌音樂形式的記
載，並參考現今讚歌之記譜，以探討讚歌歌曲及唱法，並進而推求讚歌於儀
式上的表現效果，及蘊於其中的意涵。

　　第四章：藉著本文於文學及音樂形式的探究結果，輔以文獻上之相關記
載，探索唐代淨土讚歌與講經文，俗曲歌謠，聲詩之相互關係，進而明瞭唐

代淨土讚歌與當時佛教，音樂文學，於形式上之相互交流情形。

第五章：結論，揭示本文所探得讚歌於文學，音樂形式上的特色；並標舉讚歌於佛教音樂文學研究上的啓示，且預估此一論題未來繼續研究的展望。本文附有譜例及附圖，以爲參考之用。

在此林仁昱先生的研究提出了超越性的見解，就是以文學史眼光來看唄讚發展。他運用了文學分析，來作演唱的考察，這顯然是研究佛教梵唄及音樂的方法上進步之處。在此之前，也只有李純仁先生做過這樣的提示，但是這個方法，則一直要到林仁昱先生的研究出現，才算有了更進一步。林仁昱先生考察的是讚歌的形式，這與樂曲形式是有關係的。蓋樂界研究的是「樂句」，與文人眼中的「文句」並無相差太多，是以用文學眼光研究佛教音樂，是一條嶄新的路線，值得樂界人士參考。值得觀察的是林仁昱先生推想探索唐代淨土讚歌與講經文，俗曲歌謠，聲詩之相互關係，這一點也是進步的見解，把臺灣在佛教梵唄與音樂上的研究，提升到了歷史考察與考證的水準。

文學界人士研究中國古典音樂史自然有其獨到之處，由於中國古代的音樂家並不受重視，音樂的演奏與創作，大多附屬於文人文化之下，又我國古代詩、詞、曲、戲劇大多爲音樂文學，因之往往研究古代音樂文化資料經常要往文學史料之處尋找。林仁昱先生在這一點上，是爲突破之舉，他發揮了文學專業，再加上自身的音樂基礎與與對梵唄的掌握，在他的論文第三章做出了「音樂分析與儀式表現之探究」，是該篇論文最可觀的地方。就該章內文，不難得知林仁昱先生對於梵唄與儀式的理解，是下過了深刻的功夫。然而受限制的地方是，林仁昱先生以臺灣當前的梵唄形式，直接推想唐代梵唄的表現形式，其實是不夠的。假如他能夠研究日本淨土眞宗聲明，對於該文論述的善導大師《淨土五會念佛略法事儀讚》就有更深入的了解。觀日人研究，淨土眞宗流派聲明者最盛，日人岩田宗一教授、中西和夫先生、播磨照浩法師等人都是這方面的專家。林仁昱先生沒有能夠引用他們的相關研究，純就音樂形式作推測，是美中不足之處。然而林仁昱先生不知日本也有這種類似的儀式梵唄，並非他的過失，而是因爲臺灣這方面的資訊還是很封閉。其實，日本淨土宗多數梵唄來自天臺宗，因爲天臺有所謂之淨土教部份，聲明也是這個部份。是想要研究淨土聲明，也是要從天臺聲明，方能廓清源流。不過林仁昱先生到底在資料缺乏情況之下，有這樣的成就是值得稱讚的。畢竟臺灣相關資料與資訊實在是不夠發達，還有待努力。

六、邱宜玲《臺灣北部釋教的儀式與音樂》

　　與佛教梵唄相關研究當中有一篇較特別的論文，其主題雖然與佛教音樂有關，但研究的對象卻臺灣一個地方民俗的奇特現象，那就是所謂的「釋教」，一群臺灣民間趕赴經懺的在家人，做的卻是和佛教法師爲信徒做的事情一樣──爲人超薦亡靈的佛事，然而他們卻有不遵守佛門清規的現象。甚者混淆視聽，破壞大眾對佛教的印象。國立臺灣師範大學民國 85 年的音樂研究所碩士邱宜玲小姐撰寫了《臺灣北部釋教的儀式與音樂》，內容甚爲可觀，就田野調查來說，是難得一見的好作品。

　　僅以「釋教」有別正統佛教，本來不打算列入討論。然邱宜玲小姐的研究不可忽視，於學界有一定的貢獻。該文以田野調查方法爲基礎，對臺灣現行「釋壇」源流及活動概況，及傳播方式做了忠實的考證，及種種忠實的記錄。對於佛教梵唄「本土化」與「民俗化」研究而言，不失爲一個優秀的角度。

　　然而從文中看出，似乎邱宜玲小姐並非佛教徒，將「釋教」與「佛教」未加區分，僅僅將調查訪問所知集合撰寫，而未加整理釐清，實在可惜。蓋「釋教」本身並非同正統佛教，也並非另一支宗教，而是一個行業，一種使用佛教儀規爲人超度亡靈，卻不遵守佛門教誡的「假和尙」。邱宜玲小姐並不區分這一點，不參酌明清以來佛教史、地方誌、道教發展史等做研究，儘管遵從調查訪問所得的記錄，卻不正本清源，僅問音樂，不問源流，有失嚴謹之處，不無遺憾。因此我們明白，田野調查固然是很好的方法，然而不深究其源流，將有以訛傳訛的危險。做佛教音樂研究，還是要多知道些佛教學知識要好些的。

七、范李彬《普庵咒音樂之研究》

　　與前面五篇學術研究最大不同之處，范李彬先生不走傳統梵唄的路線，而另闢蹊徑地研究文人傳播的佛門樂曲，《普庵咒音樂之研究》，由呂錘寬、釋惠敏兩位教授指導下，民國 87 年國立藝術學院音樂研究所碩士論文。

　　《普庵咒》相傳爲宋代禪宗臨濟法系第十三代傳人普庵禪師所創，在中國佛教史上，除禪宗六祖慧能禪師之語錄《六祖壇經》，是中國人所說的，被尊稱爲「經」，給後世很大的影響以外，普庵禪師的《普庵咒》則是中國唯一流傳至今的佛門咒語中唯一是中國人自創的「咒」。兩者同樣帶給後代中國很

大的影響，前者於哲學義理，後者則於佛門修行，收入了禪門日課誦當中。
然而一個佛門的修行用咒語，後來竟演出了琴曲《普庵咒》，及琵琶曲《普庵
咒》，五臺山也有《普庵咒》樂曲，甚且清代宮廷音樂也有《普庵咒》，然諸
種《普庵咒》樂曲，尚須追溯源流佛門之《普庵咒》。范李彬先生做跨樂種之
研究，企圖對《普庵咒》總體音樂文化的歷史演進，及脈絡有一全面概觀的
認知與了解。他儘可能蒐集各種不同樂種的《普庵咒》來作一綜合研究。全
文分成三章：

第一章：以追溯本源，探討《普庵咒》的作者，普庵禪師的生平及其咒
語的歷史背景。在這一章裡，范李彬先生探討咒語本質，並解析了該咒語結
構，發現該咒語為一梵文字母表。

第二章：則針對《普庵咒》音樂曲譜在各種樂種概況，從歷史宏觀角度，
就研究的材料與其所涵攝的音樂文化模式作一提要式的調查與描述。

第三章：則以微觀的分析手法，對各樂種之《普庵咒》音樂，從曲名與
標題、音樂形態分析、樂器編制與演奏形態及樂曲功能等面向，進行綜合分
析，以呈現《普庵咒》音樂聯繫於傳統音樂的特色。

結　論：則對《普庵咒》演化為音樂的因素，從佛教歷時性之文化體系
及與其對應之社會文化情境互滲的觀點，論述其咒語「成樂」之所以然。

該篇論文乃是目前最新的佛教音樂論文，毫無疑問，范李彬先生對於佛
教音樂的研究開闢了一條新的道路。他從佛教的「咒」處入手，蓋佛門之「咒」，
乃是過去翻譯經典通例「五不翻」之一，「咒語」又稱「陀羅尼」，保存了梵
文原音，是中國佛教文化裡保存的印度文化之一。由於咒語的修持唸誦，重
點在於與佛菩薩的相應。由於佛門咒語大多是佛菩薩所說，因此佛教徒相信，
只要是能夠將發音，如同印度來的梵音那樣的唸誦，自然很容易與佛菩薩感
應。這大概是大部分的佛菩薩都是印度人的關係，只聽懂印度語言，所以譯
經之初就寄望將這些咒語以原音重現，用漢字模擬了梵音，從此「梵音」就
成了「與佛菩薩感應」的重要工具。由於近年來臺灣佛教界有一股追求「梵
音」的風潮，很多唸誦咒語的錄音帶都強調他們是「純正的梵音」。藏傳佛教
之所以很容易引入臺灣，與這股追尋「梵音」的熱潮不無關係。這就帶給我
們研究梵唄人們一個啟示，其實咒語的唸誦方法，或可考察古代印度梵唄的
風格。儘管《普庵咒》是中國祖師所說，落李彬研究《普庵咒》，仍然以印度
梵文作為考察基礎，不失為一個優秀方法，不僅做了非常良好的示範，也提

供了研究者很好的啓發。

范李彬先生的研究更顯示了一個重要的意義，那就是揭示了佛教音樂深入民間，成爲各階層都喜歡的樂曲。那就是佛教課誦成爲「本土化」、「民間化」的指標。這點是十分有待繼續努力的方向，無論在佛教音樂史或佛教梵唄史，乃至是佛教史而言，都是有貢獻的。

然而范李彬先生受限之處，正如同從林久慧小姐、高雅俐小姐以來的佛教梵唄或音樂研究論文一樣，都受限於對佛教史的理解不夠深入。音樂學界固然有其傳統音樂之研究方法，忽略了音樂生存背景的做法，亦屬缺憾。就以《普庵咒》而言，由於前面並無相關研究咒語之論文，或應就人類考古學，或人類文化學角度來論「咒語」之意義，再就印度本有的吠陀傳統，論述其咒語結構與功能，並能研究其唸誦方法，如此基礎，進入佛門「咒語」的歷史了解，如此來談《普庵咒》之所以成「咒」及成爲樂曲的背景因素，應能有更得力的見解與做出更優質的貢獻來。

八、呂炳川先生與《佛教音樂——梵唄——臺灣梵唄與日本聲明之比較》

臺灣第一位以音樂學獲得日本東京大學文學博士是呂炳川教授，他是臺灣人的榮耀，也是臺灣民族音樂學的巨擘。呂教授對臺灣的佛教梵唄／音樂學研究的貢獻，就是把日本聲明介紹到臺灣來，《佛教音樂——梵唄——臺灣梵唄與日本聲明之比較》並非一篇學位論文，而是他的短篇作品。該文收錄於時報文化事業出版公司出版的《呂炳川音樂論述集》當中，也收錄於華于出版社出版之「世界佛學名著譯叢」第九一部，高楠順次郎等著《佛教藝術・音樂、戲劇、美術》及節錄於《中華佛教百科全書》「梵唄」一條下。

呂炳川教授在該文裡，用臺灣梵唄與日本天臺宗聲明做了比較，然而他是以民族音樂學的角度去做兩者的介紹與比較。該文的結構是這樣的：

一、引子。

二、梵唄的定義：在這裡呂炳川先生將梵唄定義在：「在佛教儀式中所歌詠之各種經典，統稱爲梵唄」，又介紹了「聲明」一詞，然而呂教授並不知道爲什麼日本會將「梵唄」改稱「聲明」。

三、梵唄的音樂構造：介紹了臺灣梵唄的兩個系統，分別是「海潮音系」與「鼓山音系」，呂教授以爲大陸北方系是屬於「海潮音系」，而南方系統則屬

於「鼓山音系」，呂教授於文中提到所謂的「南方系統」都以福建省福州市鼓山一帶傳過來的。其次呂教授在此項下，介紹了兩者「音組織」、「旋律型」、「節奏」、「表情」、「音域、發聲」、「記譜法」、「多音性」、「演唱方式」等多方面比較，最後歸結到「梵唄與聲明的比較」，並最後做了「梵唄的樂器」敘述。

呂炳川先生是臺灣傑出的民族音樂專家。這篇論文介紹了日本聲明給臺灣地區學者與民眾，又做了許多比較，讓我們了解了中國佛教梵唄與日本聲明的差異性情形，功勞不小。然而，呂先生的研究美中不足的問題，就在於他雖然以研究民族音樂角度來研究，卻對該樂種的背景知識欠足。就如「二、梵唄」部份概略的將梵唄分成大陸南北兩系，又用「海潮音」與「鼓山音」分別作爲南北兩系的代表。殊不知我國佛教梵唄應無所謂的「南北兩系」的分別，所謂的「海潮音」與「鼓山音」的差異僅在語言之上，調式則未因語言而有較大的出入。餘者，不論是使用「海潮音」與「鼓山音」的寺廟，所用儀軌、清規仍以《百丈清規》爲主，讚頌的曲目並無太大出入。再者，南北兩系之分界何在？若以長江爲主，浙江省尚有「海潮音」梵唄之道場，而廣東省梵唄亦非完全使用「鼓山音」的閩南語唱唸，呂教授提出的「南北兩系」的說法，恐有牽強之處。

再說，呂教授對於「日本聲明何故不用『梵唄』一詞」的原因未明。考日本佛教史料《元亨釋書》卷二十九《音藝志》於「聲明」條下有所解釋：

> 聲明者，印土之名，五明之一也。支那偏取曰梵唄。曹陳王啓端也。
> 本朝遠取于竺立號焉。考古史，延曆二年，有正梵唄之詔，然古則
> 有之，爲立家也。承和之初，弘法奏置聲明之度，……傳良忍，忍
> 事已見感進傳，自居大原山，盛唱此業，以爲法事莊儀。……一日
> 披唄策畫墨譜，忽策中放光明，自此世推忍之業焉。……因是大原
> 地成梵唄之場，方今天下言聲明者，皆祖于忍焉。〔註4〕

《元亨釋書》是日本記錄其佛教早期發展的史書。從上面的記錄我們發現到，日本梵唄稱「聲明」緣故，就是因爲取於原來印度的名稱關係。還有另一個原因就是大原（今京都府大原一帶）的天臺宗大師良忍上人因爲專心此業，弘揚天臺梵唄，一日忽有感應，梵唄書上放大光明，於是大原的名聲就響遍天下，天臺聲明就在良忍上人的弘傳之下，一直流傳到今天，至今大原三千

〔註4〕 請參考日本濟北沙門・師鍊撰寫之《元亨釋書》卷第二十九，收錄於黑板勝
美所編「國史大系」（日本：吉川弘文館，昭和 40 年 6 月 30 日發行），頁 433。

院還立有立碑紀念良忍大師的功業。呂教授可能沒有看到這方面書籍，觀其文之後所列參考書目，僅列民族音樂相關書籍，缺乏佛教史相關資料，對於梵唄的理解或有誤解。昭慧法師已經在〈從非樂思想到音聲佛事〉一文中就呂先生該文中的觀點提出反駁與修正。其中最重要的一句話就是說到呂先生「雖是音樂學者，卻還不是佛教學者」一語最為中肯。〔註5〕

　　事實上，音樂學確實能夠提供研究宗教音樂優良的方法，那就是藉助「音組織」、「旋律型」、「節奏」、「表情」、「音域、發聲」的研究可以達到記錄音聲，確保該樂種、掌握其藝術原則，提供後世音樂研究之用。然而音樂學者在研究宗教音樂時，應對宗教相關知識有所了解。研究佛教音樂若是忽略了佛教及其相關知識，往往會做出出格的推論與錯誤的結論。臺灣佛教音樂，自民國59年以來，僅有李純仁先生論述佛教音樂，兼顧了佛教史及佛教精神的探討。餘者如林久慧小姐、張杏月小姐，甚且是探討臺灣佛教的音樂史的高雅俐小姐等人，研究佛教音樂時未置入佛教發展史、哲學史及相關義理探討，以致無法深入佛教音樂核心，產生了推論及結論上的弊病，實在可惜。又如邱宜玲小姐的研究，題材與研究方法都是優秀的，卻只重音樂記錄，不向正本清流的做法，以致混淆視聽，指鹿為馬的結果，令人遺憾。但是受限於臺灣音樂系所的環境，缺少專門的佛教學教授學者，亦無學校開設佛學相關課程，在這種情況下，他們還是努力將佛教音樂的研究引入學術殿堂，引起注意，仍是功勳卓著。而民族音樂學者如呂炳川先生等人，研究各種佛教音樂，將不同的佛教音樂介紹給國人，居功厥偉，實不可沒。

　　回顧臺灣佛教梵唄與音樂的研究歷史，自民國59年以來，迄今二十七年了，只重音樂，忽略宗教的研究模式，仍多見於各校音樂系所。好在佛教界也十分努力，分別成立了華梵、佛光與玄奘三所佛教大學，未來還有法鼓大學的成立。這些學校均有設立佛教學專門系所，提倡佛教學研究。相信未來的臺灣佛教音樂研究應該會以民族音樂學，兼重佛教史與相關學科來研究佛教音樂，相信不僅會產生進步的結論來，去除種種過去發生的弊病，使佛教音樂與梵唄呈現出更真實的面貌，使佛教界與社會大眾一併受益，應該是我們未來要走的方向。

〔註5〕請參考華宇出版社出版之「世界佛學名著譯叢」第九十一部，高楠順次郎等著，《佛教藝術・音樂、戲劇、美術》，頁83。昭慧法師就呂炳川該文內「三、梵唄的音樂構造」文內各點提出補充或是反駁。

　　要言之，我們應該明白，研究佛教音樂是一個「科際整合」的研究工作，便可免除顧此失彼的情況。

第二節　中國大陸方面的研究成果

　　一般來說，臺灣地區的佛教有關法會儀規有其固定的「法本」，那就是以《敕修百丈清規》為主的法會規制，以《佛門常用課誦本》內容為主的聲曲而結合的儀式。但是關於梵唄的基本知識的介紹，大部分都附屬在佛教儀規的書籍之下，常見者如下：

1. 是佛教編譯館所編，由佛教出版社印行的《佛教的儀軌制度》，該書僅有一版，內文共 120 頁。內容有十六項，從「一、叢林」開始一直到「十六、法器」為止，共收錄十六篇部份不同作者的文章。在頁 81 有林子青所撰寫的〈讚唄〉。

2. 則是常春樹書坊出版之《中國佛教儀規》，該書於民國 77 年 7 月出版，內文共 225 頁。內容與前書大致相似，然就其目錄來看，可能是以《佛教的儀軌制度》為範本，而再行擴充的版本。該本特色在於，前面從「叢林」（頁 11）到「焰口」（頁 142）與《佛教的儀軌制度》內容與編排完全一樣，後面則增加了從「焰口」以後的「十方叢林」（頁 147）開始，到最末「法令」之「第四章附則」（頁 225），這部份算是與《佛教的儀軌制度》有所區別的地方。

　　上述這兩本書算是在臺灣較為人知的有關梵唄基本知識書籍，然而有趣的是，這些介紹梵唄的書籍，卻是以大陸為主的學者們所撰寫的，如周叔迦、田光烈、林子青等人。臺灣不少學者參考這些書籍來作討論。就連本文最前面提到法藏法師所撰寫的《梵唄考略》一文內容關於我國梵唄源流部份，也是引用大陸學者整理出來的史料。奇怪的是，臺灣學者們反而撰寫這方面的書籍很少。事實上，大陸學者的梵唄研究特色，在於采風及史料整理，這一方面是超越了臺灣相關研究的腳步。

　　這要從中國大陸近五十年研究佛教音樂的概況談起。

　　曾經是孕育、生長中國佛教的神州大地，近一百年來，幾乎所有中國政治或文化上的激進派、造反派人士都把鬥爭的矛頭指向宗教和宗教文化。自從清朝末年的政府公佈了「廢廟興學令」，從那時開始，宗教就漸漸成為「迷

信」的同義詞。「五四運動」曾以「砸爛孔家店」爲口號，衝擊著中國千年傳統的三根支柱——儒、釋、道三教的社會價值觀。而史無前例的十年浩劫「文化大革命」，更將宗教文化，及一切與宗教有關的東西，統統視爲掃除的對象。中國佛教就在這種腥風血雨的環境裡渡過了近將一百年的歲月。

1979 年「改革開放」以後，受到文化大革命殘害的中國大陸的學術界與知識界人士，在經歷了過去無數心靈的煉獄之下，並觀察了鄰近國家不同的發展經驗後，開始對中國近百年來的歷史進行「反思」。這種「反思」包括對「五四運動」與中國文化的傳統相關的反省與思考。在這樣的思潮之下，中國知識分子研究如何繼承這五千年的傳統與歷史文化，他們也同時研究著如何繼承「五四運動」的反傳統的傳統，通過這樣一個綜合的思考，希望達到對五千年歷史文化的重新認識，與建立新的價值觀。在這樣的思潮與運動情形之下，許多傳統事物被重新挖掘出來研究，佛教與佛教音樂也是在這個時代背景之下被發掘出來的。

據中國大陸宗教音樂研究者田青指出：從 1997 年算起，總結中國大陸過去五十年的佛教音樂研究可分成三個階段：

（一）第一階段

音樂學界及個別的「有識之士」，「發現」和「初識」佛教音樂的階段。

長期以來，中國佛教音樂不是流傳於佛教內部，就是流傳於社會中下階層之中，素不被上層人士所看重。所以本世紀初的以音樂學家劉天華爲代表對佛教音樂的關注，是眼光非常獨到的作爲。劉天華在本世紀三〇年代記錄的《佛樂譜》，是中國音樂學界將佛教音樂納入音樂研究的重要標誌。然而其後戰禍連年，這項工作也就停頓下來，將近二十年之久。

（二）第二階段：是從四〇年代到五〇年代末期。

1947 年，在山西省一帶中共「晉綏解放區文聯音樂部」工作的音樂工作者，亞欣，對山西五臺山佛教音樂開始進行蒐集工作。由於當時沒有錄音設備，又值戰爭時代，故對山西五臺山的青廟、黃廟及「八大套」等傳統佛教音樂的記譜工作，就顯得格外珍貴。

五〇年代中、後期，佛教音樂的採集、整理工作開始形成規模。各地的音樂工作者開始投入了佛教音樂的蒐集與探索。不但蒐集、記錄了一批較多的佛教音樂原始素材，並有試圖以社會學、宗教學的角度去研究這些宗教音

樂做進一步的考察。較有名聲的學者有潘懷素、楊蔭瀏、查阜西等人對北京智化寺京音樂的考察和研究。他們的研究和宣傳使得佛教音樂再度受到世人的重視，並帶動了許多音樂工作者及學界投入在蒐集、並研究各地佛教音樂。這一時期最有成就的，就是北京智化寺京音樂。所有研究成果發表在「中央音樂學院中國古代音樂研究室」的探訪記錄第一號、第五號及第二一號。其中潘懷素並以「思白」為筆名，發表了《略談智化寺的京音樂》等專文。楊蔭瀏則於 1956 年帶隊前往湖南省進行「音樂普查」，對湖南省佛教音樂進行較為系統的收集及整理。並撰寫了《佛教禪宗水陸中所用的音樂》、《宗教音樂‧湖南音樂普查報告附錄》等。其中《佛教禪宗水陸中所用的音樂》一文對「水陸大法會」音樂的演唱及演奏方式，及水陸法會中音樂材料的來源等諸多問題有所考察，並記錄了《香讚》、《三寶讚》等禪門佛曲二十多首。

在這些學者的帶動之下，中國大陸各地的音樂工作者紛紛投入，出現了一些成果。如「中國音樂協會‧成都分會」編輯了《寺廟音樂》一書，在 1955 年以鉛印出版。書中匯集了「焰口」、「梵唄」、「禪門課誦」等曲譜一○四首（當中有重複）。另有五臺山青廟、黃廟等唱誦、吹腔二○七首及「八大套」的全部曲牌，這是目前中國大陸收集佛教歌曲項目曲數最多的，規模最大的譜集。此外還有《陝西葭榆宗教音樂散編》的地方性宗教音樂譜集整理出現。

此一階段的成果十分可觀，是中國大陸佛教音樂研究的「第一個高潮」。這一階段有如下特點：

1. 由專業音樂工作者用民族音樂學的傳統方法（主要的就是田野調查，包括記譜、記詞、社會調查、樂器的繪圖與測量）進行工作，由於技術條件的限制，一般只是記譜，沒有錄音。

2. 大部分音樂工作者對於佛教的教義、儀軌都不了解，所以這一階段的工作者僅僅是初步的嘗試，沒有能把「佛教」與「音樂」結合來研究。被記錄的唱詞有錯字，訛字的出現，在解釋的文章裡也存在對佛教的調解與隔閡。

3. 五○年代中國大陸政治「相對穩定」，大部分音樂工作者能夠用歷史的、客觀的角度去觀察佛教音樂，強調佛教音樂的「人民性」，試圖將佛教音樂納入「民間音樂」的範疇之下。

4. 由於缺乏對佛教音樂的全面考察，而僅將被研究對象，當作是「地域性」、「地區性」的文化，在研究者眼光中，只有某地的佛教音樂，而

無「中國佛教音樂」的概念。

由於六〇年代到七〇年代末，佛教音樂的研究進入了停頓狀態。「左」的思想影響，音樂工作者不敢再接觸「佛教音樂」領域，不敢問津。文化大革命更大規模摧殘了佛教與文化，曾經研究過佛教音樂的學者與相關工作人士都遭受了無情的批判。

（三）**第三階段**：則於八〇年代開始。

再一次中斷了二十年的佛教音樂研究開始復甦。1983 年 9 月，「湖南省文學藝術工作室」音樂組就以「內部資料」名義重新翻印了 1956 年《湖南音樂普查報告》中的《宗教音樂》部份。與此同時，已有佛教音樂的研究經驗與基礎的山西省音樂工作者推出了《山西民間器樂集·五臺山寺廟音樂》。其後中國大陸各地續出現以「選」、「集」為名的佛曲資料，如《禪門讚集》、《咸陽地區民間歌曲集成·宗教歌曲》、《江蘇宗教歌曲》等尤其隨著大規模的「中國民歌集成」和「中國民族民間器樂曲集成」兩計畫的執行與成果的編輯工作的展開，全大陸各省市及地方幾乎都在收集民歌和民間器樂的過程中，收集了大量的宗教音樂。許多地區編輯、整理和出版了本地區宗教音樂的專集，為深入進行研究奠下了基礎。

同時在恢復了田野調查的采風工作，音樂學家也恢復了原來進行的學術工作。八〇時代中國大陸第一篇公開發表的學術文章是由陳家濱所撰寫的《五臺山寺廟音樂初探》（收錄於中國大陸音樂期刊《音樂研究》1981 年第二期），他分析了五臺山佛教的音樂，提出了兩個有重要的判斷：一是五臺山寺院音樂中保存了「望江南」曲牌為例，認為可能就是唐朝的原曲。二是反對過去學術界認為佛教音樂「剽竊」民間音樂的理論，認為五臺山的佛教音樂是「源」，而山西「八大套」是「流」。田青本人的一篇《佛教音樂的華化》（收錄於《世界宗教研究》1983 年第三期）則是中國大陸首篇超越地區性的民間音樂視野，提升到對整體歷史文化的現象進行歷史考察的文章。該篇反駁了中國佛教音樂「土生土長」的觀點，並提出了唐代佛曲至今仍存在寺院中的觀點。胡耀《我國佛教音樂調查述要》（收錄於《音樂研究》1986 年第一期）把他早期研究地方視角予以擴展，對中國佛教音樂中的法事音樂做了扼要的敘述。他並用了統計學方法，對常用佛教讚唄進行了音樂形態的分析。這一階段的佛教音樂研究，顯示了中國大陸音樂家們原來「地方性」、「地域性」已經提升到了對佛教音樂的文化做歷史性與全面性的考察。這是比較進步的觀念。

　　此外，中國大陸也出現了有關佛教音樂與道教音樂，甚且是中古世紀歐洲天主教音樂相互交流的考察論文。如蘭光明《「慢彈」音樂與「奧加農」之比較》（收錄於《音樂探索》1985 年第一期），以記譜形態將四川省寶光寺的「放焰口」中的《慢彈》音樂與歐洲天主教之「奧加農」音樂進行比較，試圖探索早期音樂中的一些問題。田青的《中國音樂的線性思維》（收錄於《中國音樂學》1986 年第四期）則從美學角度比較了天主教（基督教）和佛教思想對歐洲音樂和中國音樂的不同影響。而在對地方佛教音樂的探索上，也出現了邢野的《呼和浩特喇嘛教音樂考》（收錄於《音樂研究》1986 年第一期）、尼樹仁《大相國寺音樂的構成》（收錄於《中國音樂》1986 年第一期）、邢毅《拉卜愣寺院藏文譜》（收錄於《人民音樂》1989 年第六期）、韓軍《五臺山佛教音樂的宮調系統》（收錄於山西《音樂舞蹈》1990 年第一期）及劉劼《佛道教音樂在陝西民俗中》（收錄於《音樂探索》1990 年第一期）等，對於佛教音樂不同角度的各種層面，都有深入的探討。

　　另有佛教音樂研究者使用歷史學方法探索佛教音樂起源及發展問題。這方面的論文有謝立新《中國佛教音樂之初》（收錄於《藝苑》1988 年第一期）、林培安《梵唄窺源與佛曲辨宗》（收錄於《音樂藝術》1989 年第三期）、趙一德《雲崗佛籍洞與北朝文化》（收錄於《文史哲》1989 年第二期）、高德祥、呂殿生《敦煌石窟壁畫中的吹奏樂器》（收錄於《樂府新聲》1989 年第四期）以及常嗣新《雲崗第十二窟樂器演奏伎樂天的初步研究》（收錄於《音樂舞蹈》1990 年第一期）等論文。

　　這一階段佛教音樂研究的特點在於：

1. 對佛教音樂進行全方位、多角度的考察開始進行，研究者從史學、音樂形態學、考古學、民族學、民俗學等多種學科的角度來進行研究，使佛教音樂的研究有了全新的面貌。

2. 充分運用現代技術，對佛教音樂做了錄音與錄影的工作。其中一部份錄音、錄影製品已經在市面上流通，為研究提供了基本資料。當中有上海音樂學院與上海市佛教協會聯合錄製的法事音樂錄影帶和「中國音象大百科」錄製的「中國佛教音樂系列」錄音帶是這方面的代表。從 1987 年開始，「中國音象大百科」已經出版的錄音帶有：《津沽梵音》二捲、《五臺山佛樂》五捲、《潮州佛樂》四捲、《常州天寧寺唱誦》三捲、《九華山水陸》四捲、《雲南佛樂》三捲等等。這些錄音帶的出版

受到大陸各界歡迎與好評。

3. 佛教音樂的研究已經具備了「學科」的性質，出現了以「佛教音樂」為專業的研究生，及以佛教音樂為主題的碩士論文。出現了少數以佛教音樂研究為事業專業研究人員。並召開了以佛教音樂為主題的國際學術大會。

4. 在搶救、整理與研究佛教音樂的過程裡，許多專業人士與佛教界開始成立佛樂團演奏佛教音樂。這些樂團的組合，有些由佛教藝僧組成，有些是佛教藝僧與專業人士聯合組成，例如 1986 年成立的北京佛樂團是最早成立的佛教音樂團體，曾經出訪歐洲，使北京智化寺音樂揚名海外。1989 年成立的五臺山佛樂團出訪香港及英國的演出，更備受讚譽。這是有史以來，中國佛教音樂團體首度走出中國大陸，向國際社會介紹此一珍貴的文化資產。

5. 出現了音樂專家與佛教界人士、國內學者與國外學者交流合的狀況。1989 年 3 月在香港召開了首屆佛教音樂國際研討會，出席此次會議共有中國大陸與海外學者二十七人，是有史以來第一次有關佛教音樂研究的國際盛會。

6. 佛教音樂的研究開始受到大陸官方有關部門重視，隨著「改革開放」的發展，大陸官方主管宗教和文化部門單位對佛教音樂研究給予支持。1986 年 10 月《中國民族民間器樂集成》全國主編會議特別邀請田青為各省「集成」主編做了「宗教音樂的收集、整理、研究的方法」之專題演講，大會正式要求各省在「集成」編輯工作中全面蒐集宗教音樂。1987 年 9 月，「集成」全國編輯部在湖北襄樊召開了「全國宗教音樂編輯會議」，研究有關宗教音樂的收集、整理、編輯的問題，決定將宗教音樂收入器樂曲完成。

　　九○年以後的中國佛教音樂研究也有不錯的成績，1992 年，中國佛教文化研究所和中國藝術研究院組織了「漢傳佛教常用唱誦規範譜本」編輯小組，小組聘請國內諸方大德為顧問，由田青擔任主編，經過三年的努力，已經將《朝暮課誦規範譜本》編輯完成，並且配合音譜的錄音帶也隨之出版。1993 年，上海音樂出版社以中英文對照的形式出版了田青主編的《中國佛教音樂選粹》，該書是第一本以五線譜記譜的，包括天津、五臺山、潮州、重慶、九華山等地的佛樂譜集。

以上資料是參考了田青主編之《中國宗教音樂》中國大陸北京市宗教文化出版發行，1997 年 5 月一刷，頁 3～13。田青對於中國佛教音樂研究投入時間頗長，歷練十分豐富，目前擔任了中國藝術研究院音樂研究所副所長，對於中國大陸佛教音樂情況的掌握十分清晰。從上述資料裡，我們可以發現到，中國大陸佛教音樂的研究，起步雖然比臺灣晚（臺灣在民國 59 年即有碩士生以佛教音樂為主題提出論文，中國大陸要到八○年以後才有碩士生以佛教音樂為主題撰寫碩士論文），可是進步的幅度卻比臺灣還快，不僅在佛教音樂的研究已經到了「史」的層面，還有「佛樂團」的組成，以及召開了國際佛教音樂的學術研討會，對於佛教音樂的發展與文化傳承都有重大成就。儘管經過了十年文革的摧殘，能有這樣的成就，迎頭趕上的成績，已經是十分了不起了。中國大陸學者們的努力，是在於相關史料與聲曲方面的整理，在他們辛勤的搶救、研究之下，也有一張非常可觀的成績單。這也不難理解到，在臺灣佛教音樂的研究風氣初起之下，相對於大陸學界大力投入的情況，臺灣的佛教音樂研究學人也不得不參考他們整理出來的資料，及引用做為梵唄基本知識了。

然而，我們注意到了，畢竟中國大陸對於佛教音樂的研究，是在「音樂學」立場的佛教音樂研究，並非「佛門」立場的佛教梵唄與音樂之研究。雖然田青注意到了過去有「沒有能把『佛教』與『音樂』結合來研究」的現象，但是大陸相關學者們大多是佛門外之人，傾向於「唯物史觀」的尺度，特別是中國大陸還有「為政治服務」文藝政策的傳統（毛澤東曾於延安發表過的談話）。雖然邀請了佛教界人士共同參與，終究也只是提供聲曲內容給學術界人士；資料及研究成果還是這些學者所整理出來的。和臺灣先前的佛教音樂研究一樣，大部分的大陸佛教音樂研究者只重音樂，不論佛法。與臺灣不同之處，則是加上了「唯物史觀」的意識型態。

由於手邊資料不多，茲將介紹兩位較具代表性的大陸佛教音樂學者與他們的論述。

（一）胡 耀

前面提過，受到田青推重，八○年代對中國大陸佛教音樂做出積極貢獻的研究學人，胡耀。他是一位對佛教音樂的發展歷史下過匪淺的功夫而獲致成就的佛教音樂史專家。他的著作《佛教與音樂藝術》（1992 年 12 月，天津人民出版社出版一刷）一書，可以看出胡耀下過很大的功夫在調查佛教音樂，

其具有一定的研究水準。這本書不僅提到了中國佛教梵唄的歷史分期，整理了相關的佛教音樂史料，歸結出了佛教音樂的發展路徑，對各朝各代的佛教音樂發展概況勾勒出一個清晰的輪廓。特別的是，胡耀提出了梵律、聲明學這些因素與梵唄的發展上有直接或間接的關係，是優秀的觀察。除此以外，胡耀還主張，要以中、印兩個不同民族的音樂學說理論入手，解決佛教音樂學中的源與流的方法論問題，另一個則是根據佛教與寺院生活特徵解決歷史的傳承問題，這兩者缺一便不能達到解決當代寺院的文化歸屬目的，這是進步的見解。

　　然而，胡耀卻因為對佛教的理解不足，產生了欠妥的看法，例如他論及「五明」與佛教音樂的關連，提到：

> 佛教音樂（不限於中國的佛教音樂）及其理論學說是印度的傳統文化，這在文化起源的時期，對於全人類來說是具有普遍意義的。在古代的印度，音樂和音樂學究是佛教和佛學的一個部門或分支，佛教的教理教義源於婆羅門教的學說和經典，佛學及其經典源於古吠陀學，婆羅教的經典就是吠陀。〔註6〕

這樣的看法令人驚訝。稍有佛學常識的人都知道，佛教音樂固然與婆羅門教的「聲明」有關，但對於佛教教義、教理是「來自婆羅門教」的看法，顯然是錯誤的見解。釋迦牟尼成佛以前，可能有婆羅門教的老師，可是釋迦牟尼佛的教義絕非與婆羅門教相同，也不是受到了婆羅門教的啟示，相反的與婆羅門教教義有著極大的差異，也更有反對婆羅門教的教義之處，這是佛學的基本常識。胡耀不嫻熟於佛學之處，由此可見。另外，他對「梵律」的起源，認為涉及悉曇字母的理論，是有見地的，但是梵律的創始與中國十二律呂混為一談的做法，不敢苟同。

> 梵律的創始問題也就是「悉曇」梵文的創始問題。據經、論、史、記載，悉曇文字由天然產生，並非人為所造，……「自然道理」或「天然法則」所作……意思是它是由自然規律所產生的。……如此說它與中國的十二律呂便是一回事。〔註7〕

〔註6〕請見胡耀，《佛教與音樂藝術》（天津市：天津人民出版社，1992年12月一刷），頁4。

〔註7〕請見胡耀，《佛教與音樂藝術》（天津市：天津人民出版社，1992年12月一刷），頁117。

以下就牽扯到中國十二律呂問題,再將梵字悉曇有「十二摩多」牽扯上來。觀文內以中國典籍論十二律呂,又缺佛教經典原文佐證,不無牽強附會。

以上情況我們了解,大陸學者在研究中國佛教音樂過程裡,存在了以音樂角度來看佛教音樂的情況,在史料上做得比臺灣還進步,可惜失於佛學常識不足,以致出現「佛教教義、教理來自婆羅門教」不當之處,甚且把律曆與佛教音樂牽扯,不無混淆,蓋佛教本無強調律曆之學的傳統。胡耀的此一論點,顯示了中國大陸學者所經歷的過程:對於佛教音樂原貌的正本清源工作做得不夠徹底。在對佛教史與僧人生活的記錄認識不清的情況下,這類帶有弊病的結論仍是存在的。

(二)王小盾

王小盾於 1985 年獲得揚州師範學院文學博士,現為揚州大學任教。曾於1998 年來臺參加在臺北舉辦的「1998 年中國佛教音樂學術研討會」。他的學術專長在於隋唐五代的燕樂歌辭專業的研究,題目的《隋唐五代燕樂雜言歌辭研究》,從他的出身背景及研究專文,可以得出,王小盾對於隋唐五代時期的中國文化史十分熟稔。隋唐五代時期的中國音樂受到佛教影響十分顯著,他也對此十分關注,難得的是他並不是從佛曲音樂型態來觀察,而是得自於我國歷史記錄源流,所得到的結論顯得比較堅實、有力。此外從他的研究裡,發覺到他曾於佛教相關的史學上下過相當的功夫,又能專精於佛教音樂史研究的學者,是優秀的學者。臺灣學藝出版社曾經出版過他的書,《漢唐音樂文化論集》(以王昆吾為筆名,民國 80 年 7 月初版)。

王小盾對於佛教音樂研究的主張,觀其作品《漢唐佛教音樂述略》一文中「佛教音樂系統建立的理論原則及其在唐代的展開」中有這樣的看法:

> 藝術問題,是佛教經典經常討論的問題。除開禁慾原則外,佛教教義中主要包含了兩種方面相反的藝術原則:一是維護經典純正性的雅正原則,二是美化佛教世界的「歌詠頌法以為音樂」的原則。……以上兩種原則可以解釋唐代講唱的音樂成份的複雜性,以及它們的發展方向的多元性。其突出的表現是:傳統的唄讚轉讀音樂與聲法仍然保持了它們的隱定性,新的唄讚聲法亦按佛教理論補充近來。……〔註8〕

〔註8〕 請見王昆吾,《隋唐音樂文化論集》(臺北市:學藝出版社,民國 80 年 10 月初版),頁 182。

從上面的論述看出，我們可以看出王小盾對於佛教音樂的主要理解還是在於音樂本身，但是王小盾比較爲進步之處，在於發現了佛教有「禁慾原則」的存在，此外他也發現到了佛教「藝術原則」是在於「護經典純正性的雅正原則」，及「美化佛教世界」，於前者王小盾從隋代僧人闍那崛多翻譯的《佛本行集經》卷五十的「依世歌詠而說法者，而有五失」〔註9〕地方，再透過《毘尼母經》卷六說到的「以外道歌音說法，復有五種過患」，參照了《高僧傳‧經師篇總論》、《續高僧傳‧雜科聲德篇》種種資料做出的結論。後者則以爲淨土宗的「往生極樂世界」此一教義所做出的結論。

　　王小盾參照了許多《大正新修大藏經》資料，顯示了中國大陸對於佛教音樂史的研究，從田野調查的采風，進步到了一個新的階段。然而問題就在於王小盾對於佛門的修行內容與生活模式可能不夠深入。王小盾認爲佛教音樂存有所謂的「藝術原則」，也注意到了佛門本有的非樂誡律，但似乎無法了解兩者看似相反卻能並列的現象是如何發生的，要解答這個問題則必須從佛教的修行理論來看。前面講到大乘佛門雖對音樂採取的態度是接納的，但是在持守誡律的傳統下，也不是所有的音樂一概接受，而是有一定的原則情況下，聽許佛弟子「歌詠法言」，與維護梵音的情形。王小盾忽略了佛教中音聲對於修行的作用，與音樂是用來典禮供養之用（伎樂供養）的功能，因而他以爲佛教「教義中主要包含了兩種方面相反的藝術原則」，其實是一點也不相反的，即如淨土宗法門裡，唱誦經論也仍依照傳統經唄原則來制定的。不可否認，淨土宗固然有吸收民間俗樂的成份，然而唱腔方法卻不同於民間俗樂的現象，這從臺灣現存各種聲曲的節奏就不難發現，有延長四拍以上的情形。更何況，樂器演奏，在非樂的誡律之下，應非佛門本有的習慣，佛教經唄仍以人聲爲主。

　　此外，王小盾在論淨土宗以往生淨土的理論中提到：

　　　淨土宗即以往生淨土──西方極樂世界爲修行目的。佛教對西方極
　　　樂世界的描繪，雜有現實的貴族生活與印度神話傳說的成份，故也
　　　重視樂舞之娛。〔註10〕

〔註9〕請見王崑吾，《隋唐音樂文化論集》（臺北市：學藝出版社，民國80年10月初版），頁182。然他轉引的部份，請見《大正新修大藏經》第三冊（臺北市：新文豐出版有限公司，民國72年1月修訂版），頁884。

〔註10〕請見王崑吾，《隋唐音樂文化論集》（臺北市：學藝出版社，民國80年10月初版），頁183。

從以上的論述不難看出，王小盾因循其意識型態，昧於佛教教義的內容，從音樂內容推想佛教教義的做法，所作出來的結論，筆者對此持保留的態度來觀察。蓋因王小盾並沒了解到淨土宗「西方極樂世界」設立的目的是在於「修行」，而非「享樂」。僅是從「樂舞」的存在，就推論到「雜有現實的貴族生活與印度神話傳說的成份」是邏輯的謬誤。就此「淨土」一詞而論，其形成與原理，須作一番深入探討，特別是關於《維摩詰所說經·佛國品》等許多經典中有相關的理論，故可知「雜有現實的貴族生活與印度神話傳說的成份」是錯誤之推論。研究佛教音樂，仍須由佛教的教義來，僅僅從存有音聲記錄、各種音樂的史料記錄來推想佛教生活型態與佛門讚唄原貌，是本末顛倒的做法。

其實中國大陸對於佛教音樂投入學者還很多，限於臺灣資料限制，僅選這兩位作爲代表。總而言之，大陸學者對於史料的整理功夫，與田野調查的熱誠、成績，是臺灣學者的典範。臺灣近幾年學界也開始關注佛教音樂，采風工作也逐步進行。筆者熱切希望，兩岸的學者能夠就此一領域共同合作，畢竟大陸學者所需要的，是脫離意識型態的問題，在那種環境之下，能有如此成績，實在難能可貴！臺灣近年來接連成立了佛教大學，與其他院校相關系所不斷成立，未來可期的是臺灣將在佛教學與佛教史的領域，將扮演了前導的角色。這是大陸學者努力的地方：終究，在沒有政治因素干擾，意識型態的窘迫，與眞正的宗教信仰環境底下，才能產生眞正地道的宗教音樂研究。何況研究「佛教音樂」，怎能忽略了「佛教」，而獨厚「音樂」呢？兩者實在是密不可分的。

第三節　日本方面的研究成果

在日本，歷史文物受到重視的程度極高，不論是在東京或是京都，都可以見到上百年的老店舖。而在京都，兩三百年的老店舖並不算稀奇，甚至於早於百年以上的食品口味（茶道、和果子、拉麵、壽司、懷石料理等等），迄今都有人還在研究、考證，努力把老祖宗的文化保留下來。筆者在京都街頭常常看到這些事物，深感佩服之餘，不禁對中國坎坷的命運，感慨萬千，也對日人對保存傳統文化的努力有著無比的敬意。

佛教於日本已有上千年的歷史了，日本對於佛教文物的保存尤其注意。百年以上歷史的寺廟處處可見。傳教大師（最澄大師）、弘法大師（空海大師）的去處都有立碑紀念，上百年的寺院所保留的古老抄本可以在博物館內看到。

　　然而，日本所致力保存的傳統文物，大部分都是我國古代的文化，佛教的部份也是其中之一，日本佛教保留了唐代佛教的宗派遺風。一如我國唐代的佛教風氣，日本也保存了古代番曇文字寫成的經本，研習梵字普遍及佛教各界。日本也保留爲皇家舉行的宮廷法會，也有爲民眾舉行的法會儀式。舉辦法會的儀式、梵唄，法器的使用、儀軌的進行方式，日本也大多都保存了下來。因此，日本可以說保留了中國古代文化的一部份，而這一部份，事實上就是我國梵唄史上最重要的部份，隋唐時期的梵唄。

　　說到佛教學研究，世界上首屈一指的，要算是日本；而佛教梵唄與音樂的研究，世界上首屈一指的，還是日本，這是因爲該國佛教一直受到政府與國人的崇敬，沒有遭受過類似三武及文化大革命之類的破壞。然而日本對於佛教梵唄與音樂的研究，雖然成就斐然，但奇怪的是大陸與臺灣方面迄今對日本聲明研究的成就所知有限。大陸學者雖然已經知道日本聲明〔註11〕，但是深入研究的很少，大概是語文問題所致。臺灣則因呂教授爲日本音樂家岸邊成雄教授的學生，在日本留學多年，知道日本的「聲明」，故撰寫了《佛教音樂——梵唄——臺灣梵唄與日本聲明之比較》，成爲首位將日本佛教的聲明介紹到臺灣來的學者。然而，臺灣音樂學界並不重視，大部分佛教音樂的研究者也沒有注意到。

　　其實，日本的佛教梵唄，是和日本的佛教宗派一樣，分成各個宗派與流派。根據日本東京音樂之友社出版以國立劇場傳統音樂公演而編著的《日本音樂叢書——三・聲明（一）》的編者木戶敏郎，在該書的〈編者のことば——「聲明」という音樂概念の開發〉中，提到曾經在國立劇場公演過的佛教聲明有下列諸流派團體：

　　法相宗：藥師寺

　　眞言宗：南山進流、豐山派與智山派

　　天臺宗：山門派、寺門派與眞如堂引聲

　　淨土宗：淨土宗定聲明、光明寺引聲、緣山流

　　日蓮宗：日蓮宗定聲明

　　時　　宗：遊行寺

　　曹洞宗：總持寺

〔註11〕請見胡耀，《佛教與音樂藝術》（天津市：天津人民出版社，1992 年 12 月一刷），頁 46。

　　黃檗宗：萬福寺〔註12〕

其實，尚未公演過的宗派，還是存在的。但我們可以看得出，日本佛教聲明
（梵唄）並非如同中國一樣，使用《禪門日課誦》內容爲主的梵唄，而是各
宗各派都有自己特色的法會與聲明。就以天臺宗來講（以魚山聲明爲主），與
眞言宗（以南山進流聲明爲主）的法會有著極大不同，當然聲明也有所差異，
即使有相同的梵唄讚辭，也有不同的歌唱曲調。本文所研究的主題《魚山聲
明集》，便是屬於天臺宗的聲明集。

　　有鑑於海峽兩岸對日本聲明研究的陌生，在此先概略介紹與本文直接相
關的日本佛教天臺宗聲明的發展源流，再就所知的學者與學術專著，介紹如
次，較爲詳細的部份，將於內文次第開展。

一、日本天臺宗聲明研究概述

　　前面（第一章第三節）提過：日本佛教是在公元 538 年由百濟地區（今
韓國）傳入，自此就有了佛像、佛教禮儀與佛寺廟〔註13〕。其後從奈良時代
（710～793）到平安時代（794～1055）初期傳入日本的佛教，是以中國化的
佛教爲主，傳入的經典並沒有翻譯成日文，幾乎是完全忠實地繼承了中國佛
教，同樣地，梵唄也是如此。承和六年（839），日本天臺宗圓仁大師到中國
留學，所撰寫的遊記《入唐求法巡禮記》中對於赤山法華院（位於山東省沿
海一帶）舉行的「法華八講」法會有詳細的記述。文中指出該儀式中所唱的
聲明曲是「音聲類似日本」〔註14〕，並且又指出前年（唐文宗開成三年十一
月）在開元寺舉行的「天臺大師忌日」所設的法會，唱唸也與日本的大致
相同〔註15〕。由此可知，儀式中所用的音樂完全是中國式的，並且，日本對
音樂的看法，也是繼承印度的「大乘音樂觀」〔註16〕。永久二年（1114）舉

〔註12〕請見《日本音樂叢書——三・聲明（一）》，由日本東京國立劇場協力，本户
　　　　敏郎編集，日本東京都音樂之友社，1990 年 8 月 10 日一刷發行，頁 11～14。
〔註13〕見天納傳中氏著，《天臺聲明概說》（日本：叡山學院，昭和 63 年 8 月 1 日發
　　　　行），頁 33～39。
〔註14〕見白化文等校註，周一良審閱，《入唐求法巡禮行記校註》（河北：花山文藝
　　　　出版社），頁 192。
〔註15〕見白化文等校註，周一良審閱，《入唐求法巡禮行記校註》（河北：花山文藝
　　　　出版社），頁 70～72。
〔註16〕見高楠順次郎等著，譯叢編委會等譯，《佛教藝術——音樂、戲劇、美術》，
　　　　收錄於「世界佛學名著譯叢」（臺北縣：華宇出版社），頁 21。根據片岡義道

行的「順次往生講式」法會，即是根據這種音樂觀所創制出的一個大型音樂法會。這個法會就《大樹緊那羅王所問經》所說的思想予以日本化、實用化而具有特色的儀式〔註17〕。此外，中國所高度開發的音樂理論，隨著《樂書要錄》等理論書，傳入日本，受到日本高度的關切，並積極吸收此種純音樂理論。積極極力於此道，又關切印度與中國佛教梵唄及音樂觀的人，即五大院安然大師（841～884）。在他的《悉曇藏》當中，記載了現在雅樂使用的橫笛樂律，這個學說後來變成日本傳統音樂理論的基礎。〔註18〕

　　佛教音樂輸入日本，該國不僅忠於原著地接受，並且原封不動的傳於後代。但是到了遣唐使廢止，平安時代中期，日本與中國文化的交流宣告中斷。日本佛教開始逐漸的「本土化」。在此之前的梵唄都還沿用中文寫成，自此以後，梵唄（聲明）開始有以日文寫成的教科書，其中有許多新作的聲明曲，被稱之為「和文聲明」。前面提到的「順次往生講式」便是使用了「和文聲明」的一例。它所採取的方式是自各種經典摘取必需的部份，再加上解說之後給觀眾們聆聽。十二世紀起的日本，和文聲明成為各宗盛行的「講式」法會的內容。這種講式，最初只是簡單的旋律來朗誦，其後逐漸定型，並且產生初重、二重、三重等旋法，如此而能自由轉調，其旋律構造就被稱作「講式節」。鐮倉時代以後（1191～1137），各種被視為日本傳統音樂瑰寶的「平家琵琶」、「宴曲」、「謠曲」、「淨琉璃」都是從這種佛教的音樂形態演變出來的。成為中世紀以後日本傳統音樂重要的源流。

　　平安時代末期，日本音樂產生了變化，在此之前的音樂，此時幾乎都被冶為一爐，產生了共通要素的新音樂。日本梵唄是在這樣的情況之下，產生了變化，主要是與「雅樂」相融合，轉而以雅樂為主要樂理為基礎的新音樂。因而日本佛教就出現了一批音樂理論的書籍，最著名的是天福元年（1233）僧人湛智所撰寫的《聲明用心集》。此書將印度、中國的十二律呂及旋轉法理論加以整理，融合了日本獨特的「三旋法論」。再以實例顯示各種旋律的分類，圖式記譜法的的原理，解說樂理的各個領域，討論音變（旋律的轉調），並將其區分成三種類等等，開展成當時最進步的音樂理論，成為後世日本聲明學的典範。另外日本佛教也有一批演唱家，如寬朝（936～998）、良忍（1074～1131，是復興天

────────────────

　　　　的看法所知。

〔註17〕同註16。

〔註18〕同註16。

臺宗聲明的大師）、滕原師長（1137～1192）、後白河法皇（1126～1192）等人。

日本佛教音樂的黃金時代過去了以後，就進入了沈滯時期，後世的聲明家採取保守地繼承前代的態度。從鎌倉時期以後到江戶時期（1603～1867）乃有人開始整理現存的儀式及音曲，以資流傳後世。其中最有名的就是宗淵（1786～1859）和覺秀（1817～1882）所編纂的「魚山叢書」。

明治維新以後的日本佛教音樂，面臨了重大的轉換期，這是因為歐洲近代文明不斷衝擊著日本，受到洗禮的日本社會產生了變化。日本佛教界也被迫解決「如何面對此種重大變化」的問題，然而進行的並不順利，自明治維新以後，經過一百年，日本佛教對此問題尚未提出解答。佛教音樂也是如此，在整個日本音樂界受到西洋音樂的潮流支配之下，二千多年傳統的聲明正在與異質音樂結合，企圖創造出新的佛教音樂，但是，至今仍無法成功。這個問題乃是當前日本佛教音樂的最大問題。

以上資料來自於片岡義道《佛教音樂的源流及其發展——兼論日本佛教音樂現況》。片岡義道先生現為日本京都市立藝術大學教授，經常發表有關天臺宗聲明的相關研究，也是日本著名的佛教音樂學者。片岡義道以為當前的日本佛教音樂問題，分析如次：

（一）日常課誦的聲明問題

目前日本大小寺院，幾乎每天都做早晚日課。這些唱誦內容都屬於傳統的梵唄聲明，然而片岡義道認為，若就音樂上來說，大部分品質仍屬較為低劣。發聲往往是未經訓練的本來音，合唱上也欠缺協調性。小寺院所唱的聲明，除了特殊場合外，都是事前未經排練的，品質十分不穩定。因而作為佛教音樂主幹的聲明，片岡義道認為：「不單是受到當事者僧侶的輕視，同時也受到聽眾的輕視。」〔註 19〕因之片岡義道以為，努力改變這種錯誤的看法，使其回復原來具有音樂性的面目，將是今後佛教音樂的首要課題。

（二）聲明的五線譜化、唱片化

當前許多宗派都努力將正確的傳統課誦儀式保存下去，他們將現行留存的聲明曲改編成五線譜，或者完成唱片，也有錄音帶與 CD 片。就天臺宗而言，已經完成了多紀忍道・吉田恆三合作的《天臺聲明大成》（成上、下兩卷，上

〔註19〕見高楠順次郎等著，譯叢編委會等譯，《佛教藝術——音樂、戲劇、美術》，收錄於「世界佛學名著譯叢」（臺北縣：華宇出版社），頁 25。

卷完成於 1935 年 12 月，下卷完成於 1955 年 5 月）。又於 1966 年創立的東京國立劇場，在開幕紀念公演中曾表演過聲明，以後每年定期舉行聲明公演，由各宗輪流演出，這給日本佛教界很大的刺激與鼓勵。非常值得注意。

（三）西洋音樂和佛教的融合

片岡義道認為，現在日本音樂活動主流在於西洋音樂，在此情況下則會促使各宗派積極將西洋音樂融會在自己的佛教音樂中。他們所採用的方法不盡相同，產生的成果也有所不同，但是片岡義道並不認為成果十分圓滿。這些與西洋音樂相融和的佛教音樂，有「佛教聖歌」等，不過這些歌曲並沒有被寺廟儀式音樂所採用。

以上就是從佛教傳入日本以來，到當前的日本佛教音樂發展概況，詳細的部份留待後面再敘。在此筆者所引用的資料是以日本佛教的天臺宗立場所做的觀察。然而我們可以看出，日本佛教當前也遭遇到了與臺灣相同的「傳統」與「現代」的衝突與融合的問題。就筆者所知，日本方面的做法，其實也未必像片岡義道教授那樣悲觀，一方面以現代西式音樂為主的佛教音樂仍然在發展，但是基本上的傳統保存工作並沒有放棄，相反的在這方面反而下了更多的功夫。就筆者所蒐集的相關討論天臺宗聲明的論文中，很明顯的看出日本學者對佛教傳統聲明研究工作是下了很大的功夫：

1. 武石彰夫著，《佛教歌謠資料としての「彈偽褒眞抄」》，收錄於《東洋研究》第三十期（日本：大東文化大學東洋研究所出版，1973 年 2 月 20 日），頁 55～80。

2. 天納傳中著，《兼好法師の音律論考》，收錄於《印度學佛教學研究・東洋大學における第二十五回學術大會紀要（一）》第二十三卷，第一號（日本：日本印度學佛教學會出版，1974 年 12 月 25 日），頁 215～218。

3. 天納傳中著，《平安中期における聲明實唱の一考察》，收錄於《印度學佛教學研究・愛知學院大學における第二十七回學術大會紀要（一）》第二十五卷，第一號（日本：日本印度學佛教學會出版，1976 年 12 月 25 日），頁 280～284。

4. 播磨照浩著，《淨土眞宗に於ける天臺聲明の受容「魚山余響」を中心に》，收錄於《印度學佛教學研究・日本大學における第二十八回學術大會紀要（一）》，第二十六卷，第一號（日本：日本印度學佛

教學會，1977 年 12 月 31 日），頁 174～175。

5. 天納傳中著，《魚山聲明史の一考察梶井宮定文を中心として》，收錄於《印度學佛教學研究・佛教大學における第二十九回學術大會紀要（一）》第二十七卷，第一號（日本：日本印度學佛教學會出版，1978 年 12 月 31 日），頁 364～367。

6. 齊藤圓眞著，《慈覺大師將來の聲明に關する一考察》，收錄於《天臺學報》第二十五期（日本：天臺學會出版，1983 年 11 月），頁 169～172。

7. 岩田宗一著，《聲明の旋律法》，收錄於《大谷大學研究年報》第三十六期（日本：大谷大學大谷學會出版，1984 年 2 月 20 日），頁 99～145。

8. 天納傳中著，《魚山聲明と眞宗聲明の關連についての一考察》，收錄於《天臺學報》第二十七期（日本：天臺學會出版，1985 年 11 月），頁 30～38。

9. 出雲路英淳著，《念佛の旋律について》，收錄於《印度學佛教學研究・花園大學における第三十六回學術大會紀要（一）第三十四卷，第一號（日本：日本印度學佛教學會出版，1985 年 12 月 25 日），頁 31 開始。

10. 天納傳中著，《圓融藏所藏聲明關係資料について》收錄於《天臺學報》，第二十八期（日本：天臺學會出版，1986 年），頁 30～35。

11. 出雲路英淳著，《眞宗聲明考》，收錄於《印度哲學佛教學》第四期（日本：北海道印度哲學佛教學會出版，1989 年 10 月 30 日），頁 223～227。

12. 天納傳中著，《甲念佛の一考察——天臺聲明における甲乙について》，收錄於《天臺學報》第三十三期（日本：天臺學會出版，1991 年 10 月），頁 7～12。

13. 天納久和著，《天臺聲明における呂曲と律曲の比較研究》，收錄於《天臺學報》第三十四期（日本：日本天臺學會，1992 年 10 月），頁 104～108。

茲因所知有限，僅能將自己蒐集得知的相關論述列述於右。從上面所列的論文看出，日本研究佛教音樂的主題與海峽兩岸所研究的是沒有太大的差異，

都是音樂資料與樂理相關的問題，但是所不同的是：研究者的身分可能不只是學者而已，更有佛門中的學問僧，也是聲明的演唱家，更是修行人；他們不僅懂得音樂理論，還是法會的主持人，更有寺院的住持大師，也有聲明的傳人。像是前面提到的：天納傳中，天臺宗大原魚山實光院寺的住持法師，他就是這樣的人物，以其佛門實際的體驗，結合學術與實務，為了佛教的前程做出的佛教音樂研究，不僅能取得佛教音樂研究的客觀性，也能達成結論的正確性。這種優越的特質，放眼望去，似乎只有日本才有；這是大陸目前達不到的條件，也是臺灣還無法趕上的水準。筆者認為，只有真正深入佛教學，融通佛教史，又能通曉音樂學，這樣的學術背景才能做出真正理想的佛教音樂研究來。

二、學者與相關著作介紹

在此與第二節相同，茲將所知的相關的著作，介紹於次：

（一）天納傳中與《天臺聲明概說》

筆者認為，在日本佛教天臺宗裡，作為大原魚山聲明的傳人，天臺宗大僧正，天納傳中大師是公認的日本天臺宗聲明學的權威。他也是大原魚山實光院住持、天臺聲明學的教授、著名佛教音樂學者。

在拜會天納大師之前，筆者已經聽聞過他的名聲，而且得知目前天納大師的《天臺聲明概說》是少數天臺宗聲明介紹書籍之中的經典之作。就在加拿大籍 A. W. Barber 教授的安排與岩田宗一教授的引薦之下，筆者於 1998 年元月前往京都大原三千院參訪天臺聲明，有幸拜訪天納傳中大師本人，深深覺得這是一趟珍貴無比的旅行。

天納傳中大師，現年已屆六十，是日本佛教天臺宗魚山實光院的住持法師，及大僧正，也是天臺宗學界權的聲明學教授。大原實光院是魚山大原寺下院的本堂，勝林院（在實光院的附近）之僧院。而勝林院則是在公元 1013 年赴唐求法，日本天臺聲明的奠基祖師，圓仁大師之九代傳人寂源，為了傳承天臺宗聲明所見的寺院。後來復興天臺宗聲明的大師，良忍上人建立了魚山來迎院（也在實光院的附近），學遍天臺宗當時流傳的聲明，因而統一了天臺宗所有的聲明，使得這兩座寺院（勝林院與來迎院）與本堂，被稱為「魚山大原寺」，成為了傳承天臺宗聲明的中心，這裡的歷代住持大師都以研究天臺聲明為務，算來也有好幾百年的歷史了。實光院供奉著地藏王菩薩，兩旁

則有不動明王，與毗沙門天王隨侍。建築以和式爲主，但有中國唐式的風味，
庭院則種滿了各種茶花與櫻花，每年從秋天一直到第二年春天都開滿了花，
四周圍則圍繞著紅檜木，鳥語花香，空氣清新芬芳。《百丈叢林清規》上說：
「山門以耆舊爲莊嚴」，這句話用來形容實光院眞是一點也沒錯。

天納大師便是這座寺院的住持大師。他的著作十分豐富，以前述相關天
臺宗聲明研究來看，十三篇內就佔了五篇，事實上，根據日本京都府法藏館
出版的《佛教音樂辭典》（1995 年 5 月 20 日出版，由天納大師等四人領銜主
編）統計，天納大師的論文有數十篇之多，眞正是著作等身。除此以外，天
納大師還領導天臺宗學者主編《續天臺宗全書・法儀 I》，該書已由東京春秋
社出版。此外天納大師也致力於保存與傳承天臺聲明的工作，曾有數次率團
國外公演的記錄，足跡已至法國巴黎，與德國等地。據岩田宗一教授告知，
天納大師可能是天臺宗演唱家當中聲音最好的法師。天納大師於西元 1985 年
率領日本佛教音樂學者組成「佛教儀禮研究訪中團」訪問中國大陸各地，包
含西藏在內，目的是爲了調查中國佛教現存的聲明（梵唄）。西元 1996 年他
帶領日本天臺宗參拜團前往中國大陸山東省東阿縣魚山祭拜曹植墓，並立碑
紀念曹植爲中日佛教梵唄所做出的貢獻（該事載於《魚山曹植墓》一書，1997
年 6 月 18 日大原魚山實光院發行）。天納大師也曾來臺灣參加會議（據說是
「世界僧伽會議」），他爲人和藹可親，謙恭有禮，令筆者印象最深的，莫過
於他使用自製的鐘磬來解說天臺聲明的樂理，令筆者大開眼界，深深的留下
了印象。天納大師精通各種聲明律呂，自不待言。

《天臺聲明概說》可能是日本講解天臺聲明的經典之作。嬰大師以其居
住大原魚山寺多年，閱遍了魚山勝林院的藏書（聲明學叢書），參與並擔任法
會主持人多年，又領銜主編《佛教音樂辭典》及《續天臺宗全書・法儀 I》的
經歷之下，具備了相當的條件來介紹天臺聲明。該書乃爲日本天臺宗總本山
比叡山（位於日本滋賀縣境內）的天臺宗佛教學院——叡山學院所撰寫的聲
明課本。然而內容詳實，客觀公正，是一本了解日本天臺宗聲明最好的入門
書籍之一（於 1988 年 8 月 31 日，叡山學院出版，共二百多頁）。

該書章節如次：

第一章：印度における源流。該章介紹了聲明的意義，與印度的聲明源
流。並簡單介紹了有關佛教音樂有關的幾位佛門重要人物，包含了跋提、馬
鳴菩薩等人，另也簡單介紹了西藏梵唄的調查心得。

第二章：中國における源流。介紹之所以尊曹植爲梵唄的聖祖，就是因爲他創制了魚山梵唄的故事，並提到現前中國佛教梵唄是以《禪門日課誦》爲主。並說明中國佛教梵唄沒有像日本那樣的「樂譜」原因。該章並簡單介紹了韓國梵唄的概況。

第三章：奈良聲明。簡述佛教傳入日本，及日本從佛教初傳時期到奈良時代的聲明發展概況。

第四章：天臺聲明（平安時代）。介紹圓仁大師入唐求法，與回到日本創制天臺聲明的故事，並略述其傳承。直到良忍上人復興天臺聲明與大原魚山寺院的建立。

第五章：天臺聲明（良忍以後）。介紹良忍復興天臺聲明的以後，介紹良忍大師弟子家寬及其傳承概況，並敘述到《彈僞褒眞鈔》，爲一本維護天臺聲明的正統性書籍的故事，並敘及天臺聲明變遷的過程，此一階段並有《聲明用心集》的完成與「聲明目錄」的編訂。

第六章：天臺聲明（江戶以降）。介紹本願寺聲明採用天臺宗聲明，並以此爲基石的故事。並介紹了「梶井宮定文」規定在大原勝林院研究聲明的事業絕不能斷絕的命令。並介紹了《魚山顯密聲明集》的編成（內容即同於《大正新脩大藏經》八十四冊之《魚山聲明集》，疑該書即《魚山聲明集》別本）直到近代聲明的流傳與保存概況。

第七章：天臺聲明の樂理。介紹了三種五音、七聲與十二律呂的知識，並說明聲明唱腔的四十二種唱法。

第八章：天臺宗の法式。介紹天臺宗現行各種法會名稱、形式與內容。

付——：天臺聲明關係著作論文目錄。

從以上看來，得知天納大師致力於聲明道的傳播，不僅在於聲明史的研究，也將法會種種列於後面。這是筆者認爲最理想的聲明學研究路徑，也就是不忽略佛門的需求，又能滿足音樂學者的需要，對於天臺宗的聲明學入門者而言，這是一本值得推薦的好書。筆者也衷心的希望，忠實描述佛門的儀式與梵唄扮演的角色，同時也能滿足音樂學者的需求，這樣的佛教梵唄與音樂史的架構希望能夠早日在海峽兩岸出現。

（二）天納傳中、岩田宗一、播磨照浩與飛鳥寬栗四人合編之《佛教音樂辭典》

筆者認爲這本書在研究日本佛教的聲明學上，是不可或缺的，因爲它代

表日本佛教聲明學的一大成就，那就是由天納傳中、岩田宗一、播磨照浩與飛鳥寬栗四位學者合編的《佛教音樂辭典》。該書分成兩大部分：「傳統儀式編」、「現代音樂編」，並有三個重要的附錄：《聲明詞章出典一覽》、《聲明關係論著・解說・目錄一覽》及《佛教音樂唱片・CD 關係一覽》，收錄了三千餘條資料，包括了以曲名為中的法會、流派、人名、文獻、及法器等等很多項目，另外也收錄了一些日本學者們研究中國、韓國與西藏少數的佛教資料，是研究日本佛教音樂最好的參考資料。

現任京都大谷大學的佛教音樂學教授，岩田宗一先生，在這本辭典的編成上扮演了舉足輕重的角色。岩田教授其實不只是專精於天臺聲明研究的學者，從他多次在論文發表會上發表的論文來看，專業傾向於淨土眞宗的聲明學研究，但是因為淨土眞宗的聲明與大原魚山聲明有血緣關係，所以也研究天臺聲明，同時也兼通其他各宗聲明，並時常跑寺廟做法會錄音工作。岩田宗一教授是片岡義道教授的學生。然而自有日本佛教音樂以來，最大的佛教辭典編輯計畫，成員當中選擇了他，而成員中：天納、播磨與飛鳥三位都是法師，唯獨岩田教授是居士，淨土宗播磨照浩法師更稱譽他是「日本佛教儀式音樂──聲明的研究之第一人」〔註20〕可見他的成就是備受肯定的。岩田宗一教授也是筆者的師友，對於筆者這次的研究給予很多的精神與實質的鼓勵與支持，衷心感激。

與天納傳中大師不同的是，岩田教授十分關心田野調查的採譜與錄音的工作，不僅跑遍日本各宗各派重要道場，做聲明的錄音與採譜的工作，也多次隨同天納傳中出國考察，一樣是做錄音與記譜的工作。即使岩田教授是這樣重視田野調查的教授，可是對佛門的事務一點也不含糊，對於聲明聲曲與相關法會儀式，及歷史源流等事務如數家珍，這與岩田教授是佛教徒也有關係吧！

日本有了《佛教音樂辭典》，這象徵著佛教音樂在日本的研究日趨成熟，岩田宗一教授功不可沒。在《天納・播磨・飛鳥師との共同「仏教音樂辭典」の刊行》一文，岩田教授說明了這本辭典編輯緣起：

〔註20〕見岩田宗一著，《清徹のひびき──宗教音樂に寄せて》該書是大阪十三代眞教寺住持，淨土眞宗本願寺派法式儀禮專門委員，播磨照浩法師為岩田教授在寺報《眞教寺だより》長期投稿所編集專冊。播磨法師並在封底題字，大功推薦岩田宗一教授的學術成就。

　　昭和 59 年（1984）法藏館出版了《聲明大系》（唱片與解説本），各
　　方面就希望有一本好的、充實的「聲明辭典」能夠出版，以爲做鑑
　　賞指引之用。〔註21〕

關於這段故事是這樣的：岩田教授先早前曾擔任了法藏館計畫的「聲明大系」
編輯工作，該系列的有聲出版物完成後，在各別冊（共有八卷）中，都附有
一個解說指引，於最後的附錄之上，岩田教授根據各指引的內容，編成了一
本小型的聲明辭典添加爲附錄之上。然而該書的出版，卻使附於「聲明大系」
的附錄《聲明辭典》成了各方的矚目。於是在各方期望之下，《佛教音樂辭典》
繼續編輯。該書最早由天納大師、播磨法師與岩田教授三人合力編出，後來
飛鳥寬栗法師的加入，使得這本辭典更加完善。〔註22〕

　　這個故事告訴了我們，日本目前的佛教音樂研究已經到了「普查」的水
準，而且也有《佛教音樂辭典》的出版。這個進度仍有待我們海峽兩岸中國
人努力去追趕的。

　　觀日人對於佛教音樂的投入熱忱，固然值得欽佩。然而筆者以爲，日本
的佛教音樂學者是由佛門自己發起，又經由佛門辦設的教育單位培養的人才
（天納大師是於大正大學畢業，岩田教任教於大谷大學）結合學術界所作的
研究工作，這一特點非常值得我們參考。大概日本的佛教學研究能夠發達，
與此不無關係吧。展望臺灣由佛教界設立的大學正如春筍般的林立，將來或
許是迎頭趕上的契機。

〔註21〕見岩田宗一著，《清徹のひびき——宗教音樂に寄せて》，頁 73。
〔註22〕見岩田宗一著，《清徹のひびき——宗教音樂に寄せて》，頁 71～72。

第三章　本論文的研究方法

第一節　佛教梵唄研究之理念

　　吾人就前面所述及的臺灣、中國大陸與日本三方面的佛教梵唄與音樂的研究而言，總的來說，我們看得出來，臺灣、中國大陸及日本這「海峽兩岸三地」的佛教梵唄與音樂的研究目前的方向是於：

一、佛教音樂的藝術研究

　　臺灣自民國 59 年起，迄今以來的二十九年佛教音樂研究，已經從中國佛教音樂的發展，深入到了各法會使用之傳統梵唄調查，有者甚且調查傳統佛教梵唄的旁出與異化現象的調查，同時也有所謂的佛教音樂爲文人文化吸收，成爲中國傳統音樂的現象研究。這都是十分可喜的現象。中國大陸方面，則致力於各地區采風工作，領先臺灣完成了《朝暮課誦規範譜本》。這是中國大陸在中國佛教音樂研究上取得的一大成就。日本則於達成了「梵唄普查」的水準，並出版了《佛教音樂辭典》，取得了種種成就。然而，此三地的佛教音樂研究，大多數人的眼光都是集中在於「欣賞」與「藝術原則」之上。他們記錄了樂譜，提供保存之用，同時也爲提供日後音樂家作曲與研究的素材。所以這種研究是爲了提供給音樂界的學術工作。

二、佛教音樂史的研究

　　臺灣的學者已經注意到了佛教音樂在臺灣流變的存在，中國大陸更是透過田野調查的過程裡發現了「詞曲牌化」的現象，並有學者做史料整理。日

本方面則已經達到了以天臺宗與眞言宗爲首的宗派聲明的源流研究。這三地的研究都有達成「史」的規模研究，對於了解佛教音樂的源流來來說，是重要的進展。

那麼，面對這樣的研究工作的成就，後來的學者將如何繼承與發揚光大呢？

以這三地來說，其研究不論是多麼深入，大部分學者仍研究的範疇領域都納入宗教音樂學或是民族音樂學的範疇之下做研究，所重視的仍是音樂本身。然而這對於佛教徒來講，是值得欣喜的，近百年來，不管是被視爲迷信的鬥爭對象也好，還是被當作舊時代的包袱而被打倒的對象也好，佛教的梵唄與音樂總算被學界重視，可以進入音樂的學術殿堂領域揚眉吐氣了。

然而，梵唄只是爲了藝術而創作的宗教歌曲嗎？梵唄的功能眞的只有欣賞嗎？佛教音樂的研究，過去都是音樂家的辛苦耕耘，努力研究而積累下來的成就，今天我們才能夠清晰的認識到梵唄的面貌與源流。

但是屬於佛教徒的中國佛教梵唄的研究，可以說到現在還是沒有出現。爲什麼呢？有些很重要的問題，是迄今所有的佛教音樂學者無法解答的問題：有些梵唄音聲不受人歡迎，臺灣佛教界人士的方案是寧可不要梵唱，而不去創制新曲去取代它，爲什麼呢？又有些梵唄好聽，如西藏佛教念咒方法，南傳巴利語梵唄曲調等等，可是到現在它們就是無法在臺灣佛教各種法會上使用，爲什麼呢？不同傳統的佛教，梵唄之間就是無法替代，這個現象的問題是如此的重要，因爲它牽涉到梵唄發生流變的現象，然而佛教音樂的學者們還是沒有提出解釋。

若要解釋這些問題，我們就必須了解，梵唄的角色與功能來說，除了音樂的部份以外，就是宗教面，那就是儀式的本身，還有演唱的原則，與背後指導的宗教思想。在這方面我們要考慮的是：佛教徒需要什麼？佛教徒想要做什麼？佛教徒完成了什麼？這樣我們才能考慮到佛教界需要什麼樣的梵唄研究？進一步的說，就是梵唄它應該有的完整面目，是什麼？這才是眞正完整的佛教梵唄研究。

本文開始就提出，我們今天要研究梵唄，所關切的非只是爲了唱唸，而是要溯源歷史，釐清教制。既然這樣，梵唄的進一層研究，就應當能夠探求梵唄的教制意義，歸結出梵唄的創制原則。這樣，才能進一步成立梵唄的「創作論」與「批評論」來，也能夠爲佛教就當代文化的發展做出合理回應，如

此一來就能創造出音樂學界與佛教界的「雙贏局面」。我們不能忽視，梵唄的運用，是為了因應整個佛教發展的需要而孕育而生。因而，我們回應前節提出的問題：「梵唄是不是真的『無用』？是不是真的『非佛制』？」就得要從梵唄的四個重要的「基源問題」來觀察。

第二節　研究方法——梵唄模型論的提出

承接前面所述理念，研究梵唄，筆者以為用「梵唄的四個重要基源問題」來觀察最為妥當。首先筆者必須聲明，「基源問題」乃是中國哲學家，現任華梵大學哲學系教授，勞思光先生獨創的中國哲學方法。筆者僅借用其本有名詞，另創新的辭彙，然其內容並不相同。這點要先說明。

今天的臺灣的佛教而言，舉行法會的單位並不限於僧俗，而法會的主持人也不限於僧俗，法會的舉辦，也比傳統法會還多樣，甚且有不同於過去的傳統法會。如所謂的「路祭」這種法會，是為了超薦在公路上因車禍而死亡的亡靈，在道路旁邊設立的法會。另外一個，就是傳統佛教的水陸大法會，今天改成了「水陸空大法會」。那麼這裡有一個有趣的問題：既然是過去所沒有的法會，或是傳統法會裡新增加的法事項目，那麼梵唄與佛教音樂是如何安排的呢？誰來安排呢？而又以臺灣佛教界流行的「朝山」儀式來說，有大規模的朝山儀式的「課誦本」，也有個人修行的儀式「課誦本」，這兩者在內容都有出入。這種我們看當前臺灣佛教最流行的《佛門必備課誦本》內的例子「釋迦文佛聖誕祝儀」的儀式：

1. 香　讚

戒定真香　焚起衝天上　弟子虔誠　爇在金鑪放　頃刻紛紜　即遍滿十方

昔日耶輸　免難消災障　南無香雲蓋菩薩摩訶薩（三稱）

2. 念　誦

南無楞嚴會上佛菩薩

下接《楞嚴咒》一遍　下接《般若波羅蜜多心經》一遍

摩訶般若波羅蜜多（三唱）

3. 讚　偈

佛寶讚無窮　塵劫前證大雄　常住寂光悲心隆　垂跡度群蒙　為說

機理雙契法

震發九界瞶聾　靈山一會願相逢　受記振宗風　靈山一會願相逢

受記振宗風

天上天下無如佛　十方世界亦無比

世間所有我盡見　一切無有如佛者

南無娑婆世界　三界導師　四生慈父　人天教主　三類化身　本師

釋迦牟尼佛

4. 繞　念

南無本師釋迦牟尼佛（百千聲）

5. 拜　願

東邊：南無本師釋迦牟尼佛

西邊：南無本師釋迦牟尼佛

東邊：南無文殊師利菩薩

西邊：南無文殊師利菩薩

東邊：南無普賢菩薩

西邊：南無普賢菩薩

東邊：南無彌勒菩薩

西邊：南無彌勒菩薩

東邊：南無十方菩薩摩訶薩

西邊：南無十方菩薩摩訶薩

6. 三皈依

自皈依佛　當願眾生　體解大道　發無上心

自皈依法　當願眾生　深入經藏　智慧如海

自皈依僧　當願眾生　統理大眾　一切無礙

三拜而退

而「藥師佛聖誕祝儀」，則如下所述：

1. 香　讚

戒定真香　焚起衝天上　弟子虔誠　爇在金鑪放　頃刻紛紜　即遍

滿十方

昔日耶輸　免難消災障　南無香雲蓋菩薩摩訶薩（三稱）

2. 念　誦

大懺悔文（八十八佛）

3. 讚　偈

藥師延壽王　光臨水月壇場　悲心救苦降吉祥　免難消災障　懺悔
眾等三世罪
願祈福壽綿長　吉星高照沐恩光　如意保安康　吉星高照沐恩光
如意保安康
藥師如來琉璃光　誓願宏深世莫量
願令生善集福慶　密使滅惡消禍殃
拔苦必期二死盡　與樂直教萬德彰
法界聖凡同歸命　蒙恩速得證眞常
南無東方淨琉璃世界　藥師琉璃光如來

4. 繞　念

南無消災延壽藥師佛（百千聲）

5. 拜　願

南無本師釋迦牟尼佛（三拜）

南無消災延壽藥師佛（十二拜）

南無日光遍照菩薩（三拜）

南無月光遍照菩薩（三拜）

南無藥師海會佛菩薩（三拜）

6. 三皈依

自皈依佛　當願眾生　體解大道　發無上心

自皈依法　當願眾生　深入經藏　智慧如海

自皈依僧　當願眾生　統理大眾　一切無礙

　　三拜而退（以上資料來自《佛門必備課誦本》，臺北市大乘印經會印贈，
頁87～96）

　　同樣的，「阿彌陀佛聖誕祝儀」也是一樣，「普賢菩薩聖誕祝儀」、「文殊
菩薩聖誕祝儀」等也是這樣的。所不同的是，理面的梵唄內容有所更動，還
有可以增加裡面的儀節內容。這就告訴了我們，法會儀式可以新增，也可以
精簡，這個儀式的添增刪減原則，通常都有一定的規制，這要看主持法會的
僧俗對於儀軌的熟悉程度而定。那也就是說，就儀式來講，事實上是沒有固
定的。如此看來，儀節可以更動，梵唄可以更動，法會自然就應因應法事的

需要而「量身定做」，完全憑主事者對法事的要求。所以我們就會發現同樣的法會，卻有不同的課誦內容。

從上面情況來看，我們認識到既然梵唄可以更動，儀節也可以更動，那也就是說，法會儀式是可以「設計」的。那麼如何設計法會儀式？到目前為止，沒有看到相關的研究。而這一點是田野調查工作者最不容易發現的地方，除非他在同一寺廟內做超過一周年的調查，或者是跑道場，勤於參加法會的佛教徒才能發覺得到的。事實上，不是只有今天的法會是這樣，就連古代的法會也是這樣的，觀察《大正新修大藏經》第四十六冊、四十七冊等的各種懺悔法本，也有類似的情形：同樣的梵唄曲可以出現在不同的法會中。這意味著梵唄並不是單獨存在的個體，而是為法會而設置的。要言之，法會的組成因素，就是法事的儀節，法事的儀節組成，就是梵唄與表白文（如疏文、祭文等）所組成的。如此說來，梵唱就是為儀節而設計；此外，是什麼因素決定了這些儀節的配置？這是佛教哲學教理上的問題，那麼我們只要歸納這些法會的儀節架構，找出背後的指導思想，再解剖法會的儀節，分析出梵唄出現在儀式的位置，就可以明白梵唄的功能，也就了解到梵唄的作用，事實上就是帶動法會氣氛的重要工具。

準其所言，那麼我們就可以為梵唄研究架構一個「模型」來，筆者稱之為「梵唄研究的模型論」，請看圖例一。

圖例一：梵唄模型論

圖例一所顯示的就是筆者所主張的「梵唄研究模型」，由圖可以看到，上面列示的「結構論」、「角色論」、「功能論」與「歷史論」就是筆者在前面講

到的「梵唄的四個重要基源問題」。每一首梵唄必須都有「四個重要基源問題」，作為該聲曲的背景知識。

這四個重要的「基源問題」，茲將解釋如次：

1. **歷史觀**

   研究它的作者、淵源與流變等問題。就《魚山聲明集》的背景知識，及相關的歷史源流的了解，這部份必須探討梵唄源流的歷史。

2. **功能論**

   研究梵唄背後的指導思想，與作用性質。這部份，筆者將歸納天臺宗使用的種種法會，來找出指導這些法會的修行思想與儀式的設計精神來。這些思想與設計方法曾經導過這些法會的運行，要了解梵唄是如何被安置在這些法會中，因此該研究是有必要的。

3. **角色論**

   主要是研究梵唄在儀式裡的存在位置。這部份，筆者選擇的材料是《國清百錄》為主的各種法會，再試圖從天臺宗各種史料來了解當時僧人的生活與日常課誦。這些日課誦的儀軌，很多都傳到日本。故筆者擬以《大正新修大藏經》來比對《魚山聲明集》諸條梵唄，以了解當時它們被使用的情形。

4. **結構論**

   這裡是以該梵唄聲曲的主要結構，包含了梵唄的文學（文辭）、音樂（旋律、韻律）、使用的語言（聲韻）、使用的法器（主要是敲擊樂器）的探討等等。這部份筆者取《魚山聲明集》及相關的聲律資料來佐助梵唄結構的了解。

以上就是「梵唄的四個重要基源問題」，所構成的「梵唄研究模型」，將是筆者用來研究日本佛教天臺宗《魚山聲明集》的主要研究方法。由於《魚山聲明集》不僅是流傳到日本的唐代聲曲遺風，它也是具備了課誦本形態的梵唄誦本，因此筆者認為，可以用這個方法來研究它。在本文的安排裡，則是將「功能論」置於開頭，其次討論「歷史觀」，再者則是《魚山聲明集》的「結構」與「角色」。

在此我們了解到，過去的佛教音樂學者通常研究佛教梵唄都是重視單曲的本身，由梵唄部份逐漸發現了它們背後的附著法會。至此筆者主張，佛教音樂研究學者不能忽略這些法會。要知道佛教是以哲學來架構的宗教，能使

眾人能夠接受這麼深邃的哲學，最常見的方法，就是靠儀式與法會。而整個中國佛教，在過去長遠的日子以來，也都是以法會、儀式為中心而延續。如果不以法會儀式來研究梵唄，通常得到的都是零碎的知識，想要藉著音符旋律來了解梵唄，固然可以窺得藝術原則，但有關為什麼梵唄可以用來作為儀式的串場，甚至於是主角呢，甚且會流變等，這類問題就不是研究佛教藝術所能解決得了的。因此，筆者認為，想要正確的了解梵唄的完整面貌，必須是從法會的立場去了解梵唄的功能、角色，就此了解梵唄流變問題，才能獲得更正確的結論來。

第三節　本論文的研究計畫與章節安排

一、關於本研究計畫

事實上，從訂立本文題目，到撰寫論文，差不多有兩年的時間。這兩年的時間裡，筆者大部分時間都花費在蒐集資料與思考問題。

《魚山聲明集》，儘管它被收錄於《大正新修大藏經》中，海峽兩岸都有這樣的藏經，奇怪的是，它是一本被臺灣與大陸雙方面都忽略很久的書。為什麼它被忽略得這樣久？筆者以為，《大正新修大藏經》的印刷可能要負上很大的責任，第一點是內文的圖譜部份，模糊不清。第二個糟糕的是，底下的註解，註的是「魚山版本」，沒有加上其他註記。為了這四個字，筆者特別前往大原魚山去一探究竟，結果，作為《佛教音樂辭典》的編輯岩田教授與天納大師都不知道有這樣的版本。筆者猜想，可能是當初編輯藏經的時候發生了錯誤。好在兩位學者都一致認為《魚山聲明集》與《魚山顯密聲明略本》，或稱之為《魚山六卷帖》的聲明集的內容完全一致，並且還得到了作者名字與相關資料。令人高興的是，該聲明本內的聲曲至今還在使用中。

前面提到，《魚山聲明集》最有價值的地方就是內含的樂譜，糟糕的地方就是那些譜線模糊不清，還好後面還有《魚山私鈔》等其他著作，透過這些著作的後面，有留下抄寫人的簽名與年代，這才明白日本聲明就是從中國傳來的唐朝梵唄。然而，尋遍了海峽兩岸的相關著作，就是沒有找到類似，僅僅找到呂炳川先生的《佛教音樂——梵唄——臺灣梵唄與日本聲明之比較》一篇，才獲得一點點相關知識。「魚山聲明」的價值很高，可是國內的資料非常缺乏，越研究就越讓人感覺到其中的困難度。

　　然而，相關的研究還是開始了。民國 85 年底，筆者便以〈《大正藏》關於日本佛教「聲明學」典籍初探〉爲題，開始探索第八十四冊內相關的「聲明」典籍的資料，得知了「悉曇」學與「聲明」有關，及以「魚山聲明」爲首的八十四冊後半段之梵唄相關資料。令人興趣與興奮的地方，是這些梵唄曲後面都附了非常清晰的樂理資料，可是裡面的樂理資料，有些與中國傳統音樂的樂理有些出入（例如「律、呂、中」的三曲觀念，這可能是日本民族音樂獨有風格）。然而最重要的情況是那些梵唄的譜很完整，但不知道有沒有在使用的問題。剛好，民國 86年，受友人邀請，前往日本東京訪問，順便到神田神保町搜尋相關資料。神保町是日本最大的出版業界中心，筆者蒐羅到了大山公淳《聲明與佛教音樂》與東洋音樂學會編纂的《佛教音樂的研究》兩書，才了解到原來八十四冊的「悉曇藏」是梵字學，與《魚山聲明集》後面的各書論及佛教梵唄是沒有直接的關係。這才決定把範圍縮小，專心以八十四冊後半部份爲主作研究。

　　第一次到日本的考察，僅限於東京一地，雖然沒有見識到聲明，但也從買到的資料裡，知道筆者想要研究的東西是在京都，且《魚山聲明集》就是天臺宗的梵唄。在此一期間，所上的老師們都對這個專題十分有興趣，紛紛給予各種協助，特別是在民國 86 年來到華梵東研所的加拿大 University of Calgary 的訪問學者 A. W. Barber 教授，他知道筆者有心想要拜訪京都大原，特別安排了日本京都大谷大學岩田宗一教授拜會的行程。就在民國 87 年元月，筆者再度訪問日本，拜會了岩田教授，更幸運的是造訪了大原魚山的天納傳中大師。經過了這次的行程，終於聽到了天臺聲明的聲音，更重要的是，提出的很多聲明的問題，都獲得了想知道的解答。眞正是一趟滿載而歸的旅行。

　　之後便決定了以研究《魚山聲明集》爲主題作碩士論文題目，於是開始展開了相關的研究。民國 87 年 3 月撰寫〈梵唄典籍《魚山聲明集》解題〉一文，發表於 5 月華梵大學「天臺學會」。文中確立以《魚山聲明集》是中國佛教天臺宗失傳的梵唄，並將天臺聲明大要介紹與會人士。6 月，則以〈《魚山聲明集》典籍初探，兼談成立佛教梵唄史研究之構想〉獲得慧炬佛學會論文獎學金。至此，筆者察覺梵唄史有其成立必要，認識到應以《魚山聲明集》爲中心，來開展早期中國佛教的梵唄史。8 月初，參加「第九屆佛學論文聯合發表會」發表〈梵唄典籍《魚山聲明集》再探——內容體例與流傳歷史的研究〉。此時，筆者經認識到「唱誦法」的概念，並對印度唱誦觀念開始探索。然而對於佛教音樂的研究體例，遭遇瓶頸，無法突破。幸而逢 88 年初，筆者

的老師，釋悟觀教授提點應以教理解析梵唄的意義，這才領悟到過去佛教音樂研究受限的地方，研究的路徑與方法逐而大致底定。以上是本文的研究企劃過程，關於研究計畫的構想是在民國 85 年即提出，至 87 年 7 月才成形，所有的過程如圖例二。

圖例二：本文研究計畫步驟圖

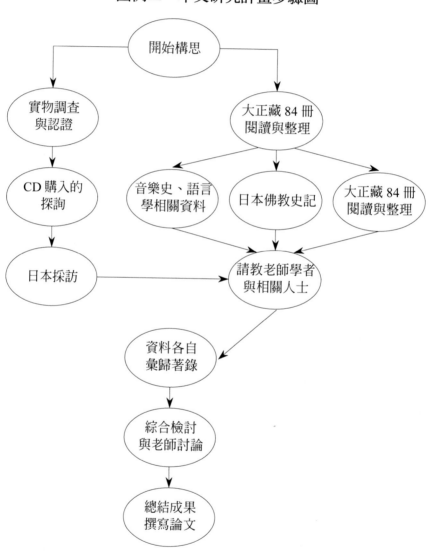

這一段歷程是辛苦的。特別有許多外文（英、日文）資料需要解讀，更由於過去的佛教音樂學者對中國佛教音樂史雖有建立，但未涉及研究所需，

爲使對佛教梵唄史有清晰的認識，只好重新再行建構。此外東研所雖有藝術史研究組，卻沒有任何相關屬於佛教音樂課程，須自行研修語文、音樂、史誌等相關學科。此外爲蒐羅大陸方面資料，民國87年特別至香港拜會饒宗頤教授，並至大陸蒐羅資料。在此特別感謝指導老師何廣棪教授，他在學生有需要資料的地方，從不吝嗇的提供各種情報給作爲研究之用。

二、本文的章節構成

在本章第二節研究方法論中提到，本研究是以「梵唄的四個重要基源問題」構成「梵唄研究模型」，因此「梵唄的四個重要基源問題」，也就是以「結構論」、「角色論」、「功能論」與「歷史觀」的架構本研究的開展，就此本研究的章節建構思考如下：

第一篇　序論，在「序論」中下屬三章，主要在於說明本研究撰作的目的及採用的方法，內容爲：

第一章　《魚山聲明集》研究的主題，下屬四節，分別是：

第一節　研究佛教梵唄的意義

第二節　我國梵唄流變之現象

第三節　《魚山聲明集》的學術價值

第四節　導歸佛教梵唄史之研究基礎

第二章　前人研究成果及佛教梵唄與音樂的研究徑向，下屬三節，分別是：

第一節　臺灣方面相關課題的研究

第二節　中國大陸方面的成果

第三節　日本方面的成果

第三章　本論文的研究方法，下屬三節，分別如下：

第一節　總論佛教梵唄研究之理念

第二節　研究方法──梵唄模型論的提出

第三節　本論文的研究計畫與章節安排

第二篇　聲明的意義與唄讚文化的發展，這一篇是用來作爲了解「魚山聲明」的背景與基本知識，下屬五章，分別是：

問題點之所在：說明該篇的問題點與解決方法。

第四章　「聲明」與「梵唄」，下屬二節，分別是：

第一節 「聲明」的意義及與「梵唄」的關係，內容討論「聲明」也就是「音聲文法」之學，及印度、中國與日本三方面對「聲明」的認知，和佛教梵唄的關連

第二節 釋迦牟尼佛對音樂的態度

第五章 梵唄的功能與角色，下屬三節，分別是：

第一節 佛塔供養與唄讚文化的興起

第二節 音聲何以為佛事——佛門的唄讚觀

第三節 儀式與梵唄

第六章 印度與我國自漢魏到隋唐唄讚文化的發展，下屬四節，分別是：

第一節 討論梵唄「結構論」與印度梵唄形式之推想

第二節 漢魏三國時期——初傳初佛教的梵唄文化

第三節 六朝時期蛻變與成熟的中國佛教梵唄

第四節 隋唐時期會昌前後的顯教梵唄

小結：作為本篇的結論。

第三篇 隋唐梵唄的遺風——《魚山聲明集》，這篇就是研究本文主題《魚山聲明集》的成果，下分五章，內容如次：

問題點之所在：說明該篇的問題點與解決方法及摘要。

第七章 《魚山聲明集》的編訂及其流傳，下屬三節，分別是：

第一節 關於「魚山聲明」中「魚山」此一名詞來由探討，了解日本人為何使用此一名詞「探討」的探討

第二節 日本天臺聲明的形成

第三節 「魚山聲明」的集成與《魚山聲明集》的版本

第八章 《魚山聲明集》內容的特色與構造，下屬三節，內容如次：

第一節 《魚山聲明集》內容的分類

第二節 《魚山聲明集》顯教部份梵唄內容的研究

第三節 《魚山聲明集》的音律學

第九章 《魚山聲明集》的保存與研究現況，下屬兩節，內容如次：

第一節 《魚山聲明集》與天臺宗法會

第二節 《魚山聲明集》的保存事業

小結：作為本篇的結論。

第四篇 總結——《魚山聲明集》帶給我們的啟示，該篇不分章，直接

分成四節，內容如次：

　　第一節　禮失可求諸鄰邦

　　第二節　現行臺灣梵唄研究方式的省思

　　第三節　成立「佛教梵唄史」的條件論

　　第四節　「魚山聲明」研究的未來展望

　　以上是本研究之論文架構與開展，而其中之「梵唄的四個重要基源問題」部份，分配於第二篇屬於「歷史觀」、「功能論」與「角色論」及「結構論」的總論，以作爲《魚山聲明集》研究的背景知識。而第三篇則是《魚山聲明集》的研究本論，也就是《魚山聲明集》的「梵唄研究模型」的整體研究。然而，基於《魚山聲明集》一書性質原爲課誦本，內容含有樂譜，一方面有感於我國梵唄史論的缺乏建立，一方面亦鑑於並非音樂本科出身，故本研究所觀照處仍是從佛教梵唄淵源與文化發展來考察《魚山聲明集》一書的成立。至於音樂專業上的分析，則有待賢者。或有缺憾之處，則請多加指導。

第二篇　聲明的意義與唄讚文化

問題點之所在

在宗教儀式裡，音樂經常用來扮演重要角色。正因為音樂可以呈現宗教世界裡揭櫫的秩序與平和，又可以引領信眾發出內在生命的情懷，走向宗教裡標示的理想世界與盼望。因而，宗教音樂經常以營造莊嚴氣氛，及神祕的氛圍，使人們感動，也使人們敬畏，引導人們對理想世界的期盼及渴望著到來。佛教梵唄，也是這般的呈現給眾生者，如同下面這首詩：

齋飯依八關　昏鐘警諸妄
陳王演真唄　深公吐玄唱
清波徐瀠洄　法雨漸調暢
振如迅霆擊　細若游絲颺
哀籟流凡聽　圓機轉天吭
哉聞青蓮座　妙法宣無上
魔王戢怨刃　龍女傾愛藏
如何旃檀刻　不睹梵音相
稽首悲宿因　誓心驅來障[註1]

這是明朝詩人，王世貞詩歌作品《夜聽梵唄》。從詩裡面，我們可以感受到梵唄的旋律，躍然於紙上，其感人至深，不禁使人感到哀傷，對於宿世以來犯

〔註 1〕 該詩見收於明代‧周永年編，《吳都法乘》（臺北市：新文豐出版公司印行，民國 76 年 6 月一版），頁 501。

下的錯誤感到懺悔，感受今日流浪於輪迴的痛苦。梵唄，是這樣以善巧音韻，來宣說苦空無我與業力輪迴等種種佛教的教義。在這樣的氣氛底下，使人易於感到往昔造作的種種過失，啓發痛改前非的懺悔，進而希求向善，發誓掃除一切成佛的障礙，以成菩提正覺的心願。這就是梵唄，用音聲來做爲「化俗之道」的寫照。

梵唄，固然可以當作佛教的藝術——音樂來研究，然而在佛門內，並非只是單純音樂而已，最重要的它是修行法門。說梵唄是佛教「戒、定、慧」三無漏學的道路，一點也不爲過，這是因爲梵唄本身是爲修行而設計。爲什麼呢？梵唄，梵語 Bhāsā，或稱「唄匿」或「婆師」、「婆陟」，唐道宣律師《四分律刪繁補闕行事鈔》引《出要律儀》說道：

> 如此鬱鞞國語，翻爲止斷也，又云止息。由是外緣已止、已斷，爾時寂靜，任爲法事也。〔註2〕

而《妙法蓮華經玄贊》卷四說：「婆陟，此云讚嘆」〔註3〕。由此可知，梵唄除具有「止息」之意以外，還有「讚嘆」的意義，而此能夠發揮「任爲法事」的功能，是以號爲「音聲佛事」。就此我們也可以發現到，梵唄的本意就是要作爲「息斷萬緣」，然後歸之「寂靜」，如此方能夠「任爲法事」。所謂的「法事」，就是指修行之意〔註4〕。換句話說，梵唄就是一條趨入禪定的道路，能使進入禪觀與三昧之境界，以方便進行佛事與修行。如此看來，梵唄，在佛門而言，實質上不是那麼單純的音聲唱誦，更非世間一般的聲樂，質而言之，就是修行法門。因之，想要正確了解梵唄的面貌，勢必要從「佛教行門」來入手不可。

一、本文以「行門」爲梵唄研究的主要立場

佛教哲學的核心乃是在於「法」（dharma）。「法」，除了有「任持自性」、

〔註2〕 本文出自《大正新修大藏經》第四十冊，然而在家人不便閱讀出家律儀，故轉引自法藏法師所作《梵唄略考》，見錄於《僧伽雜誌》（臺中市：僧伽雜誌社，民國84年10月20日刊），頁47。

〔註3〕 請見《大正新修大藏經》第二十六冊，頁10。

〔註4〕 法事就是宣揚佛法或指修行之意。或亦稱誦經、講經、齋會等法會爲法事。又作法要、佛事。《大阿羅漢難提蜜多羅所說法住記》（《大正新修大藏經》第四十九冊，頁14）：「於今釋迦牟尼佛正法中，能爲法事，自種善根。」關於此一說法，請見佛光大辭典編修委員會編，《佛光大辭典》（臺北市：佛光文化事業有限公司，民國86年5月九刷），頁3355。

「軌生物解」〔註5〕的意思，在佛門裡最主要的意義則是指佛陀的教法，而佛陀的教法當中，又以修行法門與佛門行儀為其核心，也就是所謂的「佛教行門」，特別是在於實踐方法上。而以「佛教行門」為研究的觀察點，與「佛教思想」研究的差異地方，就是「佛教行門」的研究所關心的課題主要不在佛典經論內的思想體系或是大師們的主張，而是佛教徒如何成佛的實踐問題。舉例而言，就研究「佛教思想」而言，「中觀思想」、「唯識思想」、「如來藏」等系列的經典的文獻、思想、義理、主張等諸般課題是研究者關注的焦點。但若說到研究「佛教行門」，修行方法的操作過程便是主要焦點，舉例而言，禪觀種類、方法，及懺法、陀羅尼、觀想，還有轉讀、誦經等各種修行法門都是研究的焦點。筆者以為，梵唄的研究應該要落實在「修持法門」這個系統裡來，方能清晰地認識它的來龍去脈。

然而，與其說佛教強調「解行並重」，不如說「解門」是為「行門」服務的。這是因為佛教向來就是重視修行與實踐的宗教，這與世界上其他宗教是相同的。蓋因宗教哲學與一般哲學最大的差異，就是宗教所提出的任何哲學體系，通常是（自以為）「圓滿無瑕」，信徒無需花太多的懷疑工夫，最好就是篤信其真，並且仰仗著它引導並融入自己的人生。有者，僅是為了更清楚接受這些宗教哲學的理念，剩下的就是建立自己與宗教的關係而已。對於皈依佛陀的佛教徒來說，佛陀所開示的內容，並不需要再去懷疑，最重要的事情就是信仰與理解，這就是所謂「佛法大海，信能為入，智能為度」。因此，以佛教徒的立場而言，真正要關心的，就是能不能成佛的問題。事實上，整個佛教史來看，不管是「中觀」與「唯識」的爭論也好，「八宗」與「五葉」的紛立也好，都是各自主張在確立就「成佛之道」此一課題下所作的各種詮解。八萬四千法門對於佛教而言，不是八萬四千種不同的佛教，而是八萬四千條通往佛果的道路。

二、本篇研究的開展方向

本研究之主題既然是《魚山聲明集》，這裡面牽涉到兩個重要的名詞：一是「魚山」，二是「聲明」；前者是象徵著中國佛教梵唄史的源流，後者則作為了「音聲佛事」的佛教傳統文化。因之，在首篇的第三章裡，筆者介紹了

〔註5〕請見佛光大辭典編修委員會編，《佛光大辭典》（臺北市：佛光文化事業有限公司，民國86年5月九刷），頁3336。

「梵唄的四個重要基源問題」作為本文研究佛教梵唄的主張與方法；同時前面也提到關於《魚山聲明集》的四個重要基源問題。然而，吾人不可不了解的是，過去中國佛教梵唄的研究大多致力於田野采風，與風格分析等等作為藝術的學問而論，而對於佛教梵唄產生及運用的背景，並未深入發掘。本文作為梵唄學之研究立場，承繼過去佛教音樂研究的成果，特別要在佛教的教理位置來作一深入的觀察與探究，就此立場而言，勢必就音聲在佛教教義與教理的指導，與儀式中扮演的角色及種種表現模式來進行研究。

然則，此一研究工作，使人倍感艱難之處，就是以行門為史觀的中國佛教梵唄史的研究是十分稀有的，當前學者對佛教音樂史建構的成果，已經可以讓我們知道各個時代各種佛教聲曲的流傳，及佛教法會流行等相關知識。但若能對完整的佛教梵唄史有所了解，我們則要了解下列問題：

1. 佛教教理之下，使用音聲（非音樂）的原則，這方面要探討教制的問題。
2. 佛教儀式的形成背景，這方面要討論教理與時代的問題。
3. 梵唄在儀式中的佔有位置，這方面要探討儀式的儀節問題。

以上三個問題，是筆者認為在研究佛教梵唄的「角色論」、「功能論」、「結構論」當中要解決的問題。吾人以為，想要了解佛教的梵唄，並非僅止於音樂部份，而是佛教如何使用梵唄。正因為梵唄的作者是佛門中人，想要了解它的創作原理、功能及扮演的角色，自然要從佛教中去研究的。因之，本篇的撰就目的，便在於：

（一）音聲在佛教教理（修行法門）的位置

由於前面提到這裡面牽涉到兩個重要的名詞之一「聲明」，這部份從印度談起，通過中國，再解釋為什麼日本採用了「聲明」來作為唄讚的名詞。因此想要了解此一問題，我們必須解析「聲明學」此一名詞的來龍去脈，並解釋印度、中國與日本三地對「聲明」的認知與觀點所在。

（二）儀式的形成與梵唄運用

由於過去有關佛教梵唄或音樂研究，或有學者探及儀軌音樂的範圍，大多忽略了該梵唄或音樂附著於背後的儀軌。本研究乃採取由上而下（Top-down）的觀點，就儀式與儀軌為主要核心，向上探索其背後的思想背景，向下則探究儀軌構成的儀節，就此一基礎歸納出梵唄的種類，進一步剖析這些梵唄運用情形，或有可能，則將進入梵唄創作原理。在此特別指出，

天臺宗是此一方面的佼佼者，尤其是懺法的創製爲最。我們即可依循此一線索，來發現該儀軌的儀節，從中找尋到梵唄，便可充分了解到這些梵唄在儀軌內的使用情形，進一步了解到它們的創作原理。這就是本論文第三章裡所揭示的研究方法「梵唄模型論」之導出路徑與運用方法。

（三）佛教梵唄文化的來龍去脈

這部份則以梵唄流傳歷史爲主要課題。過去的學者在探討梵唄流傳歷史，已經完成了歸納各個時代所流傳的梵唄曲目，本研究則企圖更進一步以其修行方法爲中心，探究以《魚山聲明集》梵唄的時代以前各個時代的「學佛風氣」，也就是那些時代，包括出家法師與在家學佛信眾在內，所流行的修行法門，來探測梵唄演變的軌則。

以上就是本篇所要了解的主要問題點，以下本篇第四至六章將此諸般課題做逐一討論。下面筆者將介紹本篇的研究主要路徑，及呈現章節之配置。

三、本篇研究的路徑

承前所論，本篇研究的重心將以「行門」爲理解梵唄的主要觀點。而所謂「行門」研究，也將以音聲誦持及其背後附著的「思想」與「儀軌」爲入手。

然而，筆者觀察梵唄所依附的語言——梵文，本身就是具備音樂性質的語言。因此在此一部份，首先，我們先從印度梵文的語言特色開始談起，藉以觀察語言與梵唄的關係，因之本篇以「聲明」與「梵唄」作爲出發點，剖析印度的聲明學，就是佛教梵唄的基礎。由於印度的聲明學就是口語文法，爲了作判斷其意義，故對聲音的轉折有其特殊的重視及各種分析方法，形成印度梵文文法特色。再者，印度傳統宗教，婆羅門教，爲保存《吠陀》教義的正確，特別重視口傳。這一來，配合著口語文法的高低聲調，形成了印度的唄經傳統。佛教在此一社會文化背景下成長，自然也承襲此一觀念，所不同的是語言的不同（佛陀強調的是地方語言的梵唄，而非婆羅門的梵語梵唄）。故本研究第四章主要的探討問題，便是聲明學的內容，及其與佛教梵唄的關係。

然而，佛教的梵唄卻有著另一種獨到的運用模式，那就是音聲修行法門。然而，依照根本佛教的思想來看，聲音屬於六塵（色、聲、香、味、觸、法）之一，是應該否定的對象，但音聲卻成爲修行法門，其原因究竟如何？我以爲可由下列路徑來探討：

（一）釋迦牟尼佛對於音樂的觀點

這一部份剖析佛陀反對音樂（主要就是俗樂）的理由所在。及他所開許的歌詠法言，及根本佛教與大乘佛教不同的觀點所在。

（二）梵唄的運用場合

藉由史料的記錄，歸納出梵唄被使用的場合，來明白唄讚運用的各種場合。這部份將討論，由於佛經原本在用文字寫下的時代以前，是師徒口授的教學體系，梵唄是有其用來作教育的功能。然而，隨著佛教發展，佛教徒使用梵唄在儀式之上。而佛教教典的被重視，加上咒語流行，使梵唄更進一步被利用在修行之上。

（三）梵唄運用的思想

究竟佛陀許可梵唄的原因何在？使用梵唄成為修行法門有甚麼樣的教理根據？這些都是本研究想要了解的問題。

（四）儀式與梵唄的關連

梵唄傳來中國後來十分盛行的原因之一，就是中國佛教開始有自創儀軌的現象。這些儀軌是印度沒有的儀軌，那麼這些儀軌是如何創制出來的？梵唄在裡面的扮演角色又是什麼？筆者將藉由儀軌分析，獲得儀軌制定來由，然後就其儀節分析，獲得梵唄創作的原則。

故本研究第五章主要探討內容，就是以前述四點為主。旨在建立吾人對於佛教梵唄建立起基本的認識。

復次，在梵唄來到中國後的發展，及其歷史值得吾人重視。其原因就是，日本《魚山聲明集》所收藏的梵唄曲源流，是唐代會昌法難以前在中國所流行的梵唄聲曲。因此，佛教傳入中國以後，到隋唐以前這一段梵唄在中國的發展概況，有其了解之必要。特別是本章第一節對於印度佛教梵唄形式的推想，此一部份乃是就梵唄四基源問題之「結構論」來作介紹，作為本章敘述中國佛教梵唄文化的溯源。因此第六章所探討的就是佛教梵唄在隋唐以前中國流行的情形。

由於當前臺灣對中國佛教梵唄史的研究是十分稀有的，而以「修行法門」為立場研究梵唄者又是如此罕見。故本研究最重要的工作之一，就是必須重新建構佛教梵唄發展歷史的「史觀」，以作為研究《魚山聲明集》的背景知識。以上所介紹者，乃為本篇主要探討內容，以及分章的依據。

第四章 「聲明」與「梵唄」

　　本研究主題既以《魚山聲明集》，在此之前，我們先了解「聲明」的意義與內容。本章的重點在解說印度「聲明」的意涵，然後探討為何中國以「聲明」為「小學標章」，而日本卻以「聲明」為唄讚的意義與因由。

　　聲明，是「五明」之一。所謂的「五明」（pañca-vidyā-sthānāni），在《瑜伽師地論》對此有所揭示，分別是：因明、內明、醫方明、工巧明與聲明。這是印度傳統的五種學藝，也是古印度主要對於學術的分類方法。不單是佛教，「五明」也是印度各宗教，特別是傳統的婆羅門徒所要學習的技藝。玄奘在《大唐西域記》對於這五明的教學狀況有所述及：「開蒙誘進，先導十二章。七歲之後，漸受五明大論。」〔註1〕可見這「五明」乃是印度傳統教育（特別指婆羅門種姓）當中重要的學科。

　　有關「五明」的名義，其的內容，在此參照《大唐西域記校注》玄奘三藏法師的說法（以下稱之為「奘說」），及季羨林的校注是這樣的（以下稱之為「季注」）

　　1. 聲明（śabda-vidyā）
　　　【奘說】：釋詁訓字，詮目流別。
　　　【季注】：研究語音、語法、修辭的學問。

　　2. 工巧明（śilpakarma-vidyā）
　　　【奘說】：伎術機關，陰陽曆數。

〔註1〕 上述資料請參考玄奘三藏法師著，季羨林校著之《大唐西域記校著》（臺北市：新文豐出版有限公司出版，民國83年5月一版二刷），頁185。

【季注】：工藝、天文、數學、星象、音樂、美術等學科技術及藝術的總
稱。

3. 醫方明（cikitsā-vidyā）

【奘說】：禁咒閑邪，藥石針艾。

【季注】：印度古代醫學，爲四種《副吠陀》（upaveda）之一，稱爲「壽
命吠陀」（āyurvada），一般則認爲屬於《黎俱吠陀》；但也有人如名醫
妙聞（Suśruta）認爲是《阿闥婆吠陀》的一部份，被視爲聖學之一，
很受尊重。

4. 因明（hetu-vidyā）

【奘說】：考定正邪，研覈眞僞。

【季注】：即論理學（形式邏輯）。因明又稱正理明（nyāya-vidyā），梵
文 nyāya 有準則、規律、體系、論式等義，佛理中概稱爲「正理」。
現存的（筆者按：季羨林注此書之時，現今或有新的發現）關於印度
邏輯最古的著作是《正理經》，作者喬答摩（Gautama，與釋迦摩尼佛
同名，但係另一人）又稱足目（Aksapāda 或 Aksacaraṇa），玄奘於《因
明入正理論大疏》中讚曰：「劫初足目，創標眞僞」。這派思想體系起
源可能在公元後四至五世紀間。其注疏中重要而又最早的，爲犢子氏
（Vātsyāyana）所做的《正理經大疏》（Nyāyabhāsya）。

5. 內明（adhyātma-vidyā）

【奘說】：暢究五乘，因果妙理。

【季注】：即關於宗教哲學的知識，佛教徒稱佛教爲內教或內學，教外
各派爲外道。〔註2〕

以上就是「五明」的內容，除「內明」因各宗教教義不同，因而解釋上
有所差異外，餘者大同小異。值得注意的是，這「五明」也是大乘佛教的菩
薩所必須具備的五種特長，乃是「爲令無上正等菩提大智資糧速得圓滿」緣
故。〔註3〕

〔註 2〕同註 1，頁 187。

〔註 3〕《瑜伽師地論》卷三十八揭示了大乘佛教菩薩：「求此一切五明，爲令無上正
等菩提大智資糧速得圓滿。非不於此一切明處，次第修學，能得無障一切智。」
請見《大正新修大藏經》第三十冊（臺北市：新文豐出版有限公司，民國 72
年 1 月修訂版），頁 503。

　　就上面看來，我們可以察覺作爲研究音聲的學問，「聲明」，是列爲「五明」之首，原因是什麼？「聲明」的內容又是如何？印度爲何對此如此重視？而佛教又如何看待此一學問？以下將此等課題逐一探討。

第一節　「聲明」的意義及與「梵唄」的關係

　　言語，被分成四個部份。具有洞察力的智者可以了解這四個部份：前面的四分之三隱藏著秘密，而不會引起任何活動，最後的四分之一則是由人們所交談著。〔註4〕

這是印度傳統宗教典籍，黎俱吠陀（Ṛgveda）描述了印度對聲音的觀點。聲音，並不限於人類的你我之間，而是到處都能聽得到。它是生命，一種綿延不絕的潛在力量。印度人以爲在世間上，有兩種聲音，其中一小部份是我們能聽得到，也就是人我之間的言語交談，可是絕大多數聽不到的，則是無法顯示（unmanifest），超越知覺（beyond the grasp of conscious experience）的部份。然而，就喬尸多基奧義書（Kausītaki Upaniśad）的看法，口耳交談的聲音足可涵括整個世界的現象。他們認爲，不論這些語談的聲音的意義也好，議論的聲音也好，都是非常的重要，並經常對於這些聲音所關注的興趣，超過了現象界本身。〔註5〕

　　聲音，被視爲非常神聖的理由，是因爲古印度人普遍認爲這些「祈禱」語言的音聲，是來自天神所創製的。就因爲如此，這些語言的發音、文字與文法等相關知識，在印度人眼光裡，有非比尋常的神聖性，被列爲五種重要的學術，「五明」（pañca-vidyā）之一，聲明（śabda-vidyā）。

一、聲明學的源流與波膩尼文法書

　　前面提到，聲明就是關語言音聲的知識，那麼聲明是怎麼來的？這裡我們先從聲明的源流開始看起。根據《大唐大慈恩寺三藏法師傳》卷三所說，印度的聲明學是這樣來的：

　　……兼學婆羅門書印度書，名爲《記論》，其源無始莫知作者。每於

〔註4〕以上看法請見 Lewis Rowell, *Music and Musical Thought in Early India*, 1933～（Chicago and London:The University of Chicago Press, 1992), p. 35。

〔註5〕同註4。

> 劫初，梵王先說傳授天人，以是梵王所說，故曰「梵書」。其言極廣，
> 有百萬頌。即舊譯云「毘伽羅論」者是也。然其音不正，若正應云：
> 「毘耶羯剌諵」此翻名爲「聲明記論」。以其廣記諸法能詮，故名「聲
> 明記論」。昔成劫之初梵王先說，具百萬頌後至住劫之初，帝釋又略
> 爲十萬頌。其後北印度健馱羅國婆羅門睹羅邑波膩尼仙又略爲八千
> 頌，即今印度現行者。〔註6〕

聲明的來源，有著十分傳奇又神祕的傳說，然而，藏傳佛教的教史著作《如
意寶樹史》卻又有另一種奇特的說法：

> 聲明，最初在三十三天，由一切智天寫出《薩羅婆闍尼那文法》，其
> 弟子釋提桓因著《因陀羅文法》，講授於普布，使之成爲智者，人稱
> 聲明師。聲明遂由這些人在天界弘傳。聲明傳播到人間的情況是，
> 受佛陀授記，由觀世音護持的一位婆羅門小孩寫出《波尼文法》兩
> 千頌，由布祿龍王的兒子協卻，寫出名爲《摩訶跋卻》的廣釋本共
> 十萬頌。阿闍梨旃陀羅閣彌（皎月）以此本爲基礎，寫出《旃陀羅
> 文法》三十八章，並注釋頗多（七百頌）。又商羯羅王的舅父沙波多
> 瓦羅摩……寫成《迦羅波文法》（四百章），並寫出《玟隙益學》等
> 釋本多種（婆羅流支亦寫釋本）。此外還有《迦羅波文法》和《旃陀
> 羅文法》的攝義本《羅闍室利文法》，有妙音天母所寫的《妙音文法》
> 以及阿努補多的釋本等。……〔註7〕

上述的《妙音文法》、《波尼文法》和《旃陀羅文法》等曾在西藏地區弘傳，
據說現在還有抄本。上述兩者，不論是玄奘三藏與西藏佛教對聲明傳承的傳
說都是十分神祕而且具有傳奇性。這也顯示了印度古代對於語文重視的來
由，就是「梵天所制」的淵源。不過，在這裡我們要注意到：不論是玄奘大
師提及的「聲明記論」也好，還是《如意寶樹史》所提到的多部文法書也好，
以上述資料一再提到文法書，我們可以了解，印度所謂的「聲明」，其實就是
「文法之學」。

　　以上所說的三本文法當中，最著名的，要首推《波尼文法》。考《波尼文

〔註6〕 請見唐‧慧立本、彥悰箋，《大唐大慈恩寺三藏法師傳》，收錄於《大正新修
　　　　大藏經》（臺北市：新文豐出版股份有限公司，民國85年9月修訂一版三刷），
　　　　頁239。

〔註7〕 松巴堪布、益西班覺著，蒲文成、才讓譯，《如意寶樹史》（蘭州市：甘肅民
　　　　族出版社，1994年7月一版），頁240～241。

法》，也就是唐代玄奘三藏法師所說的「波膩尼仙」（Pāṇini），然而玄奘大師所說的「波膩尼仙」的文法是「略作八千頌」，與《如意寶樹史》有所出入。然而波膩尼的書，據考證，一般認為該書大約在公元四世紀作成，迄今仍在流傳，稱之為《Aśṭādhyāyī》，中文翻譯就是《八章書》。該書文體是屬於「經」（sūtra）體裁（見金克木著，《梵佛探》，河北：河北教育出版社，頁 3）。原來只是師徒相傳的口訣，並無書名。目前全書總共還不到四千句，可是幾乎總括了複雜的梵語文法的全部。波膩尼的文法書主要記錄語言的對象是印度傳統古典，《吠陀》使用的古梵文，但是它所記錄的語言文法已經與當時的婆羅門口語已經有所不同了。就這點來說，婆羅門內部，為了保持「聖典」（也就是《吠陀》）語文的完整，實行了婆羅門階層內口口相傳的各種嚴格的讀誦方式，並發展了所謂的「吠陀支」，包括了所謂的：尼祿多（Nirukta），即詞源學，及毘伽羅（vyākaraṇa），即語法學等。

現存的古梵文語法性質的書籍，除了波膩尼的書以外，屬於波膩尼同一時期或稍早的書還有：

1. 《句讀》（padapāṭha）

作者相傳為娑迦略（śakalya），其人於波膩尼書中有提到。這是把《黎具吠陀本集》（Rgvedasamhit）的詩分析成孤立的詞，把複合詞拆開，把有「連聲」（sandhi）變化的詞型還原。再把「前綴」、「詞頭」、「後綴」、「詞尾」分開，當作「前置詞」、「後置詞」。按印度婆羅門教傳統，神聖的經典是不能被寫下來的，這是保存《吠陀》經文防止唸誦錯誤的讀誦法，也是一種語法分析。

2. 《對支》（Prātiśāljus）

這本書將前面提到的《黎具吠陀本集》與《句讀》兩本書聯繫起來，舉例規則，以便把拆散的《句讀》結合，還原成《黎具吠陀本集》。該書可說是每一個傳授《吠陀》支派的課本，所以稱之為《對支》（或「別支」），現存四部。

3. 《尼祿多》（Nirukta）

作者是耶斯迦（Yāska），大約時代是在公元前五世紀，即波膩尼前約一百年。這本書是討論《尼犍豆》（Nighaṇtu），而《尼犍豆》是《吠陀》的辭彙集，類似我國《爾雅》這類書籍。

波膩尼的文法書也提到了當時許多別的語法學家。然而，自從他的書出來以後，由於內容有各派的語法研究，成功達成了總結前人分析研究成果，

形成一套嚴密的體系，因此就成了印度聲明學的權威〔註8〕。其後討論印度梵文文法書籍，沒有不以波膩尼的《八章書》爲宗的（以下簡稱《波膩尼經》）。

其後的語法書籍，大部分都是就《波膩尼經》的增補或註解，其中有幾本重要的註疏：

1. 《釋補》（Vārtika）

大約成書於公元前三世紀，相傳爲迦旃延那（Kātyāyana）所作的。又有人傳說是婆羅流支（Vararuci）。這本書是對於《波膩尼經》有所修訂和補充，使用的文體和《波膩尼經》一樣，是屬於「經」的體裁。

2. 《大疏》（Mahābhāsya）

這本書成於公元前二世紀，作者波顚闍梨（Patañjali），該書全名應爲《語法大疏》（Vyākaraṇamahābāsya）。這本書可謂是語法書上的巨著。《大疏》保存了《釋補》，並做了一些討論。

3. 《月光疏》（Siddhāntakaumudi）

這是《波膩尼經》到了十七世紀以後，最有名的註疏，同時也是改編《波膩尼經》改編的本子。然而，自十七世紀以後，到今天通行的梵文語法教科書，無一不是以此書爲主，或此書刪節本。

自此以後，十九世紀，《波膩尼經》由德國人波特林克（Otto Bohtlingk）費了很大工夫作索引及注釋，並校出印度人註解，於 1840 年校刊。又於 1887 年出版本經的德文譯本。二十世紀初，法國人勒奴（Louis Renou）翻譯爲法文，1954 年出齊。由於印度聲明學，主要源統是以《波膩尼經》及其相關註疏爲主流，故在此特別介紹（本節資料主要得自金克木先生看法，詳情請參其著作《梵佛探》。河北：河北教育出版社，1996 年 5 月）。

二、關於聲明學的內容

從佛教的巴利文經典，及公元三世紀的阿育王的碑銘可以看得出來，在波膩尼的時代，除了祭司和貴族有統一的雅語以外，也有一般人使用的口語之通行語。然而，《波膩尼經》的著作並不是爲了整理這些語言而作的，根據《波膩尼經》最著名的註疏，波顚闍梨（Patañjali）的《大疏》（Mahābhāsya）說到：

〔註8〕 請見金克木著，《梵佛探》（河北：河北教育出版社，1996 年 5 月一版），頁2。

　　我們應該研究文法，乃是爲了保存《吠陀》。只有了解到有關省略
　　母音的知識（elsions）及介紹屬於聲音改變的相關知識，這樣的人
　　才能夠很正確傳承《吠陀》。……當然也是有所修改，譬如説並非
　　所有的字的「性」（genders）與所有字源的類別都能夠在祭典儀式
　　（mantra）能夠被唸出來。在參加典禮時，我們必須適當去修改。
　　若非文法家（grammarian）就無法做出適當的修正。爲了這個原因，
　　我們必須研究文法。〔註9〕

上述所説到的「文法」，並不是今天我們所講的書面語的文法，而是口耳傳承
的語法。這是因爲波膩尼所作的《波膩尼經》主要是以建立的基礎是在口傳
的用語之上，而不是書面語〔註10〕。根據季羨林先生考證，印度最早的文字
約在公元前二千八百年到二千二百年之間，出現印度河流域，其發現於印度
河流域的信德（Sind）或旁遮普省的哈拉巴（Harappā）兩地。換句話説，在
波膩尼時代，或許已經有文字出現。然而，在婆羅門教傳統之下，無論如
何，把《吠陀》用文字寫下來是對天神極爲不恭敬的做法〔註11〕，因此古代
婆羅門在這種教理的背景之下，大多不願將這些宗教上重要的經文書寫下來
（後來才有書寫），口傳成爲主要傳播教法的方法。這種只重視口傳的文化，
事實上就是造成關於公元前印度文化的史料裡，絕少典籍的存在的主因之
一。直到二十世紀，印度人還在使用這種輕視寫本的習慣，提醒人們是「口
傳」而非「書寫」構成整個文學與科學活動的基礎（參看德國・溫特尼茨著
《印度文學史》導言，中譯本載於《印度文學研究集刊》第一輯，上海 1984
年出版）。而婆羅門教，在相信《吠陀》的正確與崇尚祭祀功效的傳統下，重
視「聲音」與「聲常住論」的哲學也應聲而起，像是彌漫沙派（Mīmāmsā）
認爲聲音，特別是指《吠陀》的語言與知識，不是人造的，是先天的，是「常

〔註9〕 Edit by Sibajiban Bhattacharyya, *The Mahābhāsya of Patañjali*, （New Delhi:
　　　　Munshiram Manoharlal Publishers PVT. Ltd., First Published, 1991）, pp. 9~10.

〔註10〕 Harold G. Coward & K. Kunjunni Raja, *Encyclopedia of Indian Philosophies*
　　　　（Princeton, New Jersey in U. S. and Oxford, U. K. :Princeton University Press.,
　　　　1990）, p36.

〔註11〕 饒宗頤教授提到，1985 年 12 月，美國加州大學梵文教授 Frits Staal 先生與他
　　　　討論《梨俱吠陀》誦唱方法，據 Frits 説明：天竺向以聲音爲主，但諷誦吟詠，
　　　　申戒筆之於書，寫下來便成罪過，故世世相傳，有聲無文。所謂 mantra（咒），
　　　　只爲諷訟而已，不理其文義，不問其何所指。請見饒宗頤先生所撰《梵學集》
　　　　（上海市：上海古籍出版社，1993 年 7 月一版一刷），頁 88。

駐不滅」，並絕對正確的，重視「聲音」的思想形成了印度文化的重要特色，可見一斑。

在這樣重視音聲的背景之下，那麼在進行祭祀典禮或是儀式，如何將唸誦經文唸誦能夠清晰無誤，這對於重視祭祀的婆羅門而言，就成了宗教上的一大課題。誠如前面波顛闍梨所說，研究語法的原因，就是為了做適當而正確的祭典儀式來。這對婆羅門來說，是最為重要的事情，整個聲明學的核心也就在這裡。我們且舉一個實例來說明，通常在古老的梵語寫體或碑銘可能是寫成這樣子：

Kshātreshu siktāabhir meghānām adbhir dhānyam prarūdham.

（由於雲的水落在田裡，穀子長高了。）

若按天城體字母寫下來，寫下來的東西，用羅馬拼音表示會被看成含有下列音節：

Kshe shu si kta bhi rme ghā nā ma ddbhi rdhā nyam pra rū dham. 〔註12〕

這些音節的每一個音節是用一個記號群來表示，梵文是不問組成這一句句子的詞是如何劃分的，這些音節是獨立著寫的，有時靠得鬆了些（像中古時代的悉曇體字母那樣子），有時靠得很緊（像天城體字母那樣）。所以在解讀時必須非常小心字句的結構。但是有些梵文字句無法拆解，例如：

Kas tvam iti.（你是誰？）

上面這一句原來使用天城體寫成，是無法拆解的，改成羅馬拼音只是強加分離而已。何以故？因為 kas 的末端的 s 應該和 tvam 的 tva 組成一個音節，即一個書寫的構成單位。而 tvam 的尾巴 m 又應和後面的 iti 的 i 組成一個書寫單位，這樣就不能按詞劃分了〔註13〕。像這樣的情況，梵文裡多得不勝枚舉。有的文句更是寫成長長的一句，都沒有分開。這樣一來，若要解讀梵文，第一件事情，就是要學會怎麼唸，曉得怎麼樣去將單字析分出來，然後就得要會背誦，如此這般到了一定程度，才有辦法知道怎麼劃分語詞（即《波膩尼經》所說的「界」（dhātu），即字根，在《波膩尼經》第一章第三節起有說明），這樣才能夠解讀它的意義。因此大多數梵文的文法課本一定在發音上的介紹的後面，緊接著就提到所謂的「音節劃分」，或者就有「連音規則」，來作為

〔註12〕請見羅世芳著，《梵語課本》（北京市：商務印書館，1996 年一版二刷），頁 44 的例子。

〔註13〕同註11，頁 44 的例子。

閱讀梵文區分字詞讀音的基本能力。這是因爲梵語的文法，並不等同於現代西方的文法那樣建立在書面語基礎之上緣故。

　　梵文的文法基本上是口語的語法，因此就婆羅門而言，他們所關心的與其說怎麼寫，不如怎麼唸。梵語的特色，就是「短小精悍」，在短短語句裡，同樣的意義用在其他語言，就比梵語來得長。因此梵文的「短語分析」就是最重要的特色：各種詞類的變化多端，名詞有八種格，動詞、代名詞又有性別，又有各種變化。筆者覺得，這種多變化的問題，如果梵語變成書面文字，恐怕這些格、性別、各種變化等等恐怕會慢慢淘汰。綜合來講，一切就是爲了「唸誦」。

　　以上所述，我們就不難了解，爲何古代梵文文法與西方語言文法形式有很大的差異。呂澄就印度聲明的情形，儘管並未介紹《波膩尼經》，仍做了一個概略性的研究，然而，其後現代學者研究聲明的就十分少了。以研究《瑜伽師地論》十五及其他佛教經典爲主要範疇，呂澄認爲印度聲明有其下列內容：

第一部份是「名身」、「句身」與「文身」

　　這三者視聲音屈曲所詮差別而分聲韻字母，獨體爲文，亦名爲字，而表詮一事。一物是爲「名」，或謂之「想」。如天人、耳目等等。綴名而解釋一個事物，或一個義理的，稱之爲「句」；稱之爲「章」，如「一切有情皆有死」等。辨明「文身」之拼法音韻者有《悉曇章》。《大唐西域記》認爲是童蒙所習五明大論之外；《南海寄內歸傳》則視聲明爲五明之一。呂澄以爲想要了解「名身」、「句身」與「文身」就必須了解六義：

1. 名之構成，即所謂的「界」、「字緣」。
2. 名之陰陽，即舊傳「男聲」、「非男聲」。
3. 名之數量，即舊傳「一言」、「多言」之說。
4. 名之位次，即舊傳「七例句」、「八囀聲」之說。
5. 名之複合，即舊傳「六合釋」之說。
6. 名之時分，即舊傳「爲自說」、「爲他說」、「二九韻」之說、「十羅聲」之說。

第二個部份是悉曇部份

　　由於《南海寄內歸傳》提到，當時（隋唐及以前）運用梵文字母就是悉曇體字母。在此呂澄提到了字母數目，如《大智度論》以「四十九」等。並

分別子母音。〔註14〕

其後的各章節都以「名身」、「句身」與「文身」等三身來進行細部討論。故此略而不論。

若按《波膩尼經》的本身來看，則其八章，每章有四節：

第一章

第一節：說明術語及其運用

第二節：續前

第三節：論詞根（「界」）——說明 it（符號）——論動詞「自句」——論動詞「他句」

第四節：說明術語及其運用——論名詞的格（「八囀」）——論「投詞」——說明「動詞」、「名詞」的數、格等

第二章

第一節：論複合詞——「不變」複合詞——論「依主」複合詞與「持業」、「帶數」複合詞

第二節：續論「依主」複合詞——論「有財」複合詞——論「相違」複合詞——論複合詞的成份先後

第三節：論名詞各格用法

第四節：論「帶數」複合詞與「相違」複合詞——論複合詞的性——論「半界」——論若干後綴「緣」

第三章　論直接後綴（「作」）

第一節：論 san 等後綴——論介於詞根與動詞詞尾中間的後綴——論 krtya 類的詞尾（分詞等的詞尾）——續論直接後綴

第二節：續論直接後綴——論表示過去的後綴——論表示現在的後綴

第三節：論「溫那地」後綴（un 等不規則後綴）——論表示過去和將來的後綴——續論後綴——論動詞各式（「羅」）的用法

第四節：續論動詞各式用法——論動詞詞尾（「羅」）

第四章　論陽性名詞及間接後綴（「加」）

第一節：論陽性名詞的構成——論間接後綴——論後綴 an

第二節：續論後綴 an

〔註14〕請見呂澂著，《聲明略》再版（臺北市：廣文書局，民國 82 年元月，與《唯識抉擇談》合訂一冊），頁 1～10。

就上述內容，不難看出，印度傳統聲明的輪廓，藉由波膩尼的《八章書》我
們可以看得出「聲明」的重心，應該就是音聲。可惜這本《八章書》，雖然一
直通行海外，歐美各國都有人投入研究，大陸近年來更急起直追，然而臺灣
就是一直沒有翻譯與介紹進來。筆者衷心希望，這部《八章書》及相關的註
疏應能夠早日翻譯成中文，對於研究佛教梵唄的理論發展，應有相當的助益。

三、佛教對「聲明」的看法

　　就前面所述，我們可以很清楚地了解到，「聲明」不是佛教才有，而是印度婆羅門教發展起來的。佛陀在世的時候，常常採取著與婆羅門教「隔離」的政策，也就是儘量與婆羅門教使用的修行觀念與儀式有所不同。即如「語言」一節部份，《Light of Liberation》一書提到佛陀雖然能夠講一切眾生的語言，但是他在世的時候，為了教法普傳印度各地各階層的緣故，說法時常使用的語言，主要是像摩伽陀語（Māgadhī）等這樣的地方語言，及一種使用十分接近婆羅門所使用的語言，也就是 Prākrit 語為主，而非婆羅門所使用的語言——梵語（Sanskrit）〔註15〕。而在「音聲」方面，佛陀主張「如實知」而「不復染著」而「生樂住」的「析空觀」（對現象界的分析而獲得「空性」的智慧）。如同《雜阿含經》卷十二所說的一段：

> 於色聲香味觸法六境界，
>
> 一向生喜悅，愛染綢樂著；
>
> 諸天及世人，唯以此為樂，
>
> 變易滅盡時，彼則生大苦。
>
> 唯有諸聖賢，見其滅為樂，
>
> 世間之所樂，觀察悉為怨；
>
> 賢聖見苦者，世間以為樂，
>
> 世間之所苦，於聖則為樂。〔註16〕

如此觀「色聲香味觸法」六境界皆「見其滅為樂」的根本佛教教理，音樂也是其中之一，何況是語言等事呢？然而，佛教並沒有因此而廢置人間的語文不用，相對的，聲明反而也是教育內容之一。唐代的玄奘大師在留學印度接受的教育，就曾經學過聲明：

> 法師在寺（按：印度那爛陀寺）聽《瑜伽》三遍，正理一遍，顯揚對法各一遍，因明聲明集量等論各二遍，……兼學婆羅門書。〔註17〕

〔註15〕Compiled by the yeshe De Research Project and Edited by Elizabeth Cook, *Light of Liberation: a history of Buddhism in India* (Crystal mirror series: V8, Berkeley, CA: Dharma Publishing, 1992), pp. 248~249.

〔註16〕請見佛光大藏經編修委員會編之《阿含藏——雜阿含經‧雜阿含經一》（臺北市：佛光出版社，1995 年初版七刷），頁 504～505。

〔註17〕請見《大正新修大藏經》第五十冊（臺北市：新文豐出版有限公司，民國 85 年 9 月修訂版一版三刷），頁 238～239。

由上可知，聲明到了玄奘大師的時代，在佛教寺廟中已有傳授。推測傳授的原因，大概是利於諷誦經典，讀經識字的緣故。《長阿含經・種德經》上就提到：

> ……寧可剃除鬚髮，服三法衣，出家修道。……去諸飾好，諷誦毘
> 尼，具足戒律，捨殺不殺，……乃至心法四禪現得歡樂。〔註18〕

由此可知，在佛陀時代即有「諷誦」的風氣。所謂「毘尼」（vinaya）就是戒律。誦戒是佛陀僧團每個月的習慣之一，稱之爲「布薩」（見《雜阿含經》卷十七），每個月十五等集會一處或於布薩堂處，諸知法之比丘說戒本，此時就需要讀誦經典。又根據唐代義淨大師在印度所見：

> 即如西方，制底畔睇及常途敬禮。每於晡後或曛黃時大眾出門繞塔
> 三匝，香花具設並蹲踞，令其能作哀雅聲，明徹雄朗讚大師德，……
> 次第還入寺中，至常集處，既令坐定，令一經師昇師子座讀誦少經。
>
> 〔註19〕

可見，在儀式與僧團清規的需要之下，誦經是不可或缺的。這樣一來，佛教寺廟裡就非有聲明教學不可。然而重要的因素卻是，佛教也同印度其他宗教一樣，那就是口傳心記的傳統，《出三藏記集》卷三《彌沙塞律記》引東晉法顯法師的話說：「顯本求戒律，而北天竺諸國皆師師口傳，無本可寫。」可見佛教原來也有這種口耳傳承的傳統。然而據考證，原先並沒有使用梵語的佛教使用的語文稱爲「佛教梵語」（Hybrid Sanskrit 或是 Buddhist Sanskrit），也開始使用梵語了。西北及北印度部派佛教，說一切有部（Sarvāstivādins）使用的語言就是梵語（Sanskrit）〔註20〕。而十七世紀以來，陸續在尼泊爾發現的佛經寫本，主要也是梵文寫成的〔註21〕。足見佛教曾有一段「梵文化」的時期。如此看來，以梵文爲底的「聲明」的教學，佛教經行之已久了。

　　然而有趣的是，我們前面已經提到，既然創造「聲明」的是婆羅門外道，佛教寺廟卻也教導此學，那麼佛教對於「聲明」所採取的態度與政策究竟是什麼呢？在此，我們也是從用梵文寫成經典的《瑜伽師地論》來尋找答案

〔註18〕 請見佛光大藏經編修委員會編之《阿含藏——雜阿含經・長阿含經二》（臺北市：佛光出版社，1995 年初版七刷），頁 570。

〔註19〕 同註 17，頁 227。

〔註20〕 Compiled by the yeshe De Research Project and Edited by Elizabeth Cook, *Light of Liberation: a history of Buddhism in India* (Crystal mirror series: V8, Berkeley, CA: Dharma Publishing, 1992), p. 246.

〔註21〕 請見收錄於「世界佛學名著譯叢」第七十九，山田龍城著，許洋主翻譯的《梵語佛典導論》（臺北縣：華宇出版社，民國 77 年 4 月初版），頁 1～2。

〔註22〕，關於該論部份，主要是以第十五卷所稱說的「聲明」內容是：

云和聲明處？當之此處略有六相：一法施設建立相，二義施設建立相，三補特伽羅施設建立相，四時施設建立相，五數施設建立相，六處所根栽施設建立相。〔註23〕

這六個「施設建立相」的內容分別是：

1. 法施設建立相

內容是「名身、句身與文身」，及五德相應聲：「不鄙陋、輕易、雄朗、相應、義善。」

2. 義施設建立相

略有十種建立，即「根、大種、業、尋求、非法、六法、興盛、衰損、受用、守護」這十種建立。

(1) 根建立者，則「見、聞、嗅、嘗、觸、知」六義。

(2) 大種建立者，則「依持等義、澆潤等義、照了等義、動搖等義、思念覺察等義」。

(3) 業建立者，則「往來等義、宣說等義、思念覺察等義」。

(4) 尋求建立者，則「追訪等義」。

(5) 非法建立者，則「殺盜等義」。

(6) 法建立者，則「施戒等義」。

(7) 興盛建立者，則「證得喜悅等義」。

(8) 衰損建立者，則「破壞、怖畏、憂戚等義」。

(9) 受用建立者，則「飲食、覆障、抱持、受行等義」。

(10) 守護建立者，則「守護、育養、盛滿等義」。

又復略說有六義：一、自性義，二、因義，三、果義，四、作用義，五、差別相應義，六、轉義。

3. 補特伽羅施設建立相

〔註22〕《瑜伽師地論》總共有一百卷，梵文被發現的經卷，是「菩薩地」（Bhodhisattvabūmi），由荻原雲來博士於 1904 年發現的。又印度人 śānkṛtyāyana 在 1938 年 5 月第四次西藏探險之際，在 Şalu 僧院發現《瑜伽師地論》的「聲聞地」（śrāvakabhūmi）和緣覺地（Pratykabuddhabhūmi）的梵文本。可見該論確實可視為梵文寫成經本。同註 21，頁 341～342。

〔註23〕請見《大正新修大藏經》第三十冊（臺北市：新文豐出版有限公司，民國 85 年 9 月修訂版一版三刷），頁 360。

謂建立男、女、非男非女聲相差別。又復建立初、中、上士聲相差別。

4. 時施設建立相

謂有三時聲相差別：一、過去、過去殊勝，二、未來、未來殊勝，三、現在、現在殊勝。

5. 數施設建立相

謂有三數聲相差別：一者一數、二者二數、三者多數。

6. 處所根栽施設建立相

處所略有五種：一相續、二名號、三總略、四、彼益、五宣說。若界、頌等名爲根栽，如是二種總名爲處所根栽建立。〔註24〕

由上述內容，與前面的《波膩泥經》章節所揭示的內容兩相比較，很明顯我們可以發現到，佛教的聲明教學內容，一面教授傳統印度語文，一面則含著佛教教義的教授。上述聲明學的內容裡，在在處處顯示了佛法的內涵，如在「2.義施設建立相」裡面，就教授了像「業建立者」這種「往來等義、宣說等義、思念覺察等義」的內容，這顯然是一種特有「哲學性」語文教學，使學者一面能夠通習語法分析，另一面則吸收佛教教義，眞是圓融無礙的教學方法。這顯示了佛教聲明教學，已經別於傳統印度婆羅門的「聲明學」內容，而有一套「圓融眞俗二諦」，不同的宗教語文教學法。觀此思想來源，同論當中的對於菩薩度化眾生的「妙法」揭示如次：

> 若諸菩薩求於聲明時，爲令信樂典語，眾生於菩薩身深生敬信。爲
> 欲悟入詁訓、言音、文句差別於一義中，種種品類殊音隨說。〔註25〕

要言之，菩薩想要學一切五明則有這樣的原則：

> 菩薩求此一切五明，爲令無上正等菩提大智資糧，速得圓滿。非不
> 於一切明處次第修學，能得無障一切智智。〔註26〕

因而我們也就了解，不論聲明也好，佛教對於五明的政策，就是爲了要「爲令無上正等菩提大智資糧」，而能夠「速得圓滿」的佛果。如此一切世間法，只要能夠度化眾生，菩薩都可以學，以便應用。聲明，對於佛門誦經也好，度化眾生也好，都有著無比實質的作用。是以佛門學習聲明，自有一套「圓

〔註24〕以上內容詳見《大正新修大藏經》第三十冊（臺北市：新文豐出版有限公司，民國85年9月修訂版一版三刷），頁360～361。

〔註25〕同註24，頁503。

〔註26〕同註24，頁503。

融無礙」的妙法。

四、從「聲明」到「梵唄」

經過前面的解說，我們已經明白，印度傳統聲明的特色，在於「聲」，而非「文字」本身。大陸學者金克木分析了《波膩尼經》的梵語語法，認為有兩個特色：

1. 這部經沒有依語義分別詞品及句法，卻只依語形由音變以分析詞的構成與變化及連接。只說明語尾變化與詞的構成，再加上梵語的「連音規則」。其組織嚴密的文法系統，主要就是著重於有音的語言現象的觀察分析。

2. 這部經著重於當時標準高級的通用語（bhāsā）的確定，並不重在古吠陀語（Chandas）的解說，又受了以歌訣口頭相傳習慣的約束，於是把現象分析結果重新構成一個非常特殊的邏輯系統，將它縮編成一個口訣。

金克木指出，這本書的讀者得先學會梵語，還必須先了解它的形式特殊，再發現它的系統，然後才可看出它實在是依據長久的細密的對語言現象的分析。因此它是一本非常難的書，據說學的人要學十二年才能學成。〔註27〕

然而，值得我們注意的是：《波膩尼經》著重於當時標準高級的通用語（bhāsā）的確定。在這條裡有一個梵語名詞 bhāsā，其實就是佛教裡所說的「梵唄」。佛門裡所謂的「梵唄」的梵語也就是 bhāsā。

金克木發現《波膩尼經》所強調的，主要就是著重於「有音的語言現象」的觀察分析。我們就此能夠了解，梵語，在文字不發達，加上古印度以來的宗教傳統之下，口傳是一個非常重要的教義與教學等的傳播方法，於是，如何「聽出來」，到如何「聽懂」，這一脈理路，就是歷來印度聲明學家也好、文法學家也好，大家都在致力研究的目標。而在這樣的傳統底下，想要聽出來，分辨出來，到能夠聽懂的程序，就必須了解印度自古以來所傳承的一套「唸誦方法」，這套「唸誦方法」固然是為了保存《吠陀》有關，但似乎又是印度普遍語言的現象，構成了印度文化的特色。〔註28〕

〔註27〕請見金克木著，《梵佛探》（河北：河北教育出版社，1996 年 5 月一版），頁84。

〔註28〕不只是梵語才有唸誦法，其他語言也有唸誦法，如在佛陀的時代，佛陀不允

以梵語而言，《波膩尼經》第一章第二節第四十九條開始就有幾條是關於唸誦的記載，經饒宗頤教授的翻譯與整理，記之如次：

29. udātta 乃發高音或尖重音之元音。

30. anudātta 乃發低音或沈重音之元音。

31. svarita 乃係由 udātta 與 anudātta 二聲組合或高低音混合之元音。

32. udātta 為組成 Svarita 之第一部份，其所佔之長度為整個音長之一半。

33. eraśnuti，又名單音調，乃為向遠處呼喚時所發之聲調。

37. 吟誦 subrahmanya 詩歌時不用單音調，於上述詩歌中，本用 svarita 元音者代之而用 udātta 原音。

38. 吟誦上述詩歌時，其中 deva 及 brahmāna 二字皆為發低音者。

39. 與 sanhitā 非常接近之單音調會取代 svarita 元音後之低音元音。

40. anudātta 元音會取替一高音 svarita 元音緊跟之 sannatare 音調。

〔註29〕

以上諸條雖無能完整揭示梵語的唸誦方法，然而我們了解到，梵語經典唸誦可分為三種聲調（梵語：svarita），那就是 udātta（尖音）、anudātta（低音）和 svarita（中音）；其中上述的 svarita（中音），應為前兩音之結合，法國梵文專家 Louis Renou 以為「使抑揚（modulēe）」〔註30〕，既然有尖音、低音，又有所謂的抑揚之音，我們就可以了解到梵語的唸誦是具備了三調唱唸的形態了，而梵語的語法，也就是建立在這樣嚴密的唱唸基礎上開展出來的。質而言之，這種誦經的梵語就是一種音樂語言。值得一提的是，《高僧傳》提到的「三位七聲」中的「三位」（見《大正藏》第五十冊，頁 415），及日本聲明音律「三種五音」（見《大正藏》第八十四冊，頁 852），或許與此有關。

聲明學的這種特性佛教也有，那就是所謂的「梵唄」。如我們前面分析了

許比丘使用梵語唸誦經典，卻聽許比丘使用其他語言唸誦經典。

〔註29〕 以上諸條，請見饒宗頤先生著，《梵學集》（上海：上海古籍出版社，1993 年 7 月 1 日出版），頁 79～92。本資料所顯現之號碼，乃《波膩尼經》中的編號。但若欲更深入研究者，則請見 Edit and Translated into English by śrīśa Chandra Vasu, 1861~1918, *The Ashṭādhyāyī of Pāṇini*, (Delhi: Low Price Publications, reprinted 1990), pp. 85~91。該書即饒宗頤教授引用者，文內有深入解釋，揭之甚詳。

〔註30〕 同註 29，饒宗頤教授《梵學集》，頁 90。

解，梵語經典的唸誦，在三調之間充分展現了它的音樂性質。誠如西域來到中國的譯經大師所說：

> 什每爲叡論西方辭體，商略同異云：天竺國俗甚重文製。其宮商體韻以入弦爲善。凡覲國王必有贊德。見佛之儀，以歌歎爲貴。經中偈頌皆其式也。〔註31〕

如此看來，因爲「甚重文製」，致使「宮商體韻」的作品得能「入弦」，而這種所謂的「體韻」，並不是「句末押韻」的「韻」，而是字裡行間，很清晰表現音聲的「韻」，也就是具備了「三聲」的「韻」，這樣才算是好的文學作品。如前面分析印度語文特色，我們明白自古以來，印度文學就講究音律，佛教文學亦復如此。從西方帶來的印度梵語佛典，這種能夠唸誦（時人稱之爲「轉讀」），帶有音樂性質的奇妙文體，在中國很快就受到文人喜愛，直接影響了中國文學的發展。不論是北方的魏國曹植，還是南朝永明年間文人，大家都受到影響。這是印度聲明學，以其唸誦的聲調形態，影響中國文學的例子。

然而，梵語的這種可以唸誦的特色，卻因爲語言與文化的差異，無法立刻套入中國語言來，《高僧傳》說明了這個現象的原因：

> 自大教東流，乃譯文者眾，而傳聲者蓋寡。良由梵音重複，漢語單奇，若用梵音以詠漢語，則聲繁而偈迫，若用漢曲以詠梵文，則韻短而辭長，是故金言有譯，梵響無授。〔註32〕

後漢以來到三國時代的中國，佛教經典總算是翻譯出來了，但是源自印度的唄讚中國人卻無能立刻完全接受，這固然是由於華梵兩國語言性質不同，梵語屬複音節語言，漢語則屬單音節語言，聲調不易相容，因而印度傳來的梵唄成了異國文化。或許這就是中國人將印度誦經音聲，特別稱之爲「梵唄」的原因吧！然而，梵唄的音聲美的觀念卻受到大眾喜愛，這種觀念也跟著植入了中國人的心中。曹植爲中國佛教成功地開創了正式「漢語梵唄」的先聲，使得中國佛教徒能夠使用漢語，像印度僧人那樣來諷誦佛經與稱讚佛德。而康僧會、支謙、帛尸梨密多羅等西域僧人教授漢語梵唄，使中國佛教徒不再有「無唄可讚」的窘況，自此梵唄成爲中國佛教傳統的一部份。

值得一提的是，中國聲韻學的開創與聲明學有著某種關連。魏晉時代的

〔註31〕請見《大正新修大藏經》五十冊，慧皎所撰寫的《高僧傳》（臺北市：新文豐公司出版），頁332。
〔註32〕同註31，頁332。

韻書大多以宮、商、角、徵、羽作分類，這種情形似乎可以說明這個現象〔註33〕。佛教悉曇學書籍（梵字學典籍）也將音聲用宮、商分類〔註34〕；若以東漢的許慎《說文解字》體例情形來看，東漢尚無用「宮商」來解釋字之韻書體例，則此情形應可推想佛教傳入之後的漢魏六朝才有興起可能。因此我們可以理解到，這種「字含宮商之聲」的觀念，即受聲明學的影響。誠如《悉曇藏》卷二（《大正藏》八十四冊，頁384）言：

> 如真旦律呂九孔調音，於天竺字母九處聲音皆悉攝盡，更無遺餘。
> 何者？口氣觸唇而入笛……此屬人之音響也。口、六、干、上、夕、中者是宮、商、角、徵、羽，即喉、顎、舌、齒、唇合，由野等從外入內，此屬人之詮聲也。

唐代傳來的悉曇（梵文）之學，梵音，可以用中國的笛子來形容其音聲，具體來說就是宮商五音，這無非就是梵唄的影響。依循漢字音韻亦可循其聲調，來「長牽音韻，作詠歌聲」，這種觀念，如同日本空海大師在《文鏡密府》裡引用元稹的說法：「宮商為平聲、徵為上聲、羽為去聲、角為入聲」的情況，所去不遠。〔註35〕

　　然而，隨著佛經傳入中國日久，中國人終於了解，聲明學的主要的用途是在於「小學標章」。到了唐朝，義淨大師在留學印度之後，對於聲明的說明，就認為聲明是「小學標章」：

> 夫聲明者，梵云「攝拖苾馱」（śabda-vidyā），「攝拖」是「聲」，「苾

〔註33〕如封演《見聞記》中有載：「魏時，有李登者，撰《聲類》十卷，凡一萬一千五百二十字，以五聲命字。」而《魏書江式傳》則記載：「晉世陽世典祠令任城呂忱，表上《字林》六卷，……忱弟靜別放（仿）故左教令李登《聲類》之法，作《韻集》五卷，宮商龢徵羽各為一篇」。而其後《南史陸厥傳》又記載所謂的「永明體」（上述資料請見王力《中國語言學史》。臺北縣板橋駱駝出版社，民76、7月出版，頁79）。著名的文學批評作品《文心雕龍》作者劉勰也在《聲律篇》提到「聲含宮商」這件事（請見劉勰著《文心雕龍·聲律篇》，周振甫注，王文進等人譯，臺北市：里仁書局，民國73年5月出版，頁629）。由此可知，中國人已有一字含五音的觀念了。

〔註34〕這種情形並非日本人發明的，《大正藏》第五十四冊中我國祖師早就使用這樣的模式解析悉曇學。如沙門智廣《悉曇字記》（頁1186）。日本悉曇學受此影響甚為顯著。《大正藏》第八十四冊中的悉曇部份叢書。如《悉曇輪略圖鈔》（頁658部份）幾全沿用此法。

〔註35〕請見日本空海大師著，《文鏡密府論》（臺北市：蘭臺書局，民國62年12月再版），頁14。事實上，後來聲明學典籍也是引用這個「四聲五音」註解梵唄聲曲的模式，真言宗引用最多。

馱」是「明」，即五明論之一明也。五天俗書，總名「毘何羯喇拏」，大數有五，同神州之五經也，一則創學悉談章，亦名「悉地羅窣睹」，斯乃小學章標之稱。〔註36〕

我想，聲明學之所以會被視為「小學標章」，乃是在中國法師們到印度求法之後興起的。在六朝陳隋以前，佛教的傳來是以西域的法師來華佈教為主。自從法顯、義淨、玄奘等諸位大師留學印度後回到國內，中國人不僅對佛教的教義認識越來越深刻，對印度學儀也越來越了解。然而，聲明學畢竟沒有成為中國佛教學術的主流，我以為原因是在於：

1. 中國有自己的漢語梵唄，漢化的佛教儀式。梵語唸誦初期就不適應中國，未能流行起來，是故梵文的學習，一直在中國佛教未能成為傳統。除了真言宗的咒語是因為被列為「五不翻」之一，故學習梵文的人，大多是為了咒語音的正確性而學習。

2. 中國留學僧人到印度留學的目的，無非就是為了經典上的義理和戒律上的問題。很少人是為了學習印度佛教的儀式。他們在學成歸國後，幾乎全部加入翻譯經典的行列，聲明學對他們而言，大多視為翻譯的工具。再加上，華夏民族向來不喜全盤接受外來文化，若有外來文化，一概力求漢化，是故佛經一旦翻譯完成，這些作為工具的聲明學就被棄置一旁。從此中國佛教徒只讀漢語佛經，不再閱讀梵文原典。

3. 中國將佛典大量漢譯，並成功地流傳在全國各地，甚且是海外，一方面是因為中國當時國力強大，一方面漢典漢譯得很成功，多位天竺與西域傑出僧人紛紛來華，政府又大力支持，大規模的譯場制度，使漢語佛典的可信度獲得了保證。再加上傑出的祖師輩出，迭獲感應，證明了漢譯佛典的可靠正確。留印的僧人也只是針對不了解部份的義理學習，返國仍推動翻譯工作。漢語佛典終究建立了權威性，形成中國佛教的主流。中國佛教祖師講授漢語佛典，兼以漢語佛典修證，而迭有成就。梵語佛典於是功成身退，除了密宗與真言宗以外，聲明學未見成為中國佛教的主流。

因之，在佛典漢譯成功以後，漢譯經典取得絕對權威地位，中國人遂不再重視印度原典，加上三武之禍，尤其經過「會昌法難」以後，崇尚聲明的唐代

────────────────

〔註36〕大正藏五十四冊，《南海寄歸內法傳》卷四（臺北市：新文豐公司出版），頁228。

眞言宗遭到徹底的毀滅，從此不再中國境內盛行。佛教日趨華化，成爲中國文化的一部份。因此，「梵唄」與「聲明」被區分開來，想必是這個原因吧！

　　然而有趣的是，聲明卻以另一個面貌，「唸誦法門」傳到了日本。今天不論是日本哪一個宗派，都還以「聲明」來指稱中國所謂的「梵唄」。日本的佛教祖師凝然（1240～1321）在其著作《聲明源流記》開卷時說到：

> 夫聲明之道，由來尚矣，聲相清雅，悅諸人耳，音體哀溫，快眾類心，直爾語言備貧富，歌詠引曳顯吉凶旨。高下隨時，示殊功於冥眾，屈曲順物，彰祥德於幽類，四大扣擊，出大小之聲，眾微聚集，作高下之韻，心法執受，成歌詠之曲。情識分別，作好惡之相。聲分呂律，精陰陽於二六，韻有甲乙，割乾坤於一五，悅人心者，是調子也。〔註37〕

很顯然，「聲明」在日本佛教是取「佛教音樂」的意義。日本佛教將梵唄視爲聲明的此一情形，看似十分詭異，曾經困擾過呂炳川先生等學者。其實，就前面所敘述印度的梵語的可唸誦性的性質情形來看，聲明所揭示的音聲文法，乃是依靠音聲轉折來判斷經義。所以對於日本將「聲明」的意義，取「佛教音樂」的義涵，應該是不足爲奇的。因此就有了《元亨釋書》卷二十九《音藝志》這樣的解釋：

> 聲明者，印土之名，五明之一也。支那偏取曰梵唄。曹陳王啟端也。本朝遠取于竺立號焉。考古史，延曆二年，有正梵唄之詔，然古則有之，爲立家也，承和之初，弘法奏置聲明之度，……傳良忍，忍事已見感進傳，自居大原山，盛唱此業，以爲法事莊儀。……一日披唄策畫墨譜，忽策中初光明，自此世推忍之業焉。……因是大原之地成梵唄之場，方今天下言聲明者，皆祖于忍焉。〔註38〕

因而我們就能夠明白，日本佛教將「聲明」視同梵唄的情形應該是其來有自。在此本研究以下將「聲明」此一名詞指稱日本佛教的梵唄。在前面我曾經提到，《波膩尼經》所要說明的是當時標準高級的通用語，備視爲「雅語」的 bhāsā，這個名詞的意思就是「受過教育人士所說的梵語」〔註39〕，巧妙是是，佛教

〔註37〕大正藏八十四冊，《聲明源流記》（臺北市：新文豐公司出版），頁864。

〔註38〕請參考日本濟北沙門・師鍊撰寫之《元亨釋書》卷二十九，收錄於黑板勝美所編「國史大系」（日本：吉川弘文館，昭和40年6月30日發行），頁433。

〔註39〕同註10，頁111。

也使用這個名詞，那就是被翻譯成「婆陟」的「梵唄」，《高僧傳》以「天竺方俗，凡是歌詠法言，皆稱爲唄」〔註40〕的說法，或許與此不無關。以「梵唄」與「聲明」來作爲佛教「誦經」命名來說，是毫無軒輊的。不過就印度習慣來講，以「聲明」作爲唸誦的稱謂，似乎是比較貼切的。

第二節　釋迦牟尼佛對音樂的態度

一、佛陀的「非樂」政策

　　要了解佛陀對音樂的基本態度，得要先從佛教的最根本的「戒定慧」三學教理談起。本部份將以聲聞乘「禪定」與「解脫」爲中心來談佛陀對音樂的否定態度。

　　雖說「八萬四千法門，門門第一。」然而，法門的應機與對機，是釋迦牟尼佛面對眾生，所要採行的教學思考。相對於「實教」，佛陀有「權教」的考量；相對於「勝義諦」，佛陀有「世俗諦」的考量；相對於「歸於一乘」，佛陀也有「三乘」的考量；這「開權顯實」、「二諦融通」，乃至要「會三歸一」，佛陀的心裡，無時無刻就是一切眾生，他要利益眾生，度化眾生，乃至引領眾生，成就眾生。他無時無刻所要面對的，就是眾生無量無邊的欲海，和那重重無盡的痛苦。眞實的來講，眾生的痛苦，就是佛陀的痛苦，眾生的問題，也就是佛陀的問題。

　　然而一切眾生的問題，其核心就是在於「苦」。「苦」，是一切人類文明之母，更是佛教之母，沒有「苦」，也就沒有釋迦牟尼佛的誕生，更沒有佛教的產生。在娑婆世間裡，只要有眾生，就一定會有「苦」的存在。那麼什麼是「苦」的來源呢？佛陀成道以來，說法四十九年，無非就是揭示「離苦得樂」的法門。那麼，什麼是苦的原因？苦是怎麼造成的？這樣的議題佛經裡裡處處可見。然而，有一種苦的來源，還是在於「執假爲實、顛倒妄想」之上，那就是「愛、集苦」，《中阿含經・分別勝諦經》上說：

　　　　云何愛、集苦、集勝諦？謂眾生實有愛內六處：眼處、耳、鼻、舌、身、意處，於中若有愛、有膩、有染、有著者，是名爲「集」。……
　　　　云何知耶？若有愛妻、子、奴婢、給使、眷屬、田地、屋宅、店肆、

────────────

〔註40〕同註17，頁415。

出息財物，爲所作業，有愛、有膩、有染、有著者，是名爲集。〔註41〕

這也就是說：一旦「有愛、有膩、有染、有著者」，眾苦逼身，就成了所謂的
「集苦」。這些「集苦」的來源，無非就是被稱之爲「六根」的「眼、耳、鼻、
舌、身、意」。而能使「六根」發揮功能的則是「心」的力量，「心」緣於這
「六根」，沾染了「六塵」——色、聲、香、味、觸、法這六個外境，種種「愛、
膩、染、著」生起，由於昧於因緣假合的外境，使人墮入物慾橫流的迷失，
造成了「執假爲實」的錯誤觀念，以致「顛倒妄想」，造成人類種種痛苦。因
而，如果我們能夠了解這個道理，修習種種對治法門，糾正種種「六根」的
不正確觀念，使對境不生妄想，認識到世間的一切法原來就是「因緣假合」，
那麼我們將就不再隨意執著，就能夠滅掉煩惱，去除這個「集苦」，獲得眞正
的智慧與快樂。

以上就是佛教「離苦得樂」的基本教理。同時這種「因緣假合」的觀念，
也正是佛教面對一切世間法的政策，「空性正見」則是佛教最高的教義指導原
則。音樂，就是屬於這六塵之一。由於聲音並非恆久敘駐，正是因緣假合，
因而不取音樂，不樂聽聞音樂的「非樂」政策，對佛教而言是不足爲奇的。
如是，以證得「空性正見」爲目標的「戒、定、慧」三學，則成爲佛教文化
最重要的表現之考慮所在。聽音樂妨礙戒律持守，障礙了禪定修行，是以在
「八關齋戒」當中就有「不往觀歌舞倡伎」的誡律：

多聞聖弟子若持齋時，做是思惟：阿羅訶眞人盡形壽離華鬘、纓絡、
塗香、脂粉、歌舞、倡伎及往觀聽，彼於華鬘、纓絡、塗香、脂粉、
歌舞、倡伎及往觀聽淨除其心。我於此日此夜離華鬘、纓絡、塗香、
脂粉、歌舞、倡伎及往觀聽，斷華鬘、纓絡、塗香、脂粉、歌舞、
倡伎及往觀聽，我於華鬘、纓絡、塗香、脂粉、歌舞、倡伎及往觀
聽淨除其心，我以此支於阿羅訶等同無異，是故說齋。〔註42〕

這裡所指的「歌舞倡伎」顯然就是所謂的「俗樂」，由於俗樂可能導致煽情惑
慾的效果，因此在佛陀教理之下，「往觀歌舞倡伎」成爲誡律其中之一，是很
容易可以理解的。「八關齋戒」尚且爲在家人受持，才僅一日一夜而已，就如

〔註41〕請見佛光大藏經編修委員會編，《佛光大藏經・阿含藏／中阿含經・一》（臺
　　　　北市：佛光出版社，1995 年 8 月初板七刷），頁 257～258。

〔註42〕請見佛光大藏經編修委員會編，《佛光大藏經・阿含藏／中阿含經・四》（臺
　　　　北市：佛光出版社，1995 年 8 月初板七刷），頁 1865～1866。

此嚴格，何況長期出家的沙彌、沙彌尼與比丘、比丘尼呢？上述佛陀的開示，很明顯的告訴我們，這種俗樂就是戒律上要戒除的對象之一。

關於音樂，之所以成為佛陀制下的戒律，我們在前面提到過，根據昭慧法師的《從非樂思想到音聲佛事》觀點〔註43〕，其主要的原因是這樣的：

（一）破壞威儀，眾人不敬

在佛教僧團的戒律裡面，凡是屬於威儀方面的戒律，「波羅提木叉」都是屬於輕戒。然而，就威儀的功能而言，它是佛教徒的儀態，是信眾對於佛教產生尊敬主要的所在。威儀主要的所在。威儀可以令僧伽莊重，使眾人欽服，不隨意冒犯，因此，僧伽的威儀，還是不能夠犯的，一旦違犯，信眾就不尊敬，自己的修行也會有障礙的。簡而言之，僧伽威儀有「內攝諸根，外孚眾信」的功能。

僧伽，並不同於俗人的原因，就是在前面提過的《雜阿含經》卷十二所說的一段：

> 於色聲香味觸法六境界，
>
> 一向生喜悅，愛染深樂著；
>
> 諸天及世人，唯以此為樂，
>
> 變易滅盡時，彼則生大苦。
>
> 唯有諸聖賢，見其滅為樂，
>
> 世間之所樂，觀察悉為怨；
>
> 賢聖見苦者，世間以為樂，
>
> 世間之所苦，於聖則為樂。〔註44〕

既然「世間之所苦，於聖則為樂。」情況，那麼僧伽自然就不能夠與俗人一樣做相同的事情，他們必須遠離塵囂，刻苦潛修，自然要捨棄世間一切娛樂。倘若沙門也有聲色娛樂的閒情逸致，那麼與俗家人士是毫無分別了。這種超越凡俗的角色扮演，在當時印度也好，來到中國也好，在社會上都是受到大眾注目，敬重的。「非樂」，在大眾對沙門「超越性人格」的期許之下，自然就成為共識。於是在《四分律》裡面就有：

> 於聖法律中，歌戲猶如哭，舞如狂者，戲笑如小兒。〔註45〕

〔註43〕請見本文第一章第四節，頁43。

〔註44〕請見佛光大藏經編修委員會編之《阿含藏——雜阿含經‧雜阿含經一》（臺北市：佛光出版社，1995年初版七刷），頁504～505。

以僧人身分，載歌載舞是我去威儀的表徵，所以不僅世俗娛樂性歌舞是不允許，甚且連富有宗教性的伎樂供養，也是不許的。《五分律》就記錄了諸比丘想要用歌舞供養塔，結果受到白衣的回應是：

> 白衣歌舞，沙門釋子亦復如是，與我何異？〔註46〕

佛制僧人不得參與伎樂供養的做法，在其戒律也有記載。在此的白衣反駁「與我何異」算是溫和的，但若《十誦律》，比丘尼往觀歌舞伎樂，則被譏笑為「如王夫人，如大臣婦」〔註47〕。這顯示一件事情，僧人往觀伎樂，不僅不會受到尊重，反而會遭到在家信眾的譏嫌。而《僧祇律》有一個故事：六群比丘尼觀伎兒戲樂時高聲大笑，眾人也跟著笑起來，她們又立刻坐禪靜默，等眾人笑聲終止的時候，她們又大聲拍手大笑起來，這樣一來，眾人就不看伎人表演，反倒看這些比丘尼〔註48〕。像這種淘氣的小兒舉動，不僅使得大眾不加尊重，反成大家注目焦點，如此這樣的失態的表現，大眾當然是不尊敬的。像這樣會造成威儀喪失的因素，正是使「往觀伎樂」變成戒律的原因。

（二）曠廢時日，不事正業

藝術，這種東西就是這樣：不投入則已，一旦投入其中，無論是欣賞還是創作，往往很容易沈迷其中，因而，一個藝術愛好者，如果不能有這樣的沈迷，而能夠在這門藝術達到專精程度，這是不容易有很高的成就。這裡面花多少時間去做專業的訓練！一般來講，這種精益求精的自我要求，通常是徹底的身心奉獻，才能達到。然而佛教僧人主要的事業乃是修行，以宗教的修持與弘法為專職，本來是無暇於外務的，若耽溺於此道，使成曠廢時日，造成了捨本逐末的現象，事實上是得不償失。

在《根本說一切有部毘奈耶雜事》裡面有一個故事：善和比丘作吟諷聲讀誦經法，由於他演唱的音韻和雅，可以讓聽聞的人生歡喜心，結果竟然讓那些修行還不到家，而喜歡聽梵唄的比丘們「咸廢已業，於日日中聽其讀誦」〔註49〕。這個故事告訴我們，假如在心尚未解脫於慾望以前，連宗教性讚歌，

〔註45〕請見《大正新修大藏經》第二十二冊（臺北市：新文豐出版有限公司，民國72年修訂刷），頁1036。

〔註46〕同註46，頁173。

〔註47〕請見《大正新修大藏經》第二十三冊（臺北市：新文豐出版有限公司，民國72年修訂刷），頁342。

〔註48〕同註46，頁540。

〔註49〕請見《大正新修大藏經》第二十四冊（臺北市：新文豐出版有限公司，民國

都可能成爲修道障礙的可能。不過筆者以自身經驗來看，則有一點觀點：假如只是「日日中聽其讀誦」，是有可能會「咸廢己業」，但若能夠「日日讀誦」，則不但不會「咸廢己業」，還可能會道業增長。是以，梵唄其實，不是用來「聽」的，而是用來「唱」的。因爲內心染著音聲優美，忘失唄聲裡的義理，最好是自己能夠讀誦，容易得其義理。是以《高僧傳》當中以爲最理想的「轉讀」，就是「聲文兩得」。〔註50〕

（三）近惡墮惡，想入非非

就音樂來說，雖然在佛法中列爲「非善非惡」的「無記」。然而音樂卻能使人心生愛著，不忍捨離，因而易使僧尼怠惰正業。但若緋色歌曲，靡靡之音，更令人易於想入非非。《五分律》記錄了一個故事：有僧人因爲「往觀歌舞作伎」，結果「生染著心，不復樂道，遂有反俗作外道者」〔註51〕。因爲看了俗人的歌舞伎樂，竟使僧人萌生反俗念頭，可見世俗音樂對於佛道的障礙也是十分可觀的。

《雜阿含經·八九九》有一個故事。遮羅周羅那聚落主來到佛的駐所，問了佛陀一個問題：

> 瞿曇！我聞古昔歌舞戲笑耆年宿士作如是說：「若伎兒於大眾中歌舞戲笑，作種種伎，令彼大眾歡樂喜笑，以是業緣，身壞命終，生歡喜天。」於此，瞿曇法中所說云何？〔註52〕

聚落主的問題立刻遭到佛陀否定的回應。佛陀本來不願意回答他的問題，經過對方再三請求，佛陀只好告訴他以「以繩反縛」來比喻：

> 譬如有人以繩反縛，有人長夜以惡心欲令此人非義饒益，不安不樂，數數以水澆所縛繩，此人被縛豈不轉增急耶？
>
> 聚落主言：「如是，瞿曇！」
>
> 佛言：「聚落主！古昔眾生亦復如是，不離貪欲、瞋恚、癡縛，緣彼嬉戲歡樂喜笑，更增其縛。」

---

72 年修訂刷），頁 221～222。

〔註50〕請見《大正新修大藏經》第五十冊（臺北市：新文豐出版有限公司，民國 72 年修訂刷），頁 332。

〔註51〕請見《大正新修大藏經》第二十二冊（臺北市：新文豐出版有限公司，民國 72 年修訂刷），頁 97。

〔註52〕請見佛光大藏經編修委員會編之《阿含藏──雜阿含經·雜阿含經三》（臺北市：佛光出版社，1995 年初版七刷），頁 1322～1323。

聚落主言：「實耳，瞿曇！彼諸伎兒令其眾生歡樂喜笑，轉增貪欲、
瞋恚、癡縛。以是因緣，身壞命終，生善趣者，無有是處！」

佛告聚落主：「若言古昔伎兒能令大眾歡樂喜笑，以是業緣，生歡
喜天者，是則邪見！若邪見者，應生二趣，若地獄趣、若畜生趣！」
〔註53〕

佛陀以為「若言古昔伎兒能令大眾歡樂喜笑，以是業緣，生歡喜天者，是則
邪見！」，這樣明顯的「非樂」舉動，主要就是因為音樂在佛教而言，會成為
「不離貪欲、瞋恚、癡縛，緣彼嬉戲歡樂喜笑，更增其縛。」的緣故。由於
世間伎樂是這樣緣故，是以在此揭示世俗音樂將會有「近惡墮惡」的危機。
即如《雜阿含經‧二四三》所說：

愚癡無聞凡夫，寧燒鐵錐，以鑽其耳，不以耳識取其聲相，取隨聲
好。所以者何？耳識取聲相，取隨聲好者，身壞命終，墮惡趣中，
如沈鐵丸。〔註54〕

因此淫佚放蕩的音樂使人無形中導引惡習，引人墮惡，這與佛法的離苦得樂
教義，事實上是形成妨礙的。因此，佛陀只有將這種世俗音樂制下戒律，其
原因與此不無關係。

（四）妨修禪定，不得安穩

就「戒、定、慧」三學來說，是互為增上的。後面若無前面的基礎，也
就無法引發與增進。然而，此三學裡，最要緊的，也是最關鍵性的，顯然就
是「定」。「定」，經常獲得的途徑就是禪修，因此「禪修」可說是佛教內重
要的法門。經由禪修過程獲得的「定」就是獲得正確智慧的主要途徑。

佛陀制定戒律否定音樂，固然是因為音樂有導引俗欲，荒廢道業，喪失
威儀的負面價值，然而其意義並非僅此而止。好的音樂還是有助於美好人生
與和諧社會的建立，佛陀之所以制戒非樂，目的就是音樂對禪定有礙，甚且
生害。《法苑珠林》卷三十六引《菩薩處胎經》裡的一個故事：

有一緊那羅名頭婁羅，琴歌諸法實相以讚世尊，時須彌山及諸林樹
皆悉震動。迦葉在座不能自安，五百仙人生狂醉失其神足。〔註55〕

〔註53〕同註53，頁1323～1324。
〔註54〕請見佛光大藏經編修委員會編之《阿含藏——雜阿含經‧雜阿含經一》（臺北
市：佛光出版社，1995年初版七刷），頁375。
〔註55〕請見《大正新修大藏經》第五十三冊（臺北市：新文豐出版有限公司，民國

而《大樹緊那羅王所問經》裡也又類似的故事：大樹緊那羅王的一番美妙彈唱，竟使一切聲聞大眾：

> 各從座起，放捨威儀，誕貌逸樂，如小兒舞戲，不能自持。〔註56〕

儘管是天上的音樂之神，所彈奏者雖屬微妙之聲的音樂，實則還是聲塵。執著於五塵，即成五欲。深度執著而形成的心神專注，對於棄捨欲樂的正定修習都會形成強固的障礙。由於正確的定，還須由正確的念來引發，修禪定的工夫是要將正念的繫心一處，而不能將心念繫於流轉中的美妙旋律上。相對的來說，這些旋律的執著，將會造成「餘音繞樑」的效果，即使是事過境遷之後，仍不斷浮現在心識之上，這對修學禪定的人來說，是有其干擾的存在。因此緊那羅（天龍八部最善歌音樂者）的琴歌造成須彌山及諸林樹皆震動，五百仙人因定力不足，使其喪失禪定，造成狂醉失足。

值得驚奇的是，向以佛陀座前頭陀行稱著的弟子，四果大阿羅漢，大迦葉，以其功夫，竟然會「在座不能自安」。而大樹緊那羅王的彈唱，使聲聞大眾「各從座起，放捨威儀，誕貌逸樂，如小兒舞戲，不能自持。」，可見音樂確實有干擾禪定的情況，聲聞固然不致於如此誇張，但若自身修行尚未離欲者，或許未能倖免於難。這兩則故事值得學習佛法的人深思。

所以不僅是世俗音樂不能夠涉獵，就連過度的歌詠聲說法，都不被佛陀接受。《四分律》就有這樣的說法：

> 若在寂靜之處思惟，緣憶音聲，以亂禪定。〔註57〕

總而言之，禪觀的修習過程，聲音對於禪觀將可能發生干擾作用，假使禪者在聲音之上生出染著，尋而追戀，這都屬於貪欲蓋之一（佛門稱之為「五蓋」）能覆蓋其心，令不得定。這就是佛陀將音樂置於所戒的對象之重要理由。

（五）障礙解脫，有損道業

其實，做歌詠則失威儀以遭譏嫌，又壞了在家居士的敬信；耽溺歌樂，則懈怠禪定誦持，遠諸善法，防亂一心，增長愚癡，凡此種種，無非就是為了一個原因，音樂，可能造成障礙解脫的原因。

音樂，其主要功能乃於宣洩情感，與表現情感，思想傳達反而往往不是重

---

72 年修訂刷），頁 577。

〔註56〕 同註56。

〔註57〕 請見《大正新修大藏經》第二十二冊（臺北市：新文豐出版有限公司，民國72 年修訂刷），頁 817。

點。大凡人們聽聞樂曲，經常被激起情緒者，則是樂曲，而歌詞部份則不多。情本的人生，原來就是充滿了情慾、沈淪不安，所以根本佛教的態度，是竭力要把這種愛欲為主的情感揚棄，這包括音樂在內，而將這些導致人類貪、瞋、癡、慢、疑的各種因素卻除，導向純淨、明鍊的般若智慧，趨向於涅槃境界。

在《根本說一切有部雜律事》一個有趣的故事，可以說明音樂如何障礙解脫。

猛光王請大迦多演那尊者及諸僧眾接受供養，國王命令倡伎演奏音樂，並有宮人翩然起舞。然而尊者及諸僧卻整容端坐，不為所動。鼓樂停罷，國王問尊者：樂隊演奏如何？尊者回答：「大王，那要見聞演出的人才知道好壞。」

國王十分的驚異問道：「諸根內闇的人或許無法知道，像你我這樣的人，那裡會有不聞不問的可能？」

尊者便要求國王以一死囚做實驗，以缽盛滿油，令死囚繫著缽而走動，並先威赫他：只要有一滴油外漏，當即處斬。而在他行走的時候，許多倡伎在他面前演奏許多好聽的音樂。死囚卻將精神全部灌注在這個缽的平衡之上。最後國王問死囚那些伎樂演奏得好不好時，囚犯竟然不無所知。此時尊者告訴國王：

> 大王，此人但為一生命，懼遭大苦，殷重正念，不為縱逸，善護自
> 身；況我苾芻，於諸歌舞並皆捨棄，此事多生苦痛因故，寧容輒更
> 欲見聞耶？〔註58〕

佛教僧人確實就像這個死囚一樣的心情，懼死不已，哪有心情去想眼前的倡伎演奏得如何。「生死無常」是佛教修行人畢生要面對的大事，「生死不了，簡直如喪考妣」一般，但若著迷音樂，擾亂聽聞，致使修行人忘失其本業，那麼樂音的障礙修行之事，再也沒有比這個更明顯的。

從以上五點看來，我們不難了解到釋迦牟尼佛就根本佛教的需求，制下「非樂」政策，無非就是為了保護他的弟子們。正乃「業不重不生娑婆」，以及「南閻浮提眾生，起心動念，無不是罪，無不是業」，這人世間是一個充滿慾望、逸樂的迷幻世界，眾生經常「執假為真」，導致「顛倒妄想」十分普遍。對於有志學習佛法的人們，為了脫離這些人間欲樂，簡直有如火箭脫離地球那樣，有很強的地心重力在牽畔（業力的牽畔），要脫離這些業力的牽引，真

〔註58〕請見《大正新修大藏經》第二十二冊（臺北市：新文豐出版有限公司，民國72年修訂刷），頁817。

是談何容易！釋迦摩尼佛認為眾生想要解脫，第一要務就是要能夠離欲，以是音樂成為警戒的對象，其用心之處是不難想像的。

二、佛陀對音樂的鼓勵政策

佛陀對音樂的鼓勵之思想，主要是來自大乘佛教的教理。大乘教法對於音樂的探討甚為廣大，然而音樂在大乘佛教主要的功能，還是在於「讚嘆」與「教化」兩大功能，舉而言之，則統攝於「方便」思想之下。本研究既然以日本天臺宗《魚山聲明集》為探討主題，故權且就舉天臺宗相關教理為主要範疇，來探討佛陀鼓勵音樂的主要政策，圓融無礙的「方便法」的思想所在。餘者則因學力有限，深入之時，則有待來日。

關於天臺宗教理，佛陀鼓勵音樂的政策，主要來自《妙法蓮華經》的「方便」思想。所謂的「方便」（梵語：upāya），又作善權。是指巧妙地接近、施設、安排等。乃一種向上進展之方法。大乘佛教許多經論中常用此一名詞。然而當中最著名者，要推舉《妙法蓮華經·方便品》所揭櫫的方便義。《妙法蓮華經·方便品》揭示佛以「一佛乘」，以「開權顯貴」，「會三歸一」來教菩薩法，行菩薩道。「方便法」乃為其「一佛乘」最重要核心，堪稱大乘佛教的教義精華所在。而「方便法」思想的內容為何？《妙法蓮華經玄贊》卷三對此有清楚揭示，舉出四種方便：

（一）進趣方便

「如見道前之七方便等，進趣向果，名為方便。所學有則日方，隨位修順宜日便。」主要就是為了獲得菩提而作的準備（加行），亦即所謂的「加行道」。〔註59〕

（二）施造方便（即施為方便）

主要就是「方便善巧波羅蜜多」，即菩薩為達成理想目的，或是為了渡化眾生，所作的善巧之事。可約分為三點：

1. 教行方便：言音可日「方」，秉教獲安便名「便」。
2. 證行方便：空理正直日「方」，智順正理日「便」。

〔註59〕所謂的「見道之前七方便」就是聲聞入見道以前之七位。又稱「七方便位」、「七加行位」，這七個位分別是：五停心觀、別相念住、總相念住、煖法、頂法、忍法、世第一法。詳細說明請見《佛光大辭典》第一冊（臺北市：佛光文化事業有限公司，民國86年初版九刷），頁93。

3. 不住方便：蒞眞入俗曰「方」，自他俱利曰「便」。

（三）集成方便

諸法同體巧相集成故名方便。即諸法之本質均同，一中即具一切，一切之中亦成於一，彼此巧妙地相集互立。如諸恆河沙數那樣多的佛法，譬如可以智與識來含攝一切佛法，就是所謂的「集成方便」。

（四）權巧方便

實無此事，應物權現故言方便。謂以三業方便化眾生，此對實智而言，即爲方便。〔註60〕

從前面揭示，我們了解，大乘佛教的要義，就是「菩薩道」。換言之，「方便法」的施用，具體作爲就是：「開權顯貴」。這可以分成兩方面來說：

1. 就眾生的根器，或是眾生的問題，來因材施教，以其能夠接受的方式，接引入門。
2. 就眾生的根器，或是眾生的問題，來因材施設，設計對方能夠修行的法門，使他成就。

由於菩薩悲心顧念一切眾生，流於生死業海，執假爲眞，不解諸法實相，而產生種種痛苦。菩薩已於如實了知諸法實相，而能捨離生死。然而菩薩並不以自我解脫爲滿足，更要緊的就是以濟渡一切眾生爲念，尋求有緣眾生欲以濟拔。因而，菩薩便以顧戀眾生之故，而不捨生死，依求佛智之心而熾然精進。然而眾生根性，剛強難調，因而菩薩教化眾生，必須種種方便施設，這些種種施設，要者乃是在於「以縛爲脫」的教理上進行，如智者大師在《法華文句》中所說：

> 爲行違理則縛，縛是虛，故稱權。爲行順理則生解。解冥於理，故稱實。非縛無由求脫，得脫由縛。如因屍渡海，屍有濟岸之力，故稱歎方便。因果者，因有進趣暫用，故名權。果有剋終永證，故爲實。〔註61〕

縛者，在小乘佛教教理中認定有礙解脫，乃否定之對象，然而智者大師就《妙法蓮華經・方便品》揭示的教義，正是具體說明了方便思想的要義，正是「巧

〔註60〕請見《大正新修大藏經》第三十四冊（臺北市：新文豐出版有限公司，民國72年修訂刷），頁695。
〔註61〕同註61，頁37。

把塵勞作佛事」，此乃妙義。佛陀在此品中開示：菩薩要能為引導眾生，成就眾生，要以眾生的「縛」也就是眾生的問題，要能夠善用籌謀施設的智慧，來教化眾生欣樂佛果的殊勝，欣求無上菩提，再就眾生的問題（通常是慾望）與需要，善巧引導他們來積極行善，使令眾生以其微少善根，漸次獲得無量善果，終能捨邪歸正、捨小歸大，啟發他們的無量善心，促使沒有信仰的人們對佛法產生正確的信解，而導入正信，也讓已經信仰的眾生方便修行，而使其成就。最後使成熟根性的眾生（已發菩提心者）得解脫而證果。要言之，「方便」思想的目的，就是讓菩薩以教育眾生為己任，以解決一切眾生的問題為自己修行對象。因此智者大師開示，能夠引領眾生走上解脫道，乃至一佛乘的重要教材，就是「縛」。菩薩針對這些眾生的「縛」，廣設無量的「方便」，令眾生就「縛」之因果起正信，而能成就「以縛為脫」的妙法。此乃趨向一佛乘之方便。

於是，就音樂而言，就此「方便法」教理之下統攝於下。其具體的做法，我們且先從《瑜伽師地論》，「菩薩當從五明中求佛道」的教法來看。鑑於世俗普遍對音樂的喜愛，《瑜伽師地論》卷二十七就有所謂的運用「耳」為「增上緣」的「聲善巧」之教理：

> 云何處善巧？……處善巧者，謂眼為增上緣，色為所緣緣等無間滅。
> 意為等無間緣。生起眼識及相應法。耳為增上緣，聲為所緣緣等無
> 間滅，意為等無間緣，生起耳識及相應法。〔註62〕

耳，之所以能作為「增上緣」，乃是就觀「聲」之「性空」的此一法性，能夠得知「因緣所生法」，終能「轉識成智」。因此音樂，在大乘佛教教理之下，佛陀便不再像教授聲聞乘那樣，一味的否定音樂，反而在「迴小向大」的大乘佛教精神之下，回歸到度化無量無邊眾生的菩提道本懷。基於上述義理，我們可以了解到，大乘佛教對於音樂開啟了一條圓融無礙的路線。音樂成為佛教可以修行的一個法門。如同《大樹緊那羅王所問經》所說：

> 天冠菩薩復白佛言：「云何以琴及妙歌聲、諸伎樂音樂化眾生？」佛
> 告天冠菩薩：「善男子，緊那羅等，乾闥婆等，摩訶羅伽等，好樂音
> 樂。是大樹緊那羅王，善自調琴和眾伎樂，是緊那羅眾、乾闥婆眾、
> 摩訶羅伽眾，起大愛樂信解增敬已，於是音中出於佛聲、法聲、僧

〔註62〕請見《大正新修大藏經》第三十冊（臺北市：新文豐圖書公司，民國72年修訂版），頁434。

聲、不忘菩提心聲……（筆者按：音繁不及備載）作一切功德三昧

聲，觀菩提三昧聲。善男子，是琴歌音諸伎樂中，出於如是三昧聲，

令諸眾生受化而去。菩薩摩訶薩，成就如是希有之法。」〔註63〕

如上所說大樹緊那羅王的音樂，但以在家身分，以法言爲主的伎樂，用來教化愛好音樂的眾生。要言之，在菩薩道「自度度人」的教義之下，音樂不僅可以用來自己修行，還能夠用來度化眾生，那就是爲了度化眾生而設的「方便」思想。但非以欲樂自娛，要點仍就在於教化眾生。就此佛陀在《妙法蓮華經・方便品》對音樂有了跨越一大步的開示：

若使人作樂，擊鼓吹角貝，簫笛琴箜篌，琵琶鐃銅鈸，如是眾妙音，

盡持以供養，或以歡喜心，歌唄頌佛德，乃至一小音，皆已成佛道。

〔註64〕

《妙法蓮華經》教旨乃言歸眾生起心一念，皈依我佛，皆有成佛的機會。只要能夠開啓眾生對佛陀教理的認識，都是通往成佛大道的「一佛乘」。這其中還包含了「六根六塵」在內，這「廣設種種無量方便」的做法，正是前面我們所揭示的「耳爲增上緣」的善巧方便原理，使眾生欣慕佛法，心生善念，念佛形象，歎佛功德，使六根六塵可以轉成六智，讓煩惱可以變成菩提。毫無疑問，是無比微妙的方法。然而我們從「盡持以供養」與「歌唄頌佛德」兩處得知，這種佛陀開許，使眾生「令得入佛慧」的音樂，要領還是在於「供養」與「讚嘆」之上。或許，佛教有伎樂供養的儀式，與此不無關係。雖然，即使是從前佛陀對弟子們教導的有礙聖道的音樂，到《法華經》都成了「方便」，難怪會有部份弟子無法接受而退席離去，然而站在眾生的立場來講，只要能夠讓眾生「令得入佛慧」，都是方便法門，都是佛法，也就是通往成佛的大道。音樂，到了這裡已經成爲佛法上的極致——通往一佛乘的大道。佛陀教法奧妙的程度，可算是淋漓盡致了。

而人間以音樂作爲教化眾生的法門，令眾生起信入正信的例子，所在多有，其中最有名的要算馬鳴菩薩。《付法藏因緣傳》裡有這樣的記錄：

馬鳴……於華氏城遊行教化，欲度彼城諸眾生故，作妙伎樂名《賴

〔註63〕請見《大正新修大藏經》第十五冊（臺北市：新文豐圖書公司，民國72年修訂版），頁374。

〔註64〕請見《妙法蓮華經》（臺北市：大乘精舍印經會印行，民國87年元月出版），頁429。

吒和羅》，其音清雅，哀婉調暢，宣說苦空無我之法，所謂有爲如幻
如化三界獄縛無一可樂。……如是廣說空無我義，令作樂者演暢斯
音，時諸伎人不能解了。曲調音節皆悉乖錯。爾時馬鳴著白氈衣入
眾伎中，自擊鐘鼓調和琴瑟，音節哀雅曲調成就，演宣諸法苦空無
我，此時城中五百王子同時開悟，厭惡五欲，出家爲道。時華氏王
恐其民人聞此樂音，捨離家法，國土空曠，王業廢壞，即便宣令其
土人民，自今勿復更作此樂。〔註65〕

這是一個很有趣的故事。《妙法蓮華經》雖然開示眾生即使有一小音讚佛者，
皆已成佛道。但是眞正將它具體化的，要算馬鳴菩薩這首《賴吒和羅》曲。
馬鳴菩薩帶給我們的啓示是：即如對音樂主張開放政策的大乘佛教，馬鳴菩
薩並不直接參與演奏，而是穿上白衣居士的衣服，進入樂隊裡教導演奏，顯
見菩薩嚴格遵守僧伽不參與鳴鼓作樂的教誡。因此大乘佛教對於音樂使用，
儘管有開放性的政策，還是得以誡律爲基礎。而音樂的用途，也不外乎「宣
說苦空無我之法」的佛陀教示的內容。所以基本上，如同大樹緊那羅王一樣，
佛教使用音樂還是有一定的規矩，其內容也不是照單全收，是有其一定的要
求：猶如「音節哀雅」就是非常重要的風格。

　　值得一提的是，這首《賴吒和羅》在印度與中國雖然亡佚，但在日本迄
今仍然保存著。特別在天臺宗的聲明根本道場大原魚山寺所保存的覺秀本《魚
山叢書‧鼻‧六三》還保留著稱之爲《賴吒和羅枳曲》古譜，由於這是首很
特別的神奇曲子，故將歌詞收錄於次：

　　　　有爲諸法　　如幻如夢
　　　　三界獄縛　　無一可樂
　　　　王位高顯　　勢力勢力
　　　　自在無敘　　既至
　　　　誰得存誰得存者
　　　　如空中雲　　空中雲
　　　　須臾散滅　　誰得存者
　　　　如空中雲　　空中雲
　　　　須臾散滅

〔註65〕請見《大正新修大藏經》第五十冊（臺北市：新文豐出版有限公司，民國72
年修訂版），頁315。

該曲的聲調是「中曲・平調」，使用了日本鎌倉時代以前的墨譜「目安博士」記錄，標明了屬於「唐樂」與「新樂」的風格（中國的天竺與林邑樂系統）。其曲有雅樂合奏，算是特殊的聲明曲〔註66〕。據說這首曲子在天臺宗大僧正天納傳中大師等人努力下，已經在昭和48年在日本東京國立劇場，由日本雅樂會定期公演復原演奏。由於它不在《魚山聲明集》內，故本次沒有機會研究到這首曲子。筆者希望以後有緣大眾將這首神奇的曲子引進臺灣，讓大家有機會見識一下這首曾經讓五百王子出家，成了華氏王禁樂的一代佛教大音樂家，馬鳴菩薩的作品。

　　所以佛陀對音樂的反對政策，是爲了保護出家人在修行過程中不受音樂侵擾，專心修行。而另一方面佛陀對音樂的鼓勵政策，則是以教化眾生，引領眾生入道爲主要目的。馬鳴菩薩正是佛教中人運用音樂的好榜樣。

〔註66〕請見日本・天納傳中著，《天臺聲明概說》（日本：叡山學院出版，昭和61年8月31日發行），頁6～7。另關於《賴吒和羅枳曲》部份，請見《天臺學報》十七號，《魚山所伝，賴吒和羅伎曲の復元──天納傳中》及由叡山學會所編《安然研究》：《安然大德の音律論考──付・賴吒和羅伎曲の復元──天納傳中》參照。

第五章　梵唄的功能與角色

　　在上一章裡我們了解到，佛陀有「非樂」政策，也就是否定音樂價值的理論，在僧團內制定了這樣的戒律。雖然佛陀對於在家信眾使用伎樂供養並沒有強制性的否定，但也不採取積極鼓勵態度。然而對於僧團仍採取不鼓勵接受伎樂的態度，主要就是因為音樂會造成危害禪定，道業受損。然而隨著佛陀的涅盤，廣大的在家信眾為了緬懷佛陀德澤，大量獻上伎樂供養存放佛骨舍利的地方，佛塔。而佛塔的所在地，也就是常常就是僧團所在地，寺院。如此一來，僧團文化受到了很大的影響。其後，隨著佛教的發展，出現了不同主張的部派分裂，對於音聲與音樂接受的主張也隨之不同。唄讚文化，隨著佛教部派的發展，語文使用不同，音樂文化也開始有長足的發展，特別是大眾部，與大乘佛教的教團，於對佛教音樂的發展有顯著的貢獻。

　　然而佛陀所開許的僧團音樂，卻非伎樂，而是所謂的以清唱為主的「音聲佛事」，也就是梵唄。梵唄的主要內容，就是以歌詠佛法性質的「歌詠法言」。而「歌詠法言」的內容，大部分是以儀式用的梵唄為其發展重點。前面講面，釋迦牟尼佛對於音樂的政策，除了在根本佛教的教義裡，作為防止失去威儀與道業受損而採取了保護僧伽的非樂政策，但另一方面對則大乘根器的菩薩們則開示以濟度一切眾生為前提，用音聲作為「方便法」，將音樂作兩方面的施設：一為以欲望牽引的方式，引導眾生的初機入門的方便法，另一方面則設計為修行法門，方便接引眾生進入佛道。從本章開始到下一章主要的論題，是以第三章方法論為基礎，探討「梵唄的四個基源問題」的四個部份，分別是「功能論」、「結構論」、「角色論」、「歷史觀」四個部份。特別要說明的是，這個部份，基於就整個佛教史發展的觀點來敘述緣故，在此第五章將以佛教

修行理論來看梵唄的「功能論」、「結構論」爲主題。而「歷史觀」與「結構論」部份，涉及佛教梵唄發展歷史關係部份放在第六章，以其篇幅較大的關係，另行獨立一章的緣故。

本章撰就主要目的，最主要說明僧團內但聞「音聲佛事」，未聞所謂「音樂佛事」的傳統：一方面申論伎樂文化本非佛教文化主流，另一方面則申明歌詠法言的唄讚文化是印度以來的僧團音樂文化的主流。以此作爲基礎來究明各種中國流行梵唄種類與源流，以作爲了解中國各個時代的梵唄源流與演變的基礎。

第一節　佛塔供養與唄讚文化的興起

> 詩序云：情動於中而形於言，言之不足故詠歌之也。然東國之歌也，則結詠以成詠，西方之贊也，則作偈以和聲，雖復歌贊爲殊，而並以協諧鍾律，符靡宮商，方乃奧妙。故奏歌於金石，則謂之以爲樂，設讚於管絃，則稱之以爲唄。〔註1〕

從上面慧皎大師的說明，我們可以了解到「設讚於管絃，則稱之以爲唄」的中國初傳佛教對於唄讚的觀念，是屬於佛教音樂的範疇。蓋「讚」一詞，本謂「讚歌」，本爲讚美佛菩薩及祖師等功德偉業的韻文章句。有關梵語有 stava、stotra、stuti、saṃgīti 等，內容除讚嘆外，也有包含譬喻、故事之類的性質者。這類的讚既然設置於管絃，那就是屬於讚佛的音樂。這類的讚佛音樂，雖說在佛陀涅盤以前的時代已經存在，但是蓬蓬勃勃的發展起來，則在佛般涅盤之後，作爲佛塔的伎樂供養開始。

一、佛塔崇拜與佛教音樂的發展

佛塔的崇拜，這一個曾經被視爲大乘佛教起源的重要指標，在佛教史上佔有重要地位。雖然這個關係大乘佛教起源的「佛塔崇拜」遭到質疑，在學術界熱烈討論〔註2〕。然而，大量使用音樂來供養佛塔，卻是佛教使用音樂一個重

〔註 1〕 請見《大正新修大藏經》第五十冊（臺北市：新文豐出版有限公司，民國 72 年修訂版），頁 414。

〔註 2〕 關於過去日本佛教學者平川彰先生所主張的「佛塔崇是大乘佛教起源」理論受到了佛教學界的批評。其中以美國學者 Schopen 考察佛塔，撰文提出許多的質疑最爲著名。請見 Schopen: *Bones, Stones, and Buddhist Monks*, Hanalulu:

要的起源。在家信眾大規模以伎樂崇拜佛塔，作爲當地的重大的慶典，此舉連帶影響到僧團，通常都位於佛塔附近，對於音樂的態度轉變，甚且使用音樂來帶頭供養佛塔。因爲佛塔的崇拜，可謂是眞正的佛教音樂興起的標誌。

想要對佛教梵唄與音樂的源流有所了解，就必須從源頭看起。筆者將藉由佛塔的討論開展，來談印度佛教對音樂態度轉變的情形，及歌詠法言的傳統形成與演變，描繪出佛教音樂在印度發展情形的輪廓，藉以觀察佛教東傳到中國的梵唄變化情形。

要談佛塔，得先從「舍利」談起。「舍利」（śarīra）或稱之爲「設利羅」。唐代僧人玄應所著之《一切經音義》上翻譯爲「身骨」〔註3〕。因之「舍利」實際上就是指人類死後身體的通稱。而值得人們建塔來恭奉的有四種眾生，分別是：如來、辟支佛、與聲聞，及轉輪聖王。這裡則以「舍利」專門用來指稱佛陀的「舍利」。

佛陀的涅盤，引起了佛弟子內心的懷念。而佛弟子對於佛陀的懷念也呈現出多樣化，例如對佛的遺體，舍利，還有遺物、遺跡的崇拜，這些都可以算是佛弟子對於佛陀的崇拜具體表現。佛陀當時在拘尸那（Kuśinagara）的娑羅樹下涅盤，在接受過拘尸那的末羅（Malla）族人供養禮拜，第七天運到城東的天冠寺（Makuṭa-bandhana）接受一種稱爲「輪王葬」的葬禮。所謂的「輪王葬」也就是轉輪聖王的葬法，那就是隆重的荼毗，也就是用火焚化，荼毗後的舍利再建塔（stupa）收放舍利，以供信徒瞻禮供養。因此塔，就成了佛教徒崇拜的對象。起初佛的舍利由八個國家分得供養，也就是說這八個國家應該算是最早有佛塔的國家，後來佛塔就越來越多了。《十誦律》說到自八國建塔以後，佛塔建立的風氣蓬勃的發展起來：

> 爾時，閻浮提中八舍利塔，第九瓶塔，第十炭塔。佛初般涅盤後起
> 十塔，自是以後起無量塔。〔註4〕

佛陀雖然涅盤後，起初的八國分建舍利塔，但後來越來越多的舍利塔被建了

University of Hawaii Press, 1997。另外，平川彰本人的英文版《印度佛教史——從釋迦牟尼到大乘佛教》一書中也提到這件事情。請見 Hirakawa: *History of Indian Buddism-from Sakyamuni to Early Mahayana*, Hanalulu: University of Hawaii Press。

〔註3〕請見《大正新修大藏經》第五十冊（臺北市：新文豐出版有限公司，民國72年修訂版），頁102。

〔註4〕請見《大正新修大藏經》第二十三冊（臺北市：新文豐出版有限公司，民國72年修訂版），頁447。

－139－

起來，等到孔雀王朝阿育王（Aśoka）時代，離佛涅盤已經二世紀，發心廣造多塔，守護佛法，這時的印度已經到處都看得到佛塔了。從佛塔被大規模崇拜的這種情形來看，可說從佛陀時代的以僧團為主的佛教，慢慢將重心轉移到了佛塔的崇拜之上。這些塔通常被建在「於四衢道中」，也就是城市中的交通要道之上：

> 於四衢道，起立塔廟，表剎懸繒，使諸行人皆見佛塔，思慕如來法
> 王道化，生獲福利，死得上天。〔註5〕

在衢道上建塔，很像是在交通要道上建立銅像一樣。在這種交通要道之上建了一個這樣顯目的大建築物，十分引人注目。而這些塔，通常與廟寺性質的宗教建築物（通常稱為「支提，citty」）相結合，或者是距離不遠。這對佛教宣傳起了很大的作用：交通方便，易使佛教徒聚集，從事各項典禮。究竟佛教徒在塔這裡做什麼事呢？根據《根本說一切有部毘奈耶》卷二十三說一旦佛教徒來到了這個地方，裡面的僧人就：

> 令洗手已，悉與香花，教其右旋，供養制底，歌詠讚歎。既供養
> 已，時……致敬已，當前而坐，為聽法故。……隨其意樂而為說
> 法。〔註6〕

信眾一旦來到塔廟，就教他們香花供養繞塔，並歌詠讚歎佛陀，然後說法給信眾聽，令彼等信眾生起對佛法的信仰。而在《南海寄歸內法傳》，義淨大師描述所見所聞：

> 即如西方，制底畔睋及常途敬禮，每於晡後或曛黃時，大眾出門繞
> 塔三匝，香花具設並悉蹲踞，令其能作哀雅聲，明徹雄朗，讚大師
> 德。或十頌或二十頌，次第還入寺中至常集處，既令坐定。令一經
> 師昇師子座讀誦少經。〔註7〕

寺院中的生活，如同今日一樣，有早晚課的誦經儀式。僧人每天都向佛塔或支提行禮致敬，然後課誦經典。這還是一般生活而已。一旦到了法會日期時，熱鬧場面就成了各方矚目的所在，甚且成了印度重要的節慶。《大唐西域記》

〔註5〕 請見《大正新修大藏經》第一冊（臺北市：新文豐出版有限公司，民國72年修訂版），頁20。

〔註6〕 請見《大正新修大藏經》第二十三冊（臺北市：新文豐出版有限公司，民國72年修訂版），頁753。

〔註7〕 請見《大正新修大藏經》第五十四冊（臺北市：新文豐出版有限公司，民國72年修訂版），頁227。

卷八就有這樣的記載：

> 每至如來涅盤之日，……是日也，諸國君王、異方法俗，數千萬眾，
> 不召而集，香水香乳，以溉以洗。於是奏音樂，列香花、燈炬繼日，
> 競修供養。〔註8〕

僅僅是在那棵成道的菩提樹，一到紀念的法會，人潮便洶湧而來。還有佛的生日、菩提大會、轉法輪大會、五年大會等等，在《摩訶僧祇律》上一再提到的大會〔註9〕。這些法會，不僅前來的信眾數量龐大，就連國家元首都來致敬，場面浩大，當世僅見。這樣一來當然有助佛法宣揚與助長。值得注意的是，音樂的使用，隨著佛塔崇拜日久，越來越被強調。從進入寺廟的歌詠讚歎，到法會盛大場面，演奏音樂，爭執香花，放大光明的燈炬，熱鬧的場面使佛寺都變成了熱市。再保守的佛教僧團，也會多少受到影響，而改變了他們的行儀。最明顯的，要算是比丘從禁絕於音樂供養，到後來竟然可以親自參與音樂供養。從此一結果來看，佛塔受到在家群眾的崇拜，固然在佛教的宣揚之上起了很大的作用，但是也直接的影響到了僧團，促使了新的宗教意識成長起來。

二、印度佛教僧團對音樂觀點的改變

前面提過，佛陀時代，僧團原先採取排斥音樂的態度。佛制弟子不得往觀歌舞倡伎，是因為有失威儀，常損道業，同時遭到在家信眾譏嫌，係以與白衣無異緣故。然而佛陀涅盤以後，大眾對佛陀的懷念無以復加，遂有大舉供養佛塔的表現。每到節日，四面八方湧來大量信眾，連國家君王也不例外，個個都前來參與，形成一個熱鬧不已的大法會。佛塔於是形成宗教信仰中心，各種不同的供具與供養方式都在這裡呈現，以佛塔為主的僧院，到此也無法避免此一習俗。過去佛陀在世時，使用往觀音樂遭到白衣譏嫌，佛陀涅盤後，不用音樂，也會遭到白衣譏嫌，在此一時代的推移情況之下，僧團終於對音樂開始解禁，採取寬容的政策。

本來在戒律裡面，大體上允許了在家信眾對佛塔的供養，但大多固守原

〔註8〕請見《大正新修大藏經》第五十一冊（臺北市：新文豐出版有限公司，民國72年修訂版），頁915。
〔註9〕請見《大正新修大藏經》第二十二冊（臺北市：新文豐出版有限公司，民國72年修訂版），頁494。

則，不讓僧人參與這項活動。關於這點《五分律》是這樣記錄的：

　　佛言：比丘不應自歌舞供養塔，聽使人為之。〔註10〕

而《四分律》也是抱持同樣的看法，但是在前面我們說過，說一切有部的對於音樂的政策就放寬許多。《根本說一切有部尼陀那目得迦》當中，記載著一段關於「從像入城，受吉祥物」故事：

　　時諸苾芻無有鼓樂引像入城，佛言：「應鳴鼓樂！」

　　鄔波離白佛言：「如世尊說應鳴鼓樂者，不知誰當作之？」佛言：「令

　　俗人作。」

　　復白佛言：「苾芻頗得鳴鼓樂否？」

　　佛言：「不合！唯除設會供養。」佛時告樂人曰：「仁者，汝今可供

　　養大師，不應無故擊鼓作樂，作樂得惡作罪。」〔註11〕

從上面我們發現到，佛陀在涅盤以前，曾經允許在家人供養僧團音樂，可是不允許在家人無故在僧團內擊鼓作樂，更不許比丘參與音樂演出。然而到了佛陀涅盤後，對佛塔的音樂供養已經習以為常。作為部派佛教之一的大眾部（Mahasāmghika）的《摩訶僧祇律》有下列記載：

　　波斯匿王往詣佛所，頭面禮足卻往一面白佛言：「世尊，得持伎樂供

　　養佛塔否？」

　　佛言：「得！迦葉佛般泥洹後，吉利王以一切歌舞伎樂供養佛塔，今

　　王亦得。」佛言：「若如來在世若泥洹後，一切華香伎樂種種衣服飲

　　食盡得供養，為饒益世間令一切眾生長夜得安樂故。若有言：『世尊

　　無婬怒癡，用此伎樂供養為？』得越比尼罪！」〔註12〕

這樣的記載告訴我們，佛塔可以接受伎樂供養，乃至種種供養，是有其背景的。雖說大眾部說這是佛陀開許的，不論可信與否，佛塔伎樂的供養已經蓬蓬勃勃的發達起來。值得注意的是這個問題：「世尊無婬怒癡，用此伎樂供養為？」也就是教內仍有人對此有所異議，然而，大眾部同意對佛塔的供養內容有包含音樂，是以僧伽們在塔寺之內再也不躲避音樂，而使伎樂供養盛

〔註10〕請見《大正新修大藏經》第二十二冊（臺北市：新文豐出版有限公司，民國72年修訂版），頁173。

〔註11〕請見《大正新修大藏經》第二十四冊（臺北市：新文豐出版有限公司，民國72年修訂版），頁446。

〔註12〕請見《大正新修大藏經》第二十二冊（臺北市：新文豐出版有限公司，民國72年修訂版），頁498。

行。只因爲「爲饒益世間令一切眾生長夜得安樂」緣故。

大乘佛教的教團，原先就基於對菩薩法的圓融無礙哲學，不僅在經典內處處可見諸天大眾樂聲驚天震地，佛陀甚至還鼓勵並提到音樂供養有許多的功德，《法苑珠林》引《百緣經》說到：

> 昔佛在世時，舍衛城中有諸人民，各自莊嚴作伎樂，出城游戲至城門中，遇值佛僧入城乞食。諸人見佛歡喜禮拜，即作伎樂供養佛僧，發願而去。佛即微笑語阿難言：此諸人等由作伎樂供養佛僧，緣此功德，於未來世一百劫中不墮惡道。天上人中最受快樂，過百劫後成辟支佛，皆同一名號，名曰「妙聲」。以是因緣，若人作樂供養三寶，所得功德無量無邊，不可思議。〔註13〕

以音樂供養三寶，固然獲得功德不可思議，無量無邊。然而即使佛陀所開許的音樂，也不是俗樂的歌舞倡伎，而是上一章講過的法音宣流，像大樹緊那羅王，及馬鳴菩薩那樣以法爲主的音樂。如果長期接受大眾俗樂性質的伎樂供養，一些不良的副作用就會出現。譬如佛教來到中國，在中國寺院內就出現一些荒唐的行徑。如《洛陽伽藍記》內就記錄著：

> 至於六齋，常設女樂，歌聲繞梁，舞袖徐轉，絲管寥亮，諧妙入神。……後汝南王悅復修之。悅是文獻之弟。召諸音樂，逞伎寺內。奇禽怪獸，舞忭殿庭。飛空幻惑，世所未睹。異端奇術，總萃其中。剝驢投井，植棗種瓜，須臾之間，皆得食之。士女觀者，目亂睛迷。自建義以後，京師頻有大兵，此戲遂隱也。〔註14〕

洛陽景樂寺，竟然「敘設女樂，歌聲繞梁」，與前述開許伎樂供養情形，不無關係。然而流於糜爛生活，競逐於一些奇怪的幻術真是十分糜爛的生活，一點都不像修行人聚會場所。更糟糕的是竟然演出這種：「剝驢投井，植棗種瓜，須臾之間，皆得食之」幻術，雖是幻術，一點也沒有佛教慈悲之心，與法十分乖閡。難怪以後的迭遭凶禍，洛陽戰亂頻仍，或許也與此不無關係。

仔細想來，佛陀原先制定非樂誡律，實在不無道理。若僧團內鼓樂吹笙，則與俗人無異，不僅爲道日損，更將混亂白衣視聽，招致因果凶禍。以《洛

〔註13〕請見《大正新修大藏經》第五十三冊（臺北市：新文豐出版有限公司，民國72年修訂版），頁576。

〔註14〕請見劉九洲注譯，侯迺慧校閱，《新譯洛陽伽藍記》（臺北市：三民書局印行，民國83年3月初版），頁83。

陽伽藍記》所描述景樂寺的情形來看，雖然沒有記錄顯示僧眾是否受過良好的教制教育，但是以其內部設伎樂情況來看，顯然弄錯了供養伎樂的主角，應該是在家眾才對，即使如同前面所提到的大樹緊那羅王，也是以僧團以外的信眾身分，使用音樂度人。而著名的佛教詩人馬鳴菩薩，也身穿白衣，進入樂團教導樂眾，這說明了即如馬鳴菩薩這樣的菩薩僧，也嚴守僧團誡律不鼓樂吹奏的傳統。寺廟內常設伎樂，不僅不莊嚴，事實上還冒犯了佛陀曾經講過的「不得無故擊鼓鳴樂」的教制，以致弄得污濁不堪，成了嬉戲的場所。是以筆者以為，歌舞伎樂供養，應該要慎重行事才好。

三、佛陀時代梵唄運用的因緣

在上一章我們談到聲明時講到，梵文文法的特色，並不是書面語的解析，而是用耳朵聽的判斷方法。因此，自古以來，研究「文法學」的目的，就是將梵語的高低聲調，及其起伏弄得十分清楚，好在儀式上發出正確的梵語來。梵語，是一種和雅的高級語言，故稱之為 bhāsā，就是漢譯的「婆陟」，也就是佛教所謂的「梵唄」。所以不僅佛教有「梵唄」，婆羅門也有「梵唄」。然而佛陀不喜與婆羅門教混合，特別要求弟子們不要學習婆羅門的梵唄，盡量用地方語言的唄經聲來誦持經典。〔註15〕

「唄」的起源很早，就印度部派佛教對於音樂的寬限程度，各有不同，然對於「唄經」，這種以經典唸誦為主的清唱，卻是一致同意。在佛陀時代，除了誦經以外，另也有「言說之辭」意思〔註16〕。一般說來，梵唄在佛陀時代僧團裡，其制定是有這樣的因緣：

（一）強調教學與傳習

一般都以為唄匿就是佛教歌詠之法，事實上，佛陀在世時的唄匿並不完全就是歌詠之法。《毘尼母經》就有這樣的例子：

> 有一比丘，去佛不遠，立高聲作歌音誦經。佛聞即制不聽。〔註17〕

〔註15〕請見《大正新修大藏經》第二十四冊（臺北市：新文豐出版有限公司，民國72年修訂版），頁833。佛陀說到，用外道音聲說法有五種過患：（一）不名自持；（二）不稱聽眾；（三）諸天不悅；（四）語不正難解；（五）語不巧義難解。以上是名五種過患。

〔註16〕同註15。

〔註17〕請見《大正新修大藏經》第二十四冊（臺北市：新文豐出版有限公司，民國72年修訂版），頁833。

而《摩訶僧祇律》則提到一個故事，有一位比丘尼：

> 有好清聲，善能讚唄。……佛言：……「汝實作世間歌頌耶？」答
> 言：「我不知世間歌頌。」〔註18〕

從上述二則故事看來，梵唄並不完全等於歌詠。《毘尼母經》的故事告訴我們，高聲作歌音誦經是佛陀所不許的，《摩訶僧祇律》的故事則告訴找們，善唄讚的音聲也不等於世間歌頌，為什麼高聲作歌音誦是不行的，而梵唄而能不等同於世間歌頌呢？原來梵唄是用在於僧團的教育。如 Levi 在《佛經原始讀誦法》中引《說一切有部四分律》卷二十四之「七法中安居法第四」中說：

> ……若未學欲學，若先學忘欲誦，遣使詣比丘所白言：「大德，是多
> 識多知諸大經，……若未學欲學者，若先學忘欲誦，大德，來教我
> 受學讀誦問義。有如是事聽去七夜。」〔註19〕

前段記載告訴我們，讀誦佛經原因，就是要「受學讀誦問義」。那麼這樣情況之下，誦讀時，意義的了解遠比聲調優美來得重要。由於在前一章，我們了解印度聲明的要義，就是以語言聲調，來直顯意義。因此特別在語言上加工，讓它顯示得更華麗的歌聲頌調有害義解，並非佛陀的本意。猶如慧皎大師所說的：

> 但轉讀之為懿，貴在聲文兩得，若唯聲而不文，則道心無以得生，
> 若唯文而不聲，則俗情無以得入，故經言：以微妙音歌歎佛德，斯
> 之謂也。〔註20〕

要言之，佛制經唄的用意，其目的事實上不在於歌頌，而是在傳道、授業、解惑等教學過程裡，在於義理的彰顯。如果聲曲無能將義理適當彰顯，聽者僅得其聲，不得其義，此非佛陀本懷。也對理解經義來說，是毫無幫助的。由於佛陀時代，印度並沒有良善書寫工具，法，主要是以口耳傳承下來。如何正確讀誦經文，以清晰音聲讓受教者清楚理解，是佛陀對唄經的要求。

（二）順從眾生要求制唄

由禁制音樂道開許宗教性的音樂，歌詠法言比起伎樂供養來說是要保守一些。畢竟主事者，乃為僧伽，而非俗家信眾。然而，因為眾生的分別心，

〔註18〕請見《大正新修大藏經》第二十二冊（臺北市：新文豐出版有限公司，民國72年修訂版），頁518～519。

〔註19〕引自法國 Sylvain Levi 撰寫之《佛經原始讀誦法》，該文收錄於「尚志學會叢書」之《佛學研究》（上海：商務印書館，民國24年出版），頁58。

〔註20〕請見《大正新修大藏經》第五十冊（臺北市：新文豐出版有限公司，民國72年修訂版），頁415。

希望與外道一較長短的心態之下，要求佛陀隨順因緣制下了梵唄。曾經對佛教有過貢獻的給孤獨長者就做過這種事情，《根本說一切有部律雜事》上提到一個故事：

> 時諸苾芻誦經之時，不閑聲韻，隨句而說，猶如瀉棗置之異器。彼諸外道諷經典，作吟詠聲。給孤獨長者日日常往禮覲世尊，於其路側聞諸外道誦經之聲。作如是念：「此諸外道於惡法律而爲出家，諷頌經典作吟詠，聲音可愛，我諸聖者不閑聲韻，遂句隨文。猶如瀉棗置之異器。此事我當白大師。」
>
> 既至佛所，禮雙足已，退坐一面白言：「世尊，彼諸外道於惡法律而爲出家，我諸聖眾不閑聲韻，逐句隨文，猶如瀉棗置之異器。若佛世尊慈許者，聽諸聖眾作吟詠聲而誦經典。」
>
> 世尊意許默然許無說。長者見佛默然許已。禮佛而去。佛告諸苾芻：「從今以往我聽汝等，作吟詠聲而誦經法。」佛聽許諸苾芻眾，作吟詠聲而誦經法。及以讀經，請教白事亦皆如是。〔註21〕

於是給孤獨長者第一次向佛陀請求，讓僧團能夠像外道那樣作吟詠聲而誦經。結果不僅是誦經，就連讀經、啓白都變成了吟詠。然而，給孤獨長者還是不滿足，再次干涉僧團的事務：

> 給孤長者因入寺中，見合寺僧音聲喧雜，白言：「聖者，今此伽藍先爲法宇，今日變作乾闥婆城！」時諸苾芻以緣白佛。佛言：「苾芻不應作吟詠聲誦諸經法，及以讀經、請教白事，皆不應作。然有二事作吟詠聲：一謂讚大師德；二謂誦三啓經。餘皆不合。」
>
> 佛許二事作吟詠聲，讚佛德、誦三啓。有一少年苾芻，作二事時不解吟詠，但知直說，如瀉棗聲。諸苾芻曰：「佛使二事作吟詠聲，如何不作？」答曰：「我先不解。」苾芻白佛。佛言：「應學！」佛遣學時，苾芻隨在房中廊下門屋堂殿，皆悉學習吟詠之聲，長者入見，同上譏嫌白言：「聖者，乾闥婆城未能捨棄！」復往白佛。佛言：「應在屏處學吟詠聲，勿居顯露。違者得越法罪！」〔註22〕

從上述的故事看起來，佛陀爲了能不能夠吟詠諷誦經典的音聲，實在是煞費

〔註21〕 請見《大正新修大藏經》第二十四冊（臺北市：新文豐出版有限公司，民國72年修訂版），頁223。

〔註22〕 同註21。

一番苦心。在家信眾希望他們所信仰的佛教能夠勝過一切外道，這種心情，世尊非常的明白，所以就同意讓比丘學習吟詠諷誦的經法。然而，就在歌聲充滿了整個寺院情況，喧鬧不已的氣氛顯然不是在家信眾所想要看到的。於是佛陀只好令眾比丘，收攝學習吟詠諷誦的範圍。想不到，在家信眾的要求還是高了些，佛陀只得要求比丘「應在屏處學吟詠聲，勿居顯露」，否則會得到「越法罪」。

就此一情形而論，我們也可以從中了解到，早期僧團被信眾要求，誦經講究音韻，並非佛陀本制，而是佛陀滿足眾生的願望而設的。事實上，只要能夠令眾生離苦得樂得事情，佛陀都願意去作。我們也從中發現，信眾有時無知的情況，真是讓佛陀煞費腦筋。講究民主的佛陀，一定會儘可能滿足信眾的願望。但是這種供養僧團的信眾，他們對僧團的影響實在不可忽視。前面我們了解到，給孤獨長者希望佛弟子要像外道一樣，學習詠經聲音，佛陀從善如流。

（三）佛陀的鼓勵

其實，僧團內真正流行起梵唄的原因，與佛陀鼓勵不無關係。在《十誦律》卷三十七有一段關於跋提，擅長唱誦梵唄，佛陀表示嘉許，並說明好的梵唄有減輕疲勞、增強記憶、愉悅神人的作用〔註23〕。而《薩婆多毘尼毘婆沙》卷六則說：師與弟子必須隨聲高下而同誦佛經，或齊聲同誦長句，或齊聲同誦短句，不能彼此衝突〔註24〕。佛陀強調誦經的重要性，並說明了誦經是有一定的規則。

佛陀也非常鼓勵僧團讀誦佛經。大乘諸經很多都看得見這樣的記錄。如同《持心梵天所問經》所說：

> 「……假使三千大千世界，滿中七寶持用布施，若一得聞此經法者，斯之功德出彼福上。」佛言：「置是三千大千世界滿中珍寶，正使江河沙等，滿中七寶持用興福，不如再聞是經法者，其功德本出於彼上。……當聞是經受持諷誦，為人廣說。」〔註25〕

另一項佛陀鼓勵梵唄的重要原因，就是為了「讚佛功德」。在前面我們揭示了

〔註23〕請見《大正新修大藏經》第二十三冊（臺北市：新文豐出版有限公司，民國72年修訂版），頁274。

〔註24〕請見《大正新修大藏經》第二十三冊（臺北市：新文豐出版有限公司，民國72年修訂版），頁541。

〔註25〕請見《大正新修大藏經》第十五冊（臺北市：新文豐出版有限公司，民國72年修訂版），頁24～25。

大乘教典《妙法蓮華經》以音樂作爲「方便法」的「歌唄讚佛德」，只要歡喜讚嘆佛，「乃至一小音」，都能夠成佛道，這部份我們在前一章已經介紹過了，在此不行贅述。

　　以上就是筆者所知道，佛教僧團內佛制梵唄的主要因緣。筆者以爲，梵唄最主要流行起來，而且越來越盛的原因，就是在於「功德」，也就是佛陀的鼓勵最爲重要。然而，在家信眾對於佛教僧團的影響，也不容忽視。像給孤獨長者這樣支持佛教的大護法，在家人對僧團文化的影響，或多或少也是受其影響的。

四、隨著「梵文化」而發展的唄讚文化

　　在前面筆者曾經解釋，印度唄經傳統，不僅僅只是佛教才有，而是所有宗教普遍流行的傳流。特別是婆羅門教的聲明學，爲了保存《吠陀》的正確而產生。印度在西元一世紀以前，口傳仍爲最主要的教育與學習的方法。因此我們可以說，唄經傳統是在這樣的背景下發展起來。在佛陀的時代，婆羅門教就已經有唄經的文化了，這可以從前面「三、佛陀時代梵唄運用的因緣」之處提到給孤獨長者故事中看出。

　　語言，往往是影響梵唄聲調的主要因素。佛陀雖然同意僧團內開許唄讚文化。然而佛陀最初堅持的就是不許用婆羅門聲法去模仿長牽音韻的詠經聲，強調要用地方語言來唄誦經文。這可以從《根本說一切有部毘那耶事》卷六所記載的關於音韻一件事情看出：

>　　時諸苾芻以緣白佛。佛作是念，苾芻誦經，長牽音韻，作歌詠聲。
>　　有如是過，由是苾芻不應歌詠，引聲而誦經法。若苾芻作闡陀聲誦
>　　經典者，得越法罪！若方國言音須引聲者。作時無犯。

義淨大師的註解爲：「言闡陀者，謂是婆羅門讀誦之法，長引其聲，以手指點空而爲節段。博士先唱，諸人隨後」〔註26〕闡陀（Chandas）本屬（六吠陀分）之一。觀察吠陀歌頌，約如俙馬吠陀（Sāmaveda）裡的歌頌的變化比較大。這種「長引其聲」的唸誦方法，大概是指這種形態。

　　這種仿效吠陀的唸誦方法，雖然被明文禁止，然而有趣的是，在「說一切有部」的戒文末端卻留下一條「若方國言音須引聲者。作時無犯」這就很有意

〔註26〕請見《大正新修大藏經》第二十四冊（臺北市：新文豐出版有限公司，民國72年修訂版），頁232。

思，等於留下了一個尾巴。若說「若方國言音須引聲者，作時無犯」的話，這也等於是暗示了佛教徒可以學像吠陀那樣長牽音韻的唱誦方式。事實上，佛陀般涅盤後的佛教梵唄確實就是朝向婆羅門的「雅語」梵唄方向前進的。

前面我們曾經提到，佛教一直使用「口傳」方式教學，一個僧人一生可能要背誦好幾千甚至好幾萬的，通常都是一種稱之為「摩呾里迦」（Mātṛka）的頌偈（翻譯為「本母」），這些「摩呾里迦」就是類似所謂的「口訣」。其內容大概有兩大類：即「誡律」與「法」兩個部份〔註27〕。從佛陀在世時，到佛經被寫下文字為止，像這樣的教學已經持續好幾個世紀。但是經過這麼長的一段日子，不僅是佛經與誡律而已，連論典也不斷做出，教義與法的累積十分的驚人了。於是開始有人將這些口傳頌偈寫下來，最初就是由錫蘭的上座部（Theravādin）將佛經用巴利語（Pāli）寫下來，時間大約是西元前一世紀。

其後一些經典也開始用文字寫下來。大約是在迦膩色迦王（King Kaniska）所贊助的佛典集結會議（第四次集結會議），大約是公元一世紀末，迦膩色迦王強烈主張將佛典用文字寫下來。於是從西元第二世紀到第四世紀，北印度出現的佛典開始被使用一種地方語 Prākrit，和一種「混合梵文」（Hybrid Sanskrit，一種合併 Prākrit 和 Sanskrit 的語文）所寫下來。到後來，這種「混合梵文」被「佛教梵文」（Buddhist Sanskrit，一種接近巴膩尼所定義的古典梵文）。

然而北印度的部派佛教「說一切有部」則開始了使用梵文來記錄佛典（時間不詳，一般稱為佛教的「梵文化」），其主要目的有兩個：

1. 梵文的使用是為了辨正那些被擅自更改的教義，因為梵文有文法，且文法很嚴格緣故。使用梵文能夠提供法師們做出很有效率的描述法，同時也能夠面對當時當時流行的婆羅門教徒，可以方便地與他們辯論，進而度化他們。

2. 使用梵文，可以寫出很精緻的，很美的詩歌（Metre）來，這是因為自古以來，婆羅門的音樂文化是非常有名的（如前所述，《吠陀》的吟詠文化十分發達，歷史悠久）。這些詩歌都可以配上很好聽，很精緻的曲子。對於佛教的活動很有幫助。〔註28〕

〔註27〕請見印順法師著，《說一切有部為主的論書與論師之研究》（臺北市：正聞出版社，民國 81 年 10 月七版），頁 28。

〔註28〕以上資料請見 Compiled by the yeshe De Research Project and Edited by Elizabeth Cook, *Light of Liberation: a history of Buddhism in India*（Crystal mirror series: V8, Berkeley, CA: Dharma Publishing, 1992），p. 252。

　　這樣一來，梵文的佛教文學就發達了起來。說來，婆羅門教雖然是最早使用梵語，可是使用梵文的文字，可說要從佛教文學開始的〔註29〕。因此佛教梵唄的方向，就從各地方地方語的口傳，直到「說一切有部」將佛典「梵文化」，佛教開始大量使用梵文，也接受了與婆羅門使用的梵文相似的音律，還有梵文有關的周邊文化，包含詩歌、文學與音樂在內的觀念。此後的佛教徒們也就順理成章「引聲者」，而「作時無犯」。法國人 S. Lévi 著《佛經原始讀誦法》以為說一切有部的唸誦方法就是《吠陀》聲法牽長音韻，作歌詠之聲（āyatakagītassara）〔註30〕。其原因或許就是「說一切有部」使用的語言就是梵語的緣故。而大量使用梵文寫成佛典的大乘教團，大抵上也受到這個風氣的影響。直到玄奘、義淨等大師前往印度那爛陀寺留學，都還得學習梵文呢！

　　值得一提的是，義淨大師都註解的「闡陀」唸誦方法：義淨大師的註解為：「言闡陀者，謂是婆羅門讀誦之法，長引其聲，以手指點空而為節段。博士先唱，諸人隨後」這種念頌方法，韓國的梵唄還有保存（韓國海印寺的早課，請見天納傳中、岩田宗一等四人合編之《佛教音樂辭典》所附 CD），而日本則稱其曲線化的「墨譜」者，也就叫做「博士」（hakase）。

　　此外，由於印度佛教走向梵文路線，故能適用這種牽長音韻的唱法，則容易形成「吟唱」，也就成了讚歌形態，這對後來的中國梵唄有著很深遠的影響。今天中國所留存的梵唄，不論「六句讚」還是「八句讚」幾乎每一條讚都是這種「長牽音韻」的形態，就連唐代傳去日本的梵唄，幾乎每一條讚都有這種「長牽音韻」的情況。觀中國初傳佛教時期的梵唄傳入，譯經的大師，或是教授梵唄的大師或多或少都受到「說一切有部」的影響。以梁《高僧傳》為例，敘述擅長梵唄的《經師篇》當中，東來的高僧幾乎來自北印度，或是西北印度一帶（月支人最多）。而東來的譯經大師，不少都是從罽賓來，和靠近罽賓的西域，這兩者加起來佔了大多數。這樣不難看出，中國初傳時期的傳教主要是受了北印度與喀什米爾的佛教風氣影響，那正是說一切有部盛行的地區。如此看來中國佛教的這種「牽長音韻」的風格或許與說一切有部這種「若方國言音須引聲音。作時無犯」的說法有關。

〔註29〕請見藍吉富主編「世界佛學名著譯叢79」，山田龍城著，許洋主翻譯之《梵語佛典導論》（臺北縣：華宇出版社，民國77年4月初版），頁15。

〔註30〕該理論請見 S. Levi：《佛經原始讀誦法》（*Sur la recitation primitive des Textes Boudhique*, Journal Asiatique, 1915.）馮承鈞譯，收錄於上海商務印書館民國24年出版之「尚志學會叢書」之《佛學研究》，頁79。

　　故筆者以爲，初傳中國的梵唄，特別是詩讚的唱誦，主要還是沿用印度梵文體裁。因此，倘若我們有梵語的文學知識，或許我們就能夠容易理解慧皎描述中國初傳佛教的一些梵唄用語：

> 經文起盡曾不措懷，或破句以合聲，或分文以足韻，豈唯聲之不足，亦乃文不成詮……若能精達經旨，洞曉音律，三位七聲，次而無亂，五言四句，契而莫爽……故聽聲可以娛耳，聆語可以開襟，若然可謂梵音深妙，令人樂聞者也。〔註31〕

上面所謂的「五言四句」，也就是梵文詩歌「輸盧迦」（śloka）詩歌體裁。這是因爲這類梵文詩偈翻譯成中文，往往都翻成五言詩。在此且看下面的「輸盧迦」例子：

> 梵文詩歌體：輸盧迦（śloka）舉例
>
> duḥkhāntam kartukāmena ｜ sukhāntam gantum icchatā ‖
>
> śraddgānykam drdhīkṛtya ｜ bodhau kāryā matir dṛdhā ‖
>
> 欲令苦滅盡，欲得極樂者，
>
> 信根堅固已，安心於菩提。〔註32〕

如上所示，如用梵文來來吟唱原文詩歌，是可以將其文義表現很清晰。可是用梵文聲調來吟唱中文的翻譯，就會發生所謂的「文不成詮」的現象，因此就要發生了「破句以合聲」及「分文以足韻」的情形。由於梵文是複音節，而漢語是單音節。比如說佛的梵語是 Bud-dha，二音節，而漢語是 fou，嚴格講起來是單音節，以二音節緣故，就要配上二個音符，而漢的漢語發音只能配上前述兩個音符其中的一個，另一個怎麼辦呢？只好可能再拉下一句詩偈的第一個字來幫忙湊合，這一來就形成了「破句以合聲，或分文以足韻」的窘況。但如此一來，就要犧牲掉中文的辭義了。所以慧皎大師希望理想的梵唄，不僅要「精達經旨」，還要能夠「洞曉音律」。在此筆者以爲他所敘述的重點，應該就是「音律」之上。而所謂的「三位七聲」，其中的「三位」就是梵語的「中、高、低」三音，也就是日本聲明所謂的「律、呂、中」三調（據說來自唐朝《樂書要錄》），「七聲」也就是鄭樵在《通志・七音略・七音略序》

〔註31〕請見《大正新修大藏經》第五十冊（臺北市：新文豐出版有限公司，民國 72年修訂版），頁 415。

〔註32〕請見釋惠敏、釋齎因所著的《梵語初階》（臺北市：法鼓文化事業股份有限公司，1996 年 9 月初版），頁 242。

中所說的「七音」。要言之，慧皎大師表達一個理念，要能夠完整表現出佛經梵唄，除了不能犧牲經典義理，還要有良好的音律搭配，足夠顯示語文的清晰聲調，以達成「聲文兩得」的境界，這樣的梵唄才算是「梵音深妙，令人樂聞者也」。

本研究一開始就指出，梵唄曾經有過流變的現象，不僅在中國會有變化，其實在印度，梵唄就已經有變化了。

第二節　音聲何以成為佛事——佛門的唄讚觀

到底說來，佛教修行文化的主流，就是在「禪修」。那麼，為什麼今天誦經持咒風氣會這麼盛行，甚至於成為佛教主要的修行法門，乃至取代了傳統的止觀與禪坐？要解答這個問題，筆者以為誦經、念佛，乃至於持咒，之所以能夠成為佛教修行法門，主要是和這些佛教的經咒的修行觀念有關。

前面筆者提出，讀誦經典雖然在以聲聞乘為主的部派佛教是存在的，但是，在「聲非常住論」的觀念之下，聲聞乘讀經並不是強調誦經持咒的感應功德，以音聲成為佛教修行法門，是大乘佛教特有的文化。而強調以「四聖諦」、「十二因緣」等傳統的止觀禪修。前面我們看過，佛陀在教導菩薩，如能廣度一切眾生，則要廣泛施設「方便法」。音聲能夠成為佛事，筆者以為是在這樣的背景之下而成立的。然而這些以音聲做主題而施設「方便」法門，其發展歷史與修行觀念，卻是我們研究佛教梵唄史最重要的主題之一。祈禱文、經文、咒語（陀羅尼）與佛菩薩名號，這四個不僅是佛教重要的修行方法，更是佛教梵唄的主要素材，也影響了佛教音樂的風格。而其應用場合與應用觀念，更與梵唄展現的風格有很大的關連。是以，若要成立以「修行」作為佛教梵唄史觀，就非了解這些音聲法門的素材與修行觀念。

在這一節裡所要研究的部份，是屬於第三章曾經提過的「四個重要基源問題」之「功能論」，也就是討論音聲能夠做為行法門的教理，及指導的思想。而此筆者就研究過後的整理，歸結出本節所要探討的部份：

1. 向佛菩薩祝禱的常用祈請文。
2. 經典的讀誦。
3. 陀羅尼與咒語。
4. 佛菩薩聖號。

　　以上就是本節所要探討的四個主題，大致上包括了佛教歷來音聲法門最
主要的施設。在此說明，鑑於本文選取範圍以流傳在中國佛教的「顯教」部
份，至於眞言宗系統，與西藏密宗的修行觀念，可能與此有所相異，在此並
未深入討論。該部份的研究，則有待來日。以下便以此做爲開展的討論。

一、向佛菩薩祝禱的常用祈請文

　　　　能禮所禮性空寂，感應道交難斯議。

　　　　我此道場如帝珠，釋迦如來影現中。

　　　　我身已現如來前，頭面接足歸命禮。〔註33〕

前面，我們提到佛陀在涅盤之前，就受到信眾的愛戴，衷心的崇拜與信仰，
而涅盤之後，受到的崇拜與禮拜更多了。信徒們固然基於對佛陀的懷念，而
崇拜佛塔、佛舍利及佛的遺物，還有佛像等等。然而，讓他們日益不斷，代
代相傳崇拜佛塔舍利的因素，卻不見得是對佛陀永恆的懷念。而是這些佛陀
的遺物會展現出不可思議的「神蹟」，這使信徒們不僅確定了佛陀所說的「輪
迴轉世」、「不生不滅」的教理，他們更相信事實上的佛陀並沒有「死亡」，只
是佛陀的肉身不在，可是他還是會聆聽信徒的祈禱，離他們不遠，佛陀會成
就信徒們的願望。於是在佛塔也好，寺院也好，都會有這樣的供養法會，來
表示對佛陀的敬仰與崇拜。

　　既然佛菩薩是如此的靈感，與佛菩薩本身直接相關的梵唄也孕育而生。一
般常用，基本的有：「三皈依」，其次就是「奉請諸佛菩薩」，再來就是「讚佛」、
「歎佛」，再次即「懺悔」，最後就是「迴向」與「發願」。茲將諸項討論如次。

（一）皈依三寶

　　前面提過，佛陀的涅盤，固然引起了佛弟子們對佛陀的懷念。然而讓佛
教徒日益增多，虔誠地崇拜佛陀的各種遺物，舍利的佛塔展現神力與此不無
關係。如《善見律毘婆沙》卷三說：

　　　　舍利即從象頂，上昇虛空，高七多羅樹。現種種神變，五色玄黃。

　　　　或時出水，或時出火，或復俱出。……取舍利安置塔中，大地六種

　　　　震動。〔註34〕

〔註33〕請見《大正新修大藏經》第四十六冊（臺北市：新文豐出版有限公司，民國
　　　　72年修訂版），頁956。
〔註34〕請看《大正新修大藏經》第二十四冊（臺北市：新文豐出版有限公司，民國

不僅是在印度，即使來到中國也是如此。慧皎《高僧傳》即有下面記載：

> 遺骨舍利，神曜無方……乃供潔齋靜室，以銅瓶加几，燒香禮請。
> ……忽聞瓶中鏗然有聲，（康僧）會自往視，果獲舍利。……五色光
> 炎，照耀瓶上。……（孫）權大嗟服，即爲建塔，以始有佛寺，故
> 號建初寺，因名其地爲佛陀里。〔註35〕

佛陀涅盤以後，神力照常，成爲大功德主。其實若按佛陀所教示的「六道輪
迴」，與「業感」、「果報」等教法而論，這種感應應該不是稀奇的事情。然而
這對眾生而言，佛般涅盤以後仍然在其遺物、佛塔上展現神蹟，這說明佛陀
並沒有捨棄眾生而去，無疑增加信眾無比的信心力量。於是皈依佛陀的信眾
就越來越多，信心也就越來越堅定。

成爲一個正式的佛教徒，通常在正式的皈依典禮上唸誦所謂的「三皈
依」。所謂「皈依」的意思也就是「救護」之意。「三皈依」的意思就是「皈
依佛、皈依法、皈依僧」，也就是投入「佛、法、僧」三寶的保護之下。《大
毘婆沙論》卷三十四說：

> 皈依佛法僧，若不毀戒，勤修道者便爲救護，餘則不爾。復次隨皈依
> 心上、中、下品還蒙三寶爾所救護，……故救護義是皈依義。〔註36〕

許多經典在在說明阿羅漢、菩薩與佛陀都有無量的大神力。阿羅漢就有所謂
的「五眼六通」，菩薩有「十地」，各有不同的莊嚴功德。那佛就不用再說了，
是圓滿一切的大聖人。就以佛陀來說，殺人無數的鴦掘摩羅（Aṇgulimālya）
經佛陀三言兩語就讓他放下刀劍，過著修行人的生活〔註37〕。失去兒子而瘋
狂的裸婦，見到了佛陀就立刻甦醒過來〔註38〕。而踐踏一切的醉象，看到佛
陀而被降伏〔註39〕。而在《雜阿含經》裡「八眾誦」當中，更有天子下凡來
問佛法的故事〔註40〕。現世的佛陀有如此大神力，又是解脫，不受後有的世

---

72 年修訂版），頁 691。

〔註35〕請看《大正新修大藏經》第五十冊（臺北市：新文豐出版有限公司，民國 72
年修訂版），頁 325。

〔註36〕請看《大正新修大藏經》第二十七冊（臺北市：新文豐出版有限公司，民國
72 年修訂版），頁 177。

〔註37〕請看《大正新修大藏經》第二冊（臺北市：新文豐出版有限公司，民國 72 年
修訂版），頁 280～281。

〔註38〕同註37，頁 317。

〔註39〕同註37，頁 590。

〔註40〕請見佛光大藏經編修委員會所編，《佛光大藏經·阿含藏·雜阿含經（三）》（臺

尊，自然有許多眾生，包含人、天在內都會絡繹不絕前來皈依、供養承事，
希望能夠受到佛法的利益。

因此能夠投入在具有大威德神力三寶的保證之下，佛教徒的增加與此不
無關係。現在佛教界所常用的「三皈依」則爲，是取自《華嚴經・淨行品》：

　　自皈依佛，當願眾生，體解大道，發無上心。

　　自皈依法，當願眾生，深入經藏，智慧如海。

　　自皈依僧，當願眾生，統理大眾，一切無礙。〔註41〕

這種「三皈依」的唸誦，現在成爲佛門儀式不可分割的一部份。通常在法會
即將圓滿之前，都會唱唸這「三皈依」誦偈，詳細請見《佛門必備課誦本》，
即表示佛教徒堅定對三寶皈依信念。

（二）奉請諸佛菩薩

佛教當中有一名詞，稱爲「相應」，即指「法」與「法相」之間關係有和
合不離的關係，特別指「心」與「心所」之間的關係來講。《俱舍論》卷六謂
「所依」、「所緣」、「行相」、「時」及「事」等五義平等，稱爲相應。〔註42〕

佛教徒受持一定教法，到了一定工夫，即可與佛菩薩相應。特別是大乘
佛教經典裡常常見到這樣的教學，如《觀普賢菩薩行法經》上說：

　　誦大乘者，修大乘者，發大乘意者。樂見釋迦牟尼佛及分身諸佛者，

　　樂得六根清淨者，當學是觀。此觀功德除諸障礙，見上妙色，不入

　　三昧，但誦持故。專心修習，心心相次，不離大乘。一日至三七日，

　　得見普賢。〔註43〕

前面說過，信徒們固然基於對佛陀的懷念，而崇拜佛塔、佛舍利及佛的遺物，
還有佛像等等。然而，讓他們日益不斷，代代相傳崇拜佛塔舍利的因素，卻
不見得是對佛陀永恆的懷念。此經中，開示了如何得見「普賢菩薩」的方法，
由於能夠見到普賢菩薩，向菩薩行種種懺悔、發願，並請菩薩教誨，終究能
夠進入「諸佛現前三昧」，得見諸佛國土，了了分明。天臺智者大師便是依此

　　　　北市：佛光出版社，1995年8月初版七刷），頁1652～1655的故事。

〔註41〕請見《佛門必備課誦本》（臺北市：大乘精舍印經會，民國80年4月四版），
　　　　頁36～37。

〔註42〕請見《佛光大辭典（四）》（臺北市：佛光出版社，民國86年5月初版九刷），
　　　　頁3912。

〔註43〕請看《大正新修大藏經》第九冊（臺北市：新文豐出版有限公司，民國72年
　　　　修訂版），頁390。

法精修「普賢道場」，終於入「法華三昧」，見到佛在靈山講法，仍未停止〔註44〕。因而創制了舉世聞名的《法華三昧懺儀》。可見佛教徒對於佛塔、佛像的崇拜，未必就是因為佛教徒對佛陀永遠的懷念，而是藉由佛陀的教法修行，能夠與佛菩薩相應，得由佛菩薩親自教誨，一如佛陀涅盤之前。諷誦佛菩薩名號，或讀大乘經典，要者即奉請佛菩薩降臨，去除障礙，開啓佛菩薩之知見，然後向佛菩薩表明心願，通常都有「表白」、「發願」與「迴向」的做法，以此三者為要。後來在中國流行的懺儀、超薦法會都是以召請諸佛菩薩為一個修行重要的環節，也是一般日課儀式上的重要環節。即如現在臺灣佛教常用早晚課，亦有此儀節，最常見的即是唱誦所謂的《香讚》：

> 爐香乍熱，法界蒙薰，諸佛海會悉遙聞，隨處結祥雲，誠意方殷，
> 諸佛現全身。〔註45〕

通常《香讚》都是應用在第一個儀節。由於在此唱誦之後，即唱唸「南無某某佛菩薩」名號三稱，故筆者以為此即奉請諸佛菩薩蒞臨道場的召喚之儀節。由於能夠召請諸佛菩薩降臨，是以佛事才能進行，這就是音聲，可以成為佛事的基本觀念。

（三）讚佛與歎佛

皈依三寶，自然就是對佛菩薩的德行肯定，而興起對佛菩薩的尊敬，當然就少不了讚嘆。讚佛與歎佛，主要就是稱讚佛菩薩的德行。《南海寄歸內法傳》卷第四說：

> 神州之地，自古相傳，但知禮佛題名，多不稱揚讚德，何者？聞名
> 但聽其名，罔識智之高下，讚歎具陳其德，故乃體德之弘深。即如
> 西方制底畔睇及常途敬禮。每於晡後或曛黃時，大眾出門繞塔三匝，
> 香花具設並悉蹲踞，令其能者作哀雅聲，明徹雄朗讚大師德。〔註46〕

可見讚佛之禮，自印度以來即有。其之所以在儀式中居於重要位置，成為修行法門之一，主要原因是讚佛與歎佛是有其功德的。《釋氏要覽》引《菩薩本

〔註44〕慧思大師稱讚智者大師說：「非汝勿證，非我莫識，所證者：法華三昧前方便也，所發持者，初旋陀羅尼也。」請看《大正新修大藏經》第五十冊（臺北市：新文豐出版有限公司，民國72年修訂版），頁92。

〔註45〕請見《佛門必備課誦本》（臺北市：大乘精舍印經會，民國80年4月四版），頁41。

〔註46〕請看《大正新修大藏經》第五十四冊（臺北市：新文豐出版有限公司，民國72年修訂版），頁227。

行經》說：

> 阿難白佛：「若使有人以四句偈讚嘆如來，得幾功德？」佛言：「正
> 使億百千那術無數眾生，皆得辟支佛道，設有人供養是等衣服、飲
> 食、醫藥、床臥敷具，滿百歲，其功德多否？」「可難言甚多！」佛
> 言：「若人以四句偈，用歡喜心讚歎如來，所得功德，過於上福，百
> 千萬億倍，無以爲喻。」〔註47〕

如此看來，歎佛讚佛的功德如此殊勝，自然成爲修行法門之一。是以《華嚴
經・入不思議解脫境界普賢行願品》將「歎佛、讚佛」列爲第二，名之曰「稱
讚如來」〔註48〕。稱讚如來功德，主要就是心中生起對如來功德的欣慕，進
而能夠發出菩提心，是以稱讚佛德乃爲重要修行法門之一，列爲佛教徒唸誦
要目之一。

　　與「讚佛、歎佛」相關的則是向佛陀菩薩聲聞等進行供養。對佛菩薩的崇
拜，最直接的表現，就是皈依與供養承事。「供養如來」的功德也是十分可觀的，
《華嚴經・入不思議解脫境界普賢行願品》列爲緊臨於「稱讚如來」之後，名
之曰「廣修供養」。供養如來的功德，如同《釋氏要覽》引《寶積經》說：

> 廣博仙人問：「佛滅度後，云何種植，獲福報耶？」佛言：「諸如來
> 者，皆是法身，若在世，若滅後，所有供養，福無有異。」又問：「福
> 爲積聚耶？」佛言：「譬如甘蔗未壓之時，汁不可見。彼於一節二節
> 之中，求汁積聚了無見者。然彼汁不從外得，福德果報亦復如是。
> 不在施主手中、心中、身中，亦不相離。猶影相隨。」〔註49〕

而《優婆塞戒經》說：

> 佛言：「有人言供養施於塔像，不得壽命、色力、安樂、辯才，以無
> 受者故。是義不然，有信心故。用施主信心布施，是故得五常福報。
> 譬如比丘修習慈心，實無受者，而亦獲得無量果報。」〔註50〕

供養佛菩薩如這樣的福報，「亦不相離，猶影相隨」，能獲得「無量果報」。是
故佛教徒常常修習。自古以來，最常在儀式上獻上香、華、燈燭、水、蔬果、

〔註47〕同註46，頁287。
〔註48〕請看《大正新修大藏經》第十冊（臺北市：新文豐出版有限公司，民國72年
　　　　修訂版），頁844。
〔註49〕請看《大正新修大藏經》第五十四冊（臺北市：新文豐出版有限公司，民國
　　　　72年修訂版），頁287。
〔註50〕同註49。

素食等，是故在梵唄裡都有相關讚偈。即如現在這些讚偈都還在使用，如《佛門必備課誦本》就有《虔誠獻香華》、《香花燈塗果》等讚偈。

（四）懺　悔

改惡修善是佛教根本的教義。特別是大乘佛教，認為人生是由久遠劫以來生死相續而來，今後還須經無數生的修行，以至成佛，方能結束輪迴。其中，造成輪迴最主要的原因，就是罪業的關係。因此要消除過去所作的一切惡行，才能夠清淨自己成佛的障礙。懺悔是在這樣的思想體系之下建立起來的修行法門，因此成為佛門重要的儀軌。

一般來說，大乘佛教懺悔修行方法大約有兩大類：一種是集經典所說的懺悔罪過方法製作懺儀，另一種則是修習止觀行法來懺除罪業。

當前最流行的懺本有《三千佛洪名寶懺》、《萬佛名懺》、《梁皇寶懺》、《藥師懺》、《慈悲三昧水懺》、《大悲懺》等等，大部分都是依照經典中記錄相關懺悔方法，按照經文增修科儀而成的懺儀。例如《藥師懺》的儀節，是依照《藥師如來本願功德經》增訂科儀而成。這些科儀當中，不外乎《香讚》、《讚佛偈》、諸佛名號等等。這些增訂的科儀大部分都梵唄。因此有些法會以這些懺儀做中心舉行。如臺灣佛教寺廟常見的「梁皇寶懺」法會、「藥師懺」法會、「三昧水懺」法會等等。其中「梁皇寶懺」的法會最有名，被視為「大懺」。通常都舉行七天，真可謂不小。這些拜懺的法會，都有儀節的設置，都有梵唄的設置。

而如有些罪業，無法使用一般懺悔方法淨除，那就是「五逆重罪」，即「殺父、殺母、殺阿羅漢、破和合僧、出佛身血」五條極為嚴重的罪業，這些罪業是無法使用一般拜懺的方法來解決。然成為佛教徒修行過程中嚴重的障礙，因此必須解決。故天臺智者大師特別開舉「四種三昧」懺悔法門。《摩訶止觀》卷四上說：

> 事理二犯俱障，止觀定慧不發。云何懺悔令罪消滅不障止觀耶？若犯事中輕過，律文皆有懺法，懺法若成，悉名清淨。戒淨障轉，止觀易明。若犯重者佛法死人，小乘無懺法，若依大乘許其懺悔，如上四種三昧中說，下當更明。……若犯事中重罪，依四種三昧則有懺法。……《妙勝定》云：四重五逆，若除禪定，餘無能救。〔註51〕

───────────

〔註51〕 請看《大正新修大藏經》第四十六冊（臺北市：新文豐出版有限公司，民國72年修訂版），頁39。

因此智者大師特別針對「五逆重罪」開出了「四種三昧」來作為懺除罪障的清靜教法。也就是《法華三昧行法》、《方等三昧行法》等等各種三昧行法。這些行法當中的儀節，大部分智者大師都有註解，其行法見諸於《國清百錄》。到了唐代，荊溪湛然大師又做了一些《補助儀》，其組織程序是：「一、嚴淨道場，二、淨身、三、三業供養，四、奉請三寶，五、嘆讚三寶，六、禮拜，七、懺悔，八、行道旋繞，九、誦經，十、坐禪正觀實相」等十個主要儀節，成了後代許多著名懺法的範本。上述十個儀節當中，其中從「三、三業供養」開始到「九、誦經」都是有讚偈與經唄的。

由此可知，不論是從諸經所說，來懺悔罪過的方法也好，還是修習止觀行法來懺除罪業也好，都可以看到梵唄在其中扮演的角色。

（五）「發願」與「迴向」

召請佛菩薩來到道場，最重要的，當然是希望佛菩薩能夠善巧教導教法，以完成自己的成就菩提的願望。這種心願，則必須當著佛菩薩的面，親自向佛菩薩稟報，就是所謂的「發願」。所謂的「發願」，也就是「發起誓願」之意。又作發大願、發願心、發志願、發無上願。總而言之，就是發求佛果菩提的「菩提心」，最常見的就是所謂的「四弘四願」，如《摩訶止觀》說：

> 眾生無邊誓願度，煩惱無量誓願斷，法門無盡誓願知，無上佛道誓
> 願成。〔註52〕

「四弘四願」是一切菩薩「因位」時所應發起的四種廣大的願，也就是成佛果所必經的道路，就是表明自己為求無上正等正覺的決心與願望，故又稱為「總願」。而有的菩薩則因為特別因緣，發出特別的願誓，如《無量壽經》說阿彌陀佛在行菩薩道時，即發「四十八大願」，成就「西方極樂世界」的方便施設，以滿足度化一切眾生的願望〔註53〕。而淨土宗盛行以後，便有修行人以「往生」作為重要的願望，故「發願」也在儀軌過程中，是一個十分重要的儀節。

而迴向，又作「轉向」、「施向」。意謂以自己所修法獲得的功德，迴轉給眾生，並使自己趨入菩提涅槃。有人則以自己所修之善根，為亡者追悼，以期亡者安穩。許多經論都有提到有關迴向的說法。慧遠之《大乘義章》卷九

〔註52〕同註51，頁139。現在的臺灣佛教則常使用：「眾生無邊誓願度，煩惱無盡誓願斷，法門無量誓願學，佛道無上誓願成。」係採自《六祖壇經》所說。

〔註53〕請看《大正新修大藏經》第十二冊（臺北市：新文豐出版有限公司，民國72年修訂版），頁267。

將迴向為三種：

甲、菩提迴向，迴己所修之一切善法，以趣求菩提之一切種德。

乙、眾生迴向，念眾生故，迴己所修一切善法，願以與他。

丙、實際迴向，以己之善根迴求平等如實法性。〔註54〕

由於「迴向」是將自己所修功德，迴轉給眾生緣故，因此迴向通常都放置在儀軌完成以前，也是象徵著儀式圓滿完成之意。因此「迴向」自古以來在各種梵唄當中，是重要的梵唄之一。通常是詩偈體，與各宗派修行目標有關，如淨土宗常用的：

願以此功德，莊嚴佛淨土，上報四重恩，下濟三塗苦，若有見聞者，

悉發菩提心，盡此一報身，同生極樂國。〔註55〕

是以將所得功德，全部迴轉給一切眾生，讓眾生和自己一樣都能往生淨土，一起聆聽阿彌陀佛的教誨。真可謂菩薩之大心大願了！

二、誦經的功德

比起崇拜佛陀遺物，及佛塔與寺的感應事蹟毫不遜色的，要算是佛陀的經典與咒語了，這裡先說經典的部份。「三皈依」當中有「歸依法」，既然皈依了法，法的主要傳承對象就是僧，昔日由聖賢僧口裡誦讀出來，經過結果而成的就是「經」。

雖然關於「經」的結集已有多次，然佛教徒相信許多的佛教都是佛陀說的，因此持誦經典也會獲得感應，獲得佛菩薩保佑。在印度佛教時代，誦經獲得感應的事蹟就已經廣泛流傳。據說在錫蘭、緬甸等南傳佛教國家，也有這樣經文，誦持也會有消災、召吉祥的效果。就印順法師的考證，南傳佛教中有《小部》中有名為《小誦》的，內有九部：有《三皈文》、《十戒文》、《三十二身分》、《問沙彌文》、《吉祥經》、《三寶經》、《戶外經》、《伏藏經》、《慈悲經》，這九部當中除了《戶外經》和《伏藏經》，其他七部，受到錫蘭佛教的敬重。如有疾病、死亡、新屋落成等事情，就誦讀這些經典，認為有降邪祈福的功效。〔註56〕

〔註54〕請看《大正新修大藏經》第四十四冊（臺北市：新文豐出版有限公司，民國72年修訂版），頁636。

〔註55〕請見《佛門必備課誦本》（臺北市：大乘精舍印經會，民國80年4月四版），頁137。

〔註56〕請看印順法師著，《初期大乘佛教之起源與開展》（臺北市：正聞出版社，民

　　讀誦經典的功德，這種說法，在大乘佛教也是有的。《般若經》系統的經典就勸大家能夠讀、誦、受持、書寫與供養（般若）經典的功德。瑜珈行派《辯中邊論》便將《般若經》所說的稱爲「十事」：

　　　　於此大乘有十行法：一、書寫；二、供養；三、施他；四、若他讀
　　　　誦，專心諦聽；五、自被讀；六、受持；七、正爲他開演文義；八、
　　　　諷誦；九、思惟；十、修習。〔註57〕

書寫，就是寫經；供養，就是將寫成的經典供奉起來，用香、華來莊嚴供養；施他，則是將經卷布施給人；自被讀，是依照經本來讀；這幾件事情都因爲書寫的興起而成立。本來只是諦聽、受持、諷誦；諷誦是爲了文句的流利，也是爲了口傳傳統而設的施設。《般若經》如此讚嘆書寫、讀誦等功德，不外乎希望人們能夠親聆教典，增長智慧的舉動。這是因爲誦持佛典，將可以獲得「文字般若」。所謂的「般若」，是「眞實的智慧」，非世間一般智慧，乃是佛的境界之智慧。文字般若，主要的意思是，由文字詮釋出意義，藉由產生般若，才算是文字般若。譬如講到《般若波羅蜜經》這本經典並非般若，但若能夠詮釋經文，便生出智慧來，那就是文字般若。龍樹菩薩在談到「六度」之一的「般若波羅蜜」，認爲「般若波羅蜜」是大智慧，可分爲三種：

1. 觀入：以下可分爲三種：謂「聞」、「思」、「修」。

2. 約境：以下可分爲三種：謂「世諦智」、「第一義諦智」、「一實諦智」。

3. 隨義：以下可分爲三種：謂「清淨智」、「一切智」、「無礙智」（以上請見《大正藏》第四十四冊，頁 669）。

　　由於讀誦經典，可以經由文字，得能詮解出這種「般若智慧」來。是以大部分的大乘經典都不約而同的強調讀誦的功德來。讀經使人了解更多佛法義理，增加智慧的理解力、觀照力。是以誦持經典有很多的不可思議功德出現，與此或有關係。有鑑於誦經可以有不可思議的功德，智者大師曾經創出一種「觀心誦經法」來。這個方法主要就是要行者藉由誦經來懺悔罪障，運心起觀，以「空、假、中」一心三觀即爲妙也。詳情請見《卍字續藏經》第九十九冊，頁 111～113。其方法即就上述「文字般若」義理做基礎。

　　然而亦有相應於「世間法」，凡間俗情的部份不可思議的功德。若是這樣

　　　　國 78 年 10 月六版），頁 519。

〔註57〕請看《大正新修大藏經》第三十一冊（臺北市：新文豐出版有限公司，民國
　　　　72 年修訂版），頁 474。

看起來，似乎不免有些玄妙。其實，若因誦讀經典，能獲得「文字般若」，獲得龍樹菩薩所說的那樣智慧，像《小品般若波羅蜜經》的《塔品》和《明咒品》所說到的做這些現世的利益，應該是不怎麼奇怪的：

1. 不橫死。
2. 在在處處無有恐佈。
3. 犯官事官事即滅。
4. 父母知識所愛敬。
5. 身體健康。
6. 不說無益語。
7. 不起煩惱。
8. 不能毀亂佛法。
9. 說法無有畏難。〔註58〕

上述這些功德利益，據說讀誦這類大乘經典會獲得諸天來護持有關，若就前述「文字般若」來講，誦持經典能夠因般若啓發了自己的「清淨智」、「一切智」、「無礙智」，則前述一切不可思議現象則沒什麼稀奇。正因爲讀誦《般若經》，稱念「般若波羅蜜多」，將獲得諸佛的護持，有很大的功德利益。在中國流傳甚廣，著名的《般若波羅蜜多心經》上說：

> 故說般若波羅蜜多，是大神咒，是大明咒，是無上咒，是無等等咒，
> 能除一切苦，眞實不虛。

讀、誦、受持、書寫與供養（般若）經典的功德，確實非同凡響。而《法華經》、《華嚴經》、《淨名經》、《藥師琉璃光如來經》等諸大乘經典都有這樣的教論。難怪大乘佛教會這樣蓬蓬勃勃的發展起來。誦經的奇妙故事，終究是佛教徒最津津樂道，且成爲促使佛經流通廣泛的主要原因之一。誦經到底有那些神奇故事，其實是很多的。茲舉《高僧傳》爲例，在《誦經篇》有這樣的故事：

> 釋僧生，……誦《法華》，習禪定。常於山中誦經，有虎來蹲其前，誦竟乃去。
>
> 釋法相，……常山居精苦，誦經十萬餘言，鳥獸集其左右，皆馴若家禽。

〔註58〕請看《大正新修大藏經》第八冊（臺北市：新文豐出版有限公司，民國72年修訂版），頁541～545。

> 釋法恭，……誦經三十餘萬言，每夜諷詠，輒有殊香異氣，入恭房
> 者，人皆服之。〔註59〕

誦經能夠伏虎、並使鳥獸馴如家禽一般，更有瑞相，使香氣入房，使眾人欽服。只是誦經，便能夠神奇至此，其實像這樣神奇的故事還有很多，甚且有專書論述，關於法華經的《弘贊法華傳》、《法華傳記》，還有《三寶感應要略錄》（以上諸書見收於《大正藏》第五十一冊內）等等。要言之，誦經的不可思議功德十分的多，難怪在佛教界會那麼流行，一直到現在，歷久不衰。

三、神奇的咒語和陀羅尼

人類的語言，自來即以說明事理，更有感動人心的力量。古人對語言認係有其神祕的一面，特別是巫師、先知的語言。印度婆羅門教思想特別就《吠陀》語言部份，認係是天神（梵天）所創，《吠陀》語言乃為天啟，有其神聖性，故強調口傳，即使《吠陀》語言與生活用語有所差異都在所不惜。

印度對於語言神祕性的認知，或許對佛教有所影響。印度自《阿闥婆吠陀》（Atharvana-veda）流行以來，一種叫做「Mantra」的咒語非常流行〔註60〕。然而這對於修道而言，咒術是沒有益處的，早期印度佛教對於這些婆羅門的這些諸如咒語、祭祀等「行為」是採取隔離的政策。佛陀在《長阿含經》卷十四《梵動經》裡特別強調：

> 如餘沙門、婆羅門食他信施，行遮道法，邪命自活，召喚鬼神，或復
> 驅遣，種種厭禱，無數方道，恐熱於人，能聚能散，能苦能樂，又能
> 為人安胎出衣，亦能咒人使作驢馬，亦能使人聾盲瘖啞，現諸技術，
> 又手向日月，作諸苦行以求利養；沙門瞿曇無如是事。如餘沙門、婆
> 羅門食他信施，行遮道法，邪命自活，或為人咒病，或誦惡咒，或誦
> 善咒，……或咒水火，或為鬼咒，或誦剎利咒，或誦象咒，或支節咒，
> 或安宅咒，或火燒、鼠嚙能為解咒，或誦知生死書，或誦夢書，或相
> 手面，或誦天文書，或誦一切音書；沙門瞿曇無知此事。……〔註61〕

如前所說，佛陀的「沙門瞿曇無如此事」，無非就是告訴對方，這些婆羅門及

〔註59〕請看《大正新修大藏經》第五十冊（臺北市：新文豐出版有限公司，民國72年修訂版），頁406。

〔註60〕同註56，頁511。

〔註61〕請見佛光大藏經編修委員會所編，《佛光大藏經·阿含藏·長阿含經（二）》（臺北市：佛光出版社，1995年8月初版七刷），頁534。

其他外道所作的與「邪命」相關的一切事業，沙門瞿曇不會做，而他的僧團也不可能會做，也不會用這些獲取生活（邪命）。然而，婆羅門的一切咒術，佛陀是不會故意去做，但並不代表僧團就不會這些咒術與沒有「咒」的觀念。例如用來治蛇的咒語，很可能是最早引入佛教中的咒語。《雜阿含經》說：

> 即爲舍利弗而說偈言：「常慈念於彼……難陀跋難陀，慈悲於無足，及以二足者，四足與多足，亦悉起慈悲，慈悲於諸龍，依於水路者，慈一切眾生，有畏及無畏，……如此真諦言，無上大師說，我今誦習此，大師真實語，一切諸惡毒，不能害我身。……故說是咒術章句，所謂……。」〔註62〕

佛陀即爲其弟子說了「蛇咒」。這是《阿含經》內唯一可以看到的咒語。不過起初印度部派佛教，還不太允許僧人學咒。到後來若是用來自衛用的「咒語」，引用世俗的防治蛇毒的咒語也就許可了。《四分律》說：

> 若學咒腹中蟲病，若治宿食不消；若學書、學誦，若學世論爲伏外道故；若學咒（除）毒：爲自護，不以爲活命，無犯。〔註63〕

於是在爲了自衛、治病的咒語，僧團開許可以學習。然而，一切若與此無關的嚴格來說還是不可以學。然而在北印度及西北印度活躍的「說一切有部」對於咒術的學習有了很大的開禁，《根本說一切有部毘納耶》有這樣的記錄：

> 圍彼城郭，即於其伎，通宵誦（三啓）經，稱天等名而爲咒願。願以此福，資及梵天此世界主，帝釋天王，并四護世，及十八種大藥叉大將，般支迦藥叉大將，執杖神王所有眷屬，難陀、鄔波難陀大龍王等。……并設祭食，供養天神。〔註64〕

可見「說一切有部」就有這種供養天、神祇與誦經的方法。到此小乘的印度佛教也大量容許咒術的學習了。但是這種咒術始終沒有能夠成爲部派佛教的主要修行法門。原因就是聲聞乘對聲音的看法與大乘佛教不同。聲聞乘對解脫法，仍然強調「禪坐」。所以部派佛教對咒的觀念，還是停留在咒術之上。

然而，大乘佛教對於咒語，則是視爲「方便法門」，大乘佛教則教以所謂

〔註62〕請看《大正新修大藏經》第二冊（臺北市：新文豐出版有限公司，民國72年修訂版），頁61。
〔註63〕請看《大正新修大藏經》第二十二冊（臺北市：新文豐出版有限公司，民國72年修訂版），頁775。
〔註64〕請看《大正新修大藏經》第二十三冊（臺北市：新文豐出版有限公司，民國72年修訂版），頁753。

的「陀羅尼門」又稱之為陀羅尼章句。關於陀羅尼的意義，《大智度論》是這樣解釋的：

> 云何陀羅尼？答曰：陀羅尼，秦言：「能持」；或言「能遮」。能持者，集種種善法，能持令不散不失，譬如完器盛水，水不漏散。能遮者，惡不善根生，能遮令不生，若欲作惡罪，持令不作。是名陀羅尼。
> 〔註 65〕

陀羅尼（dhāranī），龍樹菩薩解釋：譬如「或心相應，或心不相應；或有漏，或無漏」等等經過整理，統攝諸法的「記憶術」，陀羅尼就是這樣的東西。菩薩一切所聽聞到的法，都以能夠憶持，是故號為「陀羅尼」。龍樹菩薩告訴我們，菩薩得到陀羅尼的力量，可以達到「一切魔王、魔民、魔人無能動，無能破，無能勝。」〔註 66〕

以上所說陀羅尼，算是佛教神奇的章句，也可算是佛教特別的文章體裁。關於陀羅尼的意義與教理，筆者以為，除了密宗以外，就屬《般若經》系統經論開示較有代表性。《大般若經》告訴我們，陀羅尼是這樣修得的：

> 希有菩薩摩訶薩行深般若波羅蜜多時，教誡教授諸餘菩薩摩訶薩言：「來善男子，汝應善學引發諸字陀羅尼門。謂應善學一字二字乃至十字。如是乃至二十、三十，乃至若百若千，若萬乃至無數引發自在。又應善學一切語言，皆入一字，或入二字，乃至十字。如是乃至或入二十，或入三十，乃至若百、若千、若萬，乃至無數引發自在。又應善學於一字中攝一切字，一切字中攝於一字引發自在。又應善學一字能攝四十二字母，四十二字母能攝一字。善現，是菩薩摩訶薩應如是善學四十二字入於一字，一字亦能入四十二字，如是學已，於諸字中引發善巧，於引發字得善巧，如諸如來應正等覺，於法善巧。於字善巧，以於諸法諸字善巧，於無字中亦得善巧，由善巧故能為有情，說有字法，說無字法，說有字法，所以者何？離字、無字、無異佛法。過一切字名真佛法。所以者何？以一切法一切有情皆畢竟空、無際空故。」〔註 67〕

〔註 65〕請看《大正新修大藏經》第二十五冊（臺北市：新文豐出版有限公司，民國72年修訂版），頁 95。

〔註 66〕同註 65，頁 95～96。

〔註 67〕請看《大正新修大藏經》第七冊（臺北市：新文豐出版有限公司，民國72年修訂版），頁 378。

從上面《大般若經》的解釋來看,「陀羅尼」是這樣修的:

1. 陀羅尼是一種類似現代科技,「濃縮」的技術,這種「濃縮」技術不僅可以將教法以高級的智慧收攝一切教法,更重要的是,它還可以還原這些教法。相當於我們日常生活常見的「綜合維他命」,相當於一定數量果蔬的集合才能擁有的營養量,一顆維他命藥丸就可以達成。人類食用這些「濃縮藥丸」,就可以達到食用一定數量果蔬的營養量。「陀羅尼」是一種極高智慧的結晶,就是一法收攝諸法,這一法又可以引發諸法,使得少數幾個文字,可以「引發諸字」,行者修持陀羅尼,可以從此獲得良好的學習效果。陀羅尼所學習的對象乃為文字,與語言,亦即從文學開始(也就是「聲明」)。

2. 製作陀羅尼的原理,就是「即於一法之中,持一切法」、「於一文之中,時一切文」、「於一義之中,持一切義」。用俗語來說,亦即學術的整理,此間包含了邏輯、義理與語文知識的整理。

3. 這樣的整理,思惟,是為了什麼?「四十二字入於一字,一字亦能入四十二字」,這樣學下來,就是為了能夠「於諸字中引發善巧,於引發字得善巧」以及「於法善巧。於字善巧,以於諸法諸字善巧,於無字中亦得善巧」,最後能夠「由善巧故能為有情,說有字法,說無字法,說有字法」,而此開示出佛法的真諦:「離字、無字、無異佛法。過一切字名真佛法」。

由上述這樣的修行,去觀此一法一文一義,而能聯想一切之法,總持無量佛法而不散失。最後終於能夠總持各種善法,能遮除各種惡法於一念心之中。這就是陀羅尼。不同於外道咒語(mantra)的地方。由於菩薩以利他為主,為教化他人,必須得到「陀羅尼」,得此則能不忘失無量之佛法,而在眾中無所畏,同時亦能自由自在的說教。有關菩薩所得之陀羅尼,諸經論所頗多。及至後世,因陀羅尼之形式,顯同誦咒,因此後人將其與咒混同,遂統稱咒為陀羅尼。

關於陀羅尼之種類,依《大智度論》的分類,陀羅尼分為四類:

1. 聞持陀羅尼:得是陀羅尼者,一切語言諸法耳所,耳聞之事不忘失,即是聞持陀羅尼。

2. 分別知陀羅尼:能區別一切邪正、好醜之能力。

3. 入音聲陀羅尼:聞一切言語音聲,不喜不瞋,一切眾生如恆河沙等劫,惡言罵詈,心不憎恨。這是因為前面有提到,陀羅尼的修持是來自「於

法善巧。於字善巧，以於諸法諸字善巧，於無字中亦得善巧」，而能夠「離字、無字、無異佛法。過一切字名眞佛法」，一切法皆空，故毀譽不及己身。〔註68〕

4. 字入門陀羅尼：這是《大般若經》所開示的，如前所示，「四十二字入於一字，一字亦能入四十二字」，這樣學下來，就是爲了能夠「於諸字中引發善巧，於引發字得善巧」，如此「由善巧故能爲有情，說有字法，說無字法，說有字法」即可體達諸法實相；蓋以悉曇四十二字門總攝一切言語之故。〔註69〕

然而受持「陀羅尼」的人，目的則是在於可以進入「三摩地」，也就是「定」，由定而能發慧。因此受持陀羅尼可以獲得智慧。關於這一點，《大智度論》提到：

陀羅尼如《讚菩薩品》中說門者，得陀羅尼方便諸法是。如三三昧名解脫門，何者是方便？若人欲得所聞皆持，應當一心憶念，念念增長。先當作意於相似事，繫心令知所不見事，如周利槃陀迦，繫心拭革徒物中，令憶禪定除心垢法，如是名初學聞持陀羅尼。三聞能得心根轉利，再聞能得成者，一聞能得，得而不忘。是爲「聞持陀憐尼初方便」。或時菩薩入禪定中，得不忘解脫、不忘解脫力故。一切語言說法，乃至一句一字皆能不忘。是爲第二方便，或時神咒力故。得聞持陀憐尼。或時先世行業因緣受生，所聞皆持不忘。如是等名聞持陀羅尼門。〔註70〕

上面舉出，如周利槃陀迦的故事，因太過愚笨，無法記得住一偈。佛陀教他所給的一句「掃塵除垢」（故事見《法句譬喻經》卷二）〔註71〕這句話就是所謂佛陀的「陀羅尼」。周利槃陀伽經常憶念不忘，掃地除垢念念不忘，一心不亂，終於能夠與此「陀羅尼」相應，使心地光明，證得大阿羅漢果。因此憶持陀羅尼能夠獲得如是功德，亦即「當一心憶念，令念增長。先當作意於相

〔註68〕請看《大正新修大藏經》第二十五冊（臺北市：新文豐出版有限公司，民國72年修訂版），頁96。

〔註69〕請看《大正新修大藏經》第七冊（臺北市：新文豐出版有限公司，民國72年修訂版），頁378。

〔註70〕請看《大正新修大藏經》第二十五冊（臺北市：新文豐出版有限公司，民國72年修訂版），頁268。

〔註71〕請看《大正新修大藏經》第四冊（臺北市：新文豐出版有限公司，民國72年修訂版），頁588。

似事，繫心令知所不見事」，這就是陀羅尼章句的奧妙所在，也就是佛法與外道咒語最大的不同。要言之，誦持陀羅尼章句，可以入三摩地。但是菩薩入三摩地以後，也可以獲得陀羅尼，誠如《大智度論》卷二十八所說：

> 如人得聞陀羅尼，雖心瞋恚亦不失，常隨人行，如影隨形，是三昧修行習久後能成陀羅尼，如眾生久習欲，便成其性。是諸三昧共諸法實相智慧，能生陀羅尼。〔註72〕

因此，陀羅尼不僅是能夠導入三摩地，更可以因為三摩地觀諸法實相，可以導出陀羅尼來。這個教法真是奧妙無比。然而陀羅尼的教法，卻只有大乘佛教才有，聲聞乘是沒有陀羅尼的。這是因為：

> 菩薩為一切眾生故，須陀羅尼持諸功德故，復次聲聞法中，多說諸法生滅無常相，故諸論師言：諸法無常，若無常相則不須陀羅尼，何以故？諸法無常相，則無所持，為過去行業因緣不失。〔註73〕

因此聲聞乘教法在基本上就與菩薩乘教法有很大不同，要言之，就是在於大乘的基本教理，就是「法生滅相不實，法不生滅相亦不實，諸觀諸相皆為實」〔註74〕的般若思想，是故要學陀羅尼法，必須要學摩訶般若波羅蜜。

因此，我們也就明白，「陀羅尼」的本意就是可以攝取法義的總整理之下的「口訣」。透過這類的「口訣」，使得佛教有別開於外道的「咒語」。佛教有許多這樣的「陀羅尼」，誦持這些陀羅尼的感應故事也是多得不得了。就舉當前臺灣佛教最流行的「大悲咒」來說，大悲咒就是「大悲心陀羅尼」，是觀世音菩薩的「心咒」。《千手千眼觀世音菩薩廣大圓滿無礙大悲心陀羅尼經》說明「大悲咒」是：

> 誦持此陀羅尼者，當之其人即是佛身藏，九十九億恆河沙諸佛所愛惜故。當知其人是光明身，一切如來光明照故；當知其人是慈悲藏，恆以陀羅尼就眾生故；當知其人是妙法藏，普攝一切諸陀羅尼門故；當之其人是禪定藏，百千三昧常現前故；當知其人是虛空藏，常以空慧觀眾生故；當知其人是無畏藏，龍天善神常護持故；……當知其人是神通藏，遊諸佛國得自在故。〔註75〕

〔註72〕 請看《大正新修大藏經》第二十五冊（臺北市：新文豐出版有限公司，民國72年修訂版），頁269。

〔註73〕 同註72。

〔註74〕 同註72。

〔註75〕 請看《大正新修大藏經》第二十冊（臺北市：新文豐出版有限公司，民國72

由於《大悲心陀羅尼》是這樣一個攝盡許多法藏在裡頭，誦持此咒亦可入三摩地，蓋乃「百千三昧常現前故」緣故，又可以醫治百病，同時可以消災解厄，種種不可思議的福德，因此自古以來受持的人非常多。然而，時人經常把陀羅尼（dhāranī）應該和曼陀羅（mantra）弄混，以爲陀羅尼只是「咒」，所以《大悲咒》僅只是一個「咒語」。筆者以爲，陀羅尼（dhāranī）應該和曼陀羅（mantra）是不一樣的東西，綜合前面論述我們可以知道，陀羅尼是大乘佛教特有的產物，與曼陀羅（mantra），用來指稱一般咒術，有很大的差別。蓋因陀羅尼是諸佛菩薩入三摩地，精通嫻熟此三摩地以後，了知法性，與眾生的心性，爲接引眾生入道所獲得的收穫與成果。《千手千眼觀世音菩薩廣大圓滿無礙大悲心陀羅尼經》說：觀世音菩薩聽聞此「大悲心陀羅尼」章句，就：

> 我於是時始住初地，一聞此咒故超第八地。〔註76〕

由此可知，該陀羅尼威力是有一定的力量。裡面所含攝的義理該有多麼龐大，可以讓一個初地菩薩超爲八地菩薩。鑑於該陀羅尼的方便力與威神力驚人，佛教徒自然就趨之若鶩，甚且訂爲每日早課，也有每天自修多遍的。不同於印度部派佛教時代開許的「咒」，大乘佛教的陀羅尼通常會進入儀式裡面，如《佛門日課誦》的早晚課內；或是因該陀羅尼爲中心，形成一個儀軌，如眞言宗與密宗的各種儀軌與唸誦法。這是聲聞乘所沒有的。

四、方便法的極致──佛菩薩聖號

嚴格說起來，佛菩薩名號也應該是一種「陀羅尼」。佛菩薩名號，簡直就是大乘佛教的極致，只要以口誦佛號，就可以往生佛國淨土。此一教法實在方便已極。故古代即已流行，特別是在當前臺灣佛教更是成爲主流。

要探討「淨土」之教，首先我們先從「感應」談起，所謂的「感應」，就是指眾生之所感與佛之能應相交之意。佛陀與眾生之關係如同母子之情，此既非眾生之自力，亦非教化所致，乃由於機緣成熟，佛陀之力量自然能與之相應，亦即眾生之「感」與佛陀之「應」互相交融。復次，眾生之根性有百千之多，故諸佛之巧應亦有無量之數，由是而有各種不同之機應，而此一道理，說之最明者莫過於《楞嚴經》的《大勢至念佛圓通章》：

年修訂版），頁 106。

〔註76〕同註72。

譬如有人，一專爲憶，一人專志，如是二人，若逢不逢，或見非見。
二人相憶，二憶念深，如是乃至從生至生，同於形影，不相乖異。
十方如來憐念眾生，如母憶子。若子逃逝，雖憶何爲。子若憶母如
母憶時，母子歷生不相違遠。若眾生心憶佛念佛，現前當來必定見
佛。去佛不遠，不假方便自得心開。如染香人，身有香氣。此則名
曰香光莊嚴。我本因地以念佛心，入無生忍。今於此界，攝念佛人
歸於淨土。佛問圓通，我無選擇，都攝六根淨念相繼，得三摩地，
斯爲第一。〔註77〕

本來「淨土」的意義，是指以菩提修成之清淨處所，爲佛所居之所。又稱「清
淨土」、「清淨國土」、「清淨佛刹」，也稱「淨刹」、「淨界」等名。相對而言，
眾生居住之所，有煩惱污穢，故稱「穢土」。淨土，係專於大乘經中所宣說，
以灰身滅智無餘涅槃爲理想之小乘教無此說。即大乘佛教認爲涅槃有積極之
作用，而得涅槃之諸佛，各在其淨土教化眾生，故凡有佛所住之處即爲淨土。
然而，一個淨土的成就，卻不是那麼容易的，《維摩經》卷上《佛國品》就提
到一個淨土形成的原理：

爾時長者子寶積。說此偈已。白佛言：「世尊。是五百長者子。皆已
發阿耨多羅三藐三菩提心。願聞得佛國土清淨。唯願世尊。說諸菩
薩淨土之行。」佛言：「善哉寶積。乃能爲諸菩薩。問於如來淨土之
行。諦聽諦聽。善思念之。當爲汝說。……佛言：「寶積。眾生之類
是菩薩佛土。所以者何？菩薩隨所化眾生而取佛土。隨所調伏眾生
而取佛土。隨諸眾生應以何國入佛智慧而取佛土。隨諸眾生應以何
國起菩薩而取佛土。所以者何？菩薩取於淨國。皆爲饒益諸眾生
故。……菩薩如是。爲成就眾生故。願取佛國。願取佛國者。……
宜心是菩薩淨土。菩薩成佛時。不諂眾生來生其國。深心是菩薩淨
土。菩薩成佛時。具足功德眾生來生其國。大乘心是菩薩淨土。菩
薩成佛時。大乘眾生來生其國。布施是菩薩淨土。菩薩成佛時。一
切能捨眾生來生其國。持戒是菩薩淨土。菩薩成佛時。行十善道滿
願眾生。來生其國。……十善是菩薩淨土。菩薩成佛時。命不中夭
大富梵行。所言誠諦。常以軟語。眷屬不離。離和爭訟言必饒益。

〔註77〕請看《大正新修大藏經》第十九冊（臺北市：新文豐出版有限公司，民國 72
年修訂版），頁 128。

不嫉不恚。正見眾生。來生其國。」〔註78〕

這告訴我們，一個淨土的形成原理是非常不容易的，主要是要：「菩薩隨所化眾生而取佛土。隨所調伏眾生而取佛土。隨諸眾生應以何國入佛智慧而取佛土。隨諸眾生應以何國起菩薩根而取佛土。」因此，淨土裡來生的眾生，都一定要是大乘根器，同時也具備了起碼的一定條件。簡單的講，建設一個淨土可以算是諸佛菩薩最高級、最困難的法門，原因就是他發的願力夠大夠廣，所需要的力量與時間最大最久的緣故，而想要前往那個淨土的眾生也不是那麼容易，必須修習與該佛菩薩的行相應，必須具足那些佛菩薩的功德才有機會往生。但是相對於此，阿彌陀佛的「西方極樂世界」卻提供最優惠的條件與最簡便的辦法，那就是「念佛」。

關於「極樂世界」的樣貌，成就無比莊嚴，《阿彌陀經》上面是這樣記載的：

> 彼志何故名爲極樂。其國眾生無有眾苦。但受諸樂故名極樂。……極樂國土。七重欄楯七重羅網七重行樹。皆是四寶周匝圍繞……有七寶池。八功德水充滿其中。池底純以金沙布地。四邊階道。金銀琉璃頗梨合成。上有樓閣。亦以金銀琉璃頗梨車？赤珠馬惱而嚴飾之。池中蓮花大如車輪。……彼佛國土常作天樂。黃金爲地。晝夜六時天雨曼陀羅華。……彼國常有種種奇妙雜色之鳥。白鵠孔雀鸚鵡舍利迦凌頻伽共命之鳥。是諸眾鳥。晝夜六時出和雅音。其音演暢五根五力七菩提分八聖道分如是等法。其土眾生聞是音已。皆悉念佛念法念僧。
>
> ……是諸眾鳥。皆是阿彌陀佛。欲令法音宣流變化所作。舍利弗。彼佛國土。微風吹動，諸寶行樹及寶羅網，出微妙音。譬如百千種樂同時俱作。聞是音者皆自然生念佛念法念僧之心。〔註79〕

這樣莊嚴的國土，若按照《維摩詰所說經・佛國品》標準，眾生能去的恐怕少之又少。然而，阿彌陀佛卻因爲本願的關係，故建設了這樣一個莊嚴的國土，卻能夠滿足大部分眾生願望前往，其條件是：「執持名號」，念到「一心不亂」。之所以這麼方便，最主要的原因就是阿彌陀佛發下了「四十八大願」。

〔註78〕請看《大正新修大藏經》第十四冊（臺北市：新文豐出版有限公司，民國72年修訂版），頁520。

〔註79〕請看《大正新修大藏經》第十二冊（臺北市：新文豐出版有限公司，民國72年修訂版），頁347。

這每一條願，都是希望眾生能夠用最方便的方法，只要執持他的名號，就能來到他創設的「西方極樂世界」。既然如此方便，因此佛教徒趨之若鶩。自古以來往生者無數，甚且有所謂的《淨土往生傳》，乃至後來的《淨土聖賢錄》等皆有記載古來求生淨土而往生成功的例證。

原來之所以「念佛」可以成為法門的原因，主要就是因為有所謂的「念佛三昧」。《觀無量壽佛經》對於「念佛三昧」的解釋是這樣的：

> 更觀無量壽佛身相光明，……其光相好及與化佛不可具說。但當憶想，令心明見，見此事者，即見十方一切諸佛，以見諸佛，故名念佛三昧。〔註80〕

就上述經文來看，「念佛」本來的意義是在於一心「憶念」、「追想」佛的形象及佛的功德等等，由內在之思憶表現於外者即為稱念，稱念配合深入之觀想，於醒、夢、定等之際，皆念念不離佛。終能成就「念佛三昧」。

然而自唐代善導大師以來，提倡念佛法門，口誦阿彌陀佛，發現念佛的功德利益〔註81〕。自此以後中國佛教徒對於往生淨土的興趣，開始與參禪法門的流行並駕齊驅，宋以後其勢力更有凌駕於參禪、學教之上。而近代以來，民國初年印光大師的提倡，「佛七」開始發展，尤其是以來臺僧人煮雲上人、懺雲大師、妙連老和尚等高僧，及居士界的李炳南居士為首的大德等提倡之下，臺灣佛教更是興盛不已。至今「念佛」成為一個佛教徒非常重要的儀式。

有關念佛的儀式，最有名的莫過於「佛七」了。所謂的「佛七」，指於七日中剋期求證之念佛修行。古人為求在短期內得到較好之修行成果，常作限期的修行，通常多以七日為期，也稱為打七，又稱結七。主要是希望於七日中，專修念佛法門者，故稱「打佛七」，略稱「佛七」。信庵法師之《修西輯要》當中「剋期取證」這一條說：

> 欲得一心，必須結七。近今七期念佛，多成散善因緣。〔註82〕

值得注意的是，基於阿彌陀佛的願力緣故，念佛可以「一心不亂」，藉由收攝身心，息諸妄念，憶念西方極樂世界的莊嚴，此亦可以達到「念佛三昧」的效果，這樣一來，念佛一樣可以銜接禪定，達到可以解脫的效果。基於這種

〔註80〕請看《大正新修大藏經》第十二冊（臺北市：新文豐出版有限公司，民國72年修訂版），頁343。
〔註81〕請看《佛教史略與宗派》（臺北市：木鐸出版社，民國77年9月初版），頁276。
〔註82〕請看《卍字續藏經》第一一○冊（臺北市：新文豐出版有限公司，民國72年修訂版），頁206。

法門的方便，是目前所有修行法門所不及，因此歷來許多高僧大德都提倡這種「念佛法門」，而「佛七」就在這樣風潮之下開始盛行。打佛七，一天多以六支香爲主要修行期間，任何人均可參加，無論男女老幼，皆可共念阿彌陀佛，此名爲念佛七，亦有專念觀世音之「觀音七」。所有「佛七」的儀式當中，要以蘇州的靈巖山寺最爲著名，號稱「精進佛七」。現在的《佛門必備課誦本》中收錄有其儀軌，詳細請見其臺北市大乘精舍印經會印贈之《佛門必備課誦本》（民國 80 年 4 月四版），「起香」的部份就有：

- ◆ 《香讚》
- ◆ 《佛說阿彌陀經》，一卷，《往生咒》，三遍，接《讚佛偈》及《佛號》。
- ◆ 大眾出位，至牌位前安位。進行「長生祿位前安位」，「南無增福壽菩薩摩訶薩」（三唱），「南無消災延壽藥師佛」（三稱），《藥師灌頂眞言》，七遍。
- ◆ 「佛光注照……」讚偈唸七遍，「願消三障諸煩惱……」詩偈唸一遍。

（安位畢，繞唸九字佛，時到歸位，照日課修持）

由上述儀節我們可以看出，基本上蘇州靈巖山寺使用的淨土宗「精進佛七」的儀軌，也使用梵唄。上述儀軌乃爲第一日之「起香」，以後就每日約以六支香，但以唱唸形式爲主。據筆者的觀察，雖然臺灣各道場使用的佛七儀軌未必相同，但大致上不與上述儀軌差異太多。

此外，還有相關於「阿彌陀佛」聖號的唸誦，觀世音菩薩的聖號也十分盛行。一方面這與《妙法蓮華經・觀世音普門品》的思想有關，但由於觀世音菩薩與大勢至菩薩是阿彌陀佛的兩位得力的助手，三位合稱「西方三聖」。故唸誦觀音名號，也是和淨土思想有關。於是也有所謂俗稱的「觀音七」。

讓我們再回顧一下：在本篇「問題點之所在」曾經提到過，唐道宣律師《四分律刪繁補闕行事鈔》引《出要律儀》說道：

> 如此鬱鞞國語，翻爲止斷也，又云止息。由是外緣已止、已斷，爾時寂靜，任爲法事也。〔註83〕

而《妙法蓮華經玄贊》卷四說：「婆陟，此云讚嘆」（同註 35）。由此可知，梵唄具有「止息」以外，還有「讚嘆」的意義，而此能夠發揮「任爲法事」的

〔註83〕請看本篇篇首之《問題點之所在》之註2。

功能，是以號為「音聲佛事」。就此我們也可以發現到，梵唄的本意就是要作為「息斷萬緣」，然後歸之「寂靜」，如此方能夠「任為法事」。直而言之，就是為了入定，入三摩地。

　　因此我們就能夠明白：設置音聲法門的最重要的目的，並不是展現音樂的美感，更不是強調佛教的藝術原則，而是為了修行。是以本文一開始就主張，應以「行門」的立場來研究梵唄。筆者以為，音聲可以成佛事的原因，就是誦持佛號、經咒，及讚佛、歎佛等諸詩偈梵唄，都可以成為入定，獲得三昧的助緣。尤其大乘佛教之諸佛菩薩更有所謂的「陀羅尼」，開現出接引眾生成佛的方便行法，其設想周到程度，簡直是不可思議。筆者以為，不論是佛教的「讚唄」也好，「契經」也好，乃至「咒語」也好，甚且是「佛號」也好，都可以視為佛菩薩為了接引眾生的方便施設，亦為「陀羅尼」，也就是總持法。蓋一法可攝取一切法，而一切法亦可收攝於一法，是為「陀羅尼」的觀念，真可謂微妙不已。誦持「陀羅尼」因能獲得不可思議的感應，這與大乘佛教設計「陀羅尼」的法門來講不無關係。因之筆者呼籲，應對「陀羅尼」的思想有更深入研究，以解開佛教音聲的神祕面紗。

第三節　儀式與梵唄

一、本節的開展方向

　　本節所要探討的重點，是在於梵唄所扮演的角色，這是屬於第三章提過的「梵唄的四個基源問題」當中的「角色論」。然而要研究梵唄所扮演的角色，則必須研究梵唄所附著於儀式，特別是「宗教儀式」當中的「儀節」，由其儀節在儀式中展現的意涵，才能了解梵唄所扮演的角色。在前面我們看到，印度聲聞乘佛教使用梵唄，早期是以「讚大師德」與「誦三啟經」以外（見本研究第五章第一節部份），是沒有使用太多的唄讚的。到了後來，佛教則因崇拜佛塔的關係，僧團的生活開始轉向以舉辦各種儀式為主的方向發展。在前面筆者提到，以佛塔為中心，僧團每日以歌詠讚歎向佛塔致敬，逐漸發展成唄讚與儀式的相結合，營造了佛教的儀式當中梵唄與儀節不分離的現象，乃至於以後用梵唄來替代儀節，即唱唸什麼樣的讚韻，即為進入儀式的某個階段。基於梵唄與儀節是分不開的兩者，因此則必須從整個儀式結構入手研究，

了解儀式內的儀節之結構，方能理解梵唄的角色所在，以便統歸梵唄使用的
種類。

　　關於梵唄與儀式相結合的情形，且看現行常用的寺廟儀軌「晚課」：

- 蓮池讚
- 南無蓮池海會佛菩薩（三稱）
- 誦《佛說阿彌陀經》
- 拔一切業障根本得生淨土陀羅尼（三遍）
- 【禮佛大懺悔文】
- 【蒙山施食】
- 般若波羅蜜多心經（一遍）
- 往生淨土神咒（三遍）
- 讚佛偈
- 念佛（百千聲）
- 南無觀世音菩薩、南無大勢至菩薩、南無清淨大海眾菩薩（各三
  聲）
- 慈雲懺主淨土文
- 大慈菩薩發願偈
- 普賢菩薩警眾偈
- 拜願
- 三皈依
- 南無香雲蓋菩摩訶薩
- 南無伽藍聖眾菩薩（三稱）
- 大悲咒（一遍）
- 伽藍讚

上述二十個儀節，所構成「晚課」這個儀式十分繁複。這個晚課裡所包含的
還有兩個儀軌，那就是《禮佛大懺悔文》和《蒙山施食》。除了前面的《禮佛
大懺悔文》以外，認真唱唸的話，至少要耗費二個小時。從前面的「晚課」
儀軌看來，整個儀式的進行就是一連串的唱唸，與唱唸過程中配合的動作。
研究儀軌，我們必須注意裡面的各個「儀節」：

1. 「儀節」的安排、組合通常象徵著該教派的修行思想，以前述的「晚
   課」儀軌來說，由於在儀式裡安排了：「誦《佛說阿彌陀經》」、「拔一

切業障根本得生淨土陀羅尼」這個最重要的儀節，再加上「讚佛偈」、「念佛」、「南無觀世音菩薩、南無大勢至菩薩、南無清淨大海眾菩薩」、「慈雲懺主淨土文」、「大慈菩薩發願偈」，足可以證明使用這個儀軌的佛教僧團是屬於淨土宗。研究儀式的要點，最重要的就是分析這些儀節，了解使用這個儀式的僧團對佛教的思想與修行觀念。

2. 事實上，同樣的儀式，儀節可以增減。依筆者的經驗，前面說的「晚課」有的則可以跳過《禮佛大懺悔文》（寺廟內「蒙山施食」部份通常是不可以刪減的），有的則可以略去《伽藍讚》，改爲《迴向偈》，或在後面增加《迴向偈》。換句話說，儀節是可以更動的，也就是說，儀節是活動的，只要不傷到教理的主旨，都可以酌情增減。這個現象帶給我們一個啓示，梵唄，是作爲儀式中的「儀節」而存在的。也就是說，佛教的梵唄，事實上就是儀式中的儀節。通常在儀式過程裡使用什麼樣的梵唄，就代表儀式進行到某個階段。

3. 那也就是說，梵唄是可以按照儀節來作分類，儀節在儀式中所象徵的意義，也就是梵唄在儀式中被賦予的意義，換句話說，也就是儀式中所扮演的角色。就像是前面所舉出的「晚課」，第一條讚就《蓮池讚》。這是一首「六句讚」，依筆者參加法會的經驗，通常在法會的開首與結尾都使用這種「六句讚」，最有名的，也是最常用的就是《爐香讚》與《楊枝淨水》。正因爲梵唄是以儀節，在儀式中所扮演的各種角色而存在於儀式當中，所以只要分析出構成法會的所需要的儀節，及儀節的各種類型，好比是法會的開頭使用什麼樣的梵唄，結尾使用什麼梵唄之類的，那麼經由這樣的分類，就可以很科學、很迅速的訓練僧伽們快速掌握法會的運作與舉行儀式的要訣。

4. 事實上，佛教的各種課誦本，就像是《佛門必備課誦本》這樣的課誦本，是用這樣的方法，舉出重要例子，很快使僧伽或參加課輔的人們熟悉法會的運作方法。儀式的研究，有助於我們對於佛門各種課誦本組織模式、編訂方法的了解，進一步熟悉使用這個課誦本的宗派，或是寺院、僧團等團體的儀式種類以及修行觀念等等。

以上的觀念，是現代臺灣佛教儀式與梵唄的現象所歸結出來的。然而這是當代淨土宗的課誦本帶給我們的啓示。那麼，古代的佛教也是如此嗎？我們要問，這樣的觀念是從哪裡來的？答案是肯定的，但是前面我們了解，佛

教自有儀式以來，並非就此一成不變流傳下來，而是有流變的現象。這個理論適用於梵唄，也適用於佛教的儀式。

　　常見的佛門儀式，使用對象一般都是以僧團爲主。記載所有的儀式，則是在於所謂的「律藏」（Vinaya-pi，也稱「毘奈耶」），到了中國以後，在原有的「律藏」之上，各宗派另有定本，如天臺宗的《國清百錄》、禪宗的《百丈清規》，小則由各寺廟道場的規定。事實上，這些「儀規」是僧伽爲主的生活規範，因此如要進一步深入研究佛門儀式，是應該就這些經論深入探討的。然而筆者學力未逮，故僅能選取筆者認爲重要的佛門儀式類型，茲以有佛教以來，到唐朝會昌以前爲範圍，將佛門儀式演變過程做重點性的介紹。以下小節開始將介紹的是：

（一）布薩儀式

　　布薩儀式是非常古老的儀式，從佛陀時代開始即有。根據印順法師研究，最古老的布薩應屬《銅牒戒經》，是三段式。筆者推想應與佛教最早關於誦經的記載，「三啓經」模式有關。布薩儀式的發展，到說一切有部已經複雜而完備，粗具現代儀軌樣式。故筆者特別介紹了《銅牒戒經》與《根本說一切有部戒經》使用的布薩儀式，代表了印度佛教僧團的傳統儀式。

（二）三啓經

　　三啓經，也作「三契經」，是指誦經的三段儀節所構成的儀式，謂「讚歎三尊」、「正經」與「迴向發願」三段。與布薩儀式的歷史相比較，「三啓經」的出現是不相上下的。在《根本說一切有部律雜事》當中，佛陀就已經提到了「三啓經」〔註84〕。然而「三啓經」也常見於說一切有部相關資料的記載當中。然而筆者特別想要介紹「三啓經」是因爲不僅僅是印度部派佛教使用「三啓經」，印度大乘佛教也使用「三啓經」，據說是馬鳴菩薩所集成。這種「三啓經」的格式後來傳到中國，曾經在中國流行過〔註85〕。義淨法師從印度引進這種體裁，翻譯了《佛說無敍經》（存於《大正藏》第十七冊）。是故「三啓經」可謂中國佛教佛門誦經儀式的一個重要里程碑，甚有價值。

〔註84〕　請見《大正新修大藏經》第二十四冊（臺北市：新文豐出版有限公司），頁223。
〔註85〕　《高僧傳・經師第九》記載，中山人帛法橋，曾作「三契經，聲徹里許。遠近驚嗟，悉來觀聽。」請見《大正新修大藏經》第五十冊（臺北市：新文豐出版有限公司），頁413。

（三）天臺宗的懺悔儀式

天臺宗的懺儀，在中國佛教發展誦經儀式的過程裡，是一塊價值非常的里程碑。原因在於天臺智者大師除了整理了印度佛教傳來的傳統止觀法門以外，最有貢獻的莫過於揭示了以禮拜誦經為中心的懺悔法門，並經由這樣的懺儀而獲得三昧。但是天臺宗的這種懺儀，對後世對大的影響，就是在於中國佛教的祖師可經由修持成就，而自制儀式，甚至創設儀軌，開創了修行的新模式。這對後世影響非敘的大，智者大師的成就，推動了印度佛教的中國化達到了一個全新的境界。這種懺罪的儀式，遂成為中國佛教的一大特色。後世的禪宗課誦與淨土宗行門儀軌，莫不受天臺宗影響。例如現行最流行的《大悲懺》、《大悲咒水行法》等皆出自天臺宗。而淨土宗的念佛思想，一部份即來自天臺宗。同時，筆者介紹天臺宗的懺悔儀式，最重要的意義還是在於，本研究的主題《魚山聲明集》內使用的梵唄，就是運用在天臺宗各種儀式的梵唄，包括了懺悔儀式在內。在此筆者特別要介紹《法華懺儀》的儀式，與智者大師製作《法華懺儀》所根據的背景思想。並揭示《法華懺儀》的儀詳是後世製作誦經梵唄的規範。

本文所探討的佛教使用梵唄的儀式，主要是從「律藏」、「百錄」與「清規」等三個地方關於佛教使用典禮儀式（帶有儀文者，具有代表性）為範疇做探討，而以下的「儀式」，則用以指稱「典禮所用的禮儀」。

二、僧團內古老的儀式——布薩

從有佛教以來，僧團即依戒律而過集團，平等而自由的生活。想要加入僧團，則要經過「受戒」的儀式。成為僧人以後，中途因故不再能夠出家，則有公開的「捨戒」儀式而退出僧團。然而，僧團內最重要，最具規模的儀式，莫過於「布薩」了。可以這麼說，如果沒有布薩，僧團可能會無法維持紀律，同時也難以聯絡感情，以致成就和合情況，同時道業上也難以顯著的進步。所以說，布薩對於僧團而言，是一個非常重要的儀式。這個儀式一直傳到今天，臺灣佛教也還一直沿用著。同時，就儀軌的研究而言，布薩儀式以僧人為主，大概是佛陀時代唯一具有典禮性質的儀式，歷史悠久，自佛陀時代立下規制流傳至今，可能是最早具有儀軌形態的佛教儀式，對於後世誦經儀式起了很重要的影響，有鑑於此，筆者以為十分值得研究。

所謂的「布薩」，梵語為：Posadha, upavāsa, upavāsatha, P. posatha, uposatha

等。又作優波婆素陀、優婆娑、布薩陀婆、布灑他、布沙他、鄔波婆沙等也稱：「齋」、「斷增長」，或稱「說戒」等。玄奘譯爲「長養」，義淨譯爲「長養淨」。印順法師以爲，翻譯爲「齋」，意思最爲恰當，「洗心日齋」，本爲淨化自心的意思〔註86〕。然而以「八、十四、十五」三日作布薩、持齋非佛教本制，根據印順法師看法：「布薩」與《吠陀》以來的祭法。在新月祭（Darśa-māsa）、滿月祭（Paurna-māsa）的前夜，祭主斷食而住於清淨戒行，名爲Upāvasatha（婆波婆沙，即「布薩」）有關。印順法師認爲：佛陀時代，印度的一般宗教，都有在「八日、十四日、十五日」舉行布薩集會的習慣，適應一般的宗教活動，佛陀也制定布薩的制定。〔註87〕

　　布薩制度對僧團來說是非常重要的，據印順法師的研究，其後「發展完成」的制度是這樣的：

1. 每月二次，第一次於陰曆十四日或十五日，第二次於二十九日或三十日。

2. 在一定區域內的比丘，不論是原來住的或新來的，都必須參加。

3. 因並不能參加，應委託同住的比丘，向大眾表示對布薩大會所舉行的一切僧事完全同意。

4. 如有不清淨（犯戒規）的僧人，不能爲他說戒，所以如有過失的人先要懺悔清淨，沒有過失之後，大眾才能如法集會。如僧伽有事，則先要處理解決。或有比丘們有所違犯，也要依法處理，懺罪清淨。這一些都是在布薩時說「波羅提木叉」（戒）以前的事情。〔註88〕

　　以上都是在正式說「波羅提木叉」（說戒）以前的事情，在正式開始說戒以前，僧事要先處理好，過失也予以悔除，然後大眾一心，和合清淨，舉行說說「波羅提木叉」的典禮。由於「布薩」是一個月兩次的僧團的大集會，又復在家信眾也在這個時候來親近僧團，可說是僧團每十五天以內最重要的節日了。布薩受到重視的程度，由此可見一般。前面說過，布薩最重要的工作，並不是給在家信眾授八關齋戒，而是僧團自己的「說波羅提木叉」，也就是「說戒」。「說戒」是有儀軌的，根據印順法師的調查，幾乎所有的戒經都

〔註86〕請見印順法師著《原始佛教聖典之集成》（臺北市：正聞出版社，民國83年1月修訂本三版），頁107。
〔註87〕同註86，頁106。
〔註88〕同註86，頁107～108。

有記載「說戒」的儀軌，而現存部派佛教當中大部分與戒律有關的「戒經」
都將儀軌分成三個部份：

　　　1.序說　2.正說　3.結說

這樣的三個部份結合成爲「說波羅提木叉」的儀軌，筆者稱之爲「三段式」
儀軌〔註 89〕。筆者推測，這可能與「三啓經」的模式有關，因爲「三啓經」
在佛陀時代已經出現。在《根本說一切有部律雜事》當中，佛陀就已經提到
了「三啓經」〔註 90〕。然而「說波羅提木叉」的儀軌，雖說大部分部派佛教
戒經都分成三個部份〔註 91〕，但是內容有所差別，其中就屬於緬甸、錫蘭的
《銅牒戒經》的模式最爲古老，僅有三部份四個儀節：

　　1.「序說」：「布薩作白」、「說序問清淨」。

　　2.「正說」：（從略）。

　　3.「結說」：「結說勸結」。〔註 92〕

　　可以看得出，《銅牒戒經》這種三段式，四個儀節是屬於比較古老的模式
〔註 93〕。但是其他部派就沒有這麼簡單，就以具有代表性的「說一切有部」
之《根本說一切有部戒經》來說，「說戒」的儀軌是這樣的：

　　1. 明佛所教（頌偈）

　　　　別解脫經難得聞，經於無量俱胝劫。……

　　2. 策勵精進

　　　　諸大德，春十爾許過，餘有爾許在，老死既侵，命根漸減……。

　　3. 問答和集

　　　　大德僧伽，先作何事，佛聲聞眾少求少事，爲受近圓者出不來……。

〔註 89〕同註 86，頁 116～118。筆者以爲此三段式的做法應與「三啓經」有關。關於
　　　　「三啓經」部份請參考《大正新修大藏經》第五十四冊（臺北市：新文豐出
　　　　版有限公司，民國 72 年修訂版），頁 227。

〔註 90〕請見《大正新修大藏經》第二十四冊（臺北市：新文豐出版有限公司），頁
　　　　223。

〔註 91〕在《原始佛教聖典之集成》當中，印順法師列舉七種「戒經」。分別是《銅牒
　　　　戒經》，屬於流行在錫蘭、緬甸等地的「銅牒部」。及屬於「說一切有部」的《十
　　　　誦戒本》與《根本說一切有部戒經》。另外還有《五分律戒本》、《摩訶僧祇律
　　　　戒本》、《解脫戒經》和《四分律比丘戒本》等七本。這七本戒經當中，除了《銅
　　　　牒戒經》的布薩儀軌比較簡單，僅有基本的三段而已，其餘的都有七段到十一
　　　　段不等的儀節然而基本上還是可以區別是「三段式」來。同註 86，頁 118～119。

〔註 92〕同註 86，頁 119。

〔註 93〕同註 92。

4. **歸敬讚歎**（頌偈）

　　合十指恭敬，禮釋迦師子。別解脫調伏，我說仁善聽。……

5. **布薩作白**

　　大德僧伽聽，今僧伽黑月十四日作褒灑陀，若僧伽時至聽者，僧伽
　　應許。……大德，我今作褒灑陀，說波羅底木叉戒經，……若有犯
　　者，當發露。無犯者默然。……

6. **說序問清淨**

　　諸大德，我已說戒經序，今問諸大德，是中清淨否？……

7. **正說部份**

　　（戒律部份，從略）

8. **結說勸學**

　　……仁等共集歡喜無諍，一心一說，如水乳合，應勤光顯大師聖教，
　　令安樂住，勿爲放逸。應當修學。

9. **七佛所說戒**（頌及長行）

　　忍是勤中上，能得涅槃處，出家惱他人，不名爲沙門。此事毘缽尸
　　如來等正覺說是戒經。

10. **尊敬戒經**（頌）

　　……諸佛及弟子，咸共尊敬戒，恭敬戒經故，獲得無上果。……

11. **結說圓滿**（頌）

　　汝當求出離，於佛教勤修，降伏生死軍，如象摧草舍。……

12. **迴向**（頌）

　　……我已說戒經，眾僧長淨見，福利諸有情，皆共成佛道。〔註94〕

從上面儀式裡，筆者分析如下：

1. 自古以來，佛教布薩儀式即維持著這樣的「三段式」，也就是「序說、
正說與結說」三個部份。如前所述，基本上，「銅牒戒經」是比較古老
的戒經，所使用的「布薩儀式」是屬於這種「三段」，說明了佛教的儀
式就是從這種「三段式」開始發展的。到了「說一切有部」的「布薩
儀式」裡也維持著這種基本的「三段式」的模式，然而，雖然從 1. 到
6. 是屬於「序說」，而 7. 才是屬於「正說」的部份。8. 部份才開始「結

〔註94〕請見《大正新修大藏經》第二十四冊（臺北市：新文豐出版有限公司出版，
　　　　民國 72 年修訂版），頁 500～508。

說」，可以就此區分出屬於三段的分別來，但我們也可以清楚地看到，佛教儀式明顯的複雜了。

2. 若以《根本說一切有部戒經》的儀軌內儀來說，從 1. 到 4. 是布薩儀式以前的預備工作，「明佛所教」及「策勵精進」等於是一個開場白，勉勵大眾修行的致詞。其次「問答和集」乃是問僧眾們一些問題，問問大家都來了沒？沒有來的都有沒有清淨的？等等問題，這些問題其實都是在舉行「說波羅提木叉」以前的準備工作。8. 以下的是預備結束的儀節。值得注意的是，儘管是屬於以聲聞乘為主的說一切有部的部派佛教，除了各本戒經都有的「結說勸學」以外，也有其他儀節，像是「七佛所說戒」、「尊敬戒經」的頌，還有「結說圓滿」和「迴向」的頌偈。若按《銅牒戒經》的做法，應該到「結說勸學」就結束了。不過還有其他的儀節，值得注意，尤其最後還有「迴向」。凡此儀軌內種種儀節，顯示了《根本說一切有部戒經》的儀軌對後世的儀軌觀念起了一定的影響。

3. 《根本說一切有部戒經》的布薩儀式過程沒有神祕化的請佛菩薩降臨之類的儀式。但是內容已經有讚頌，如 1. 明佛所教、4. 歸敬讚歎、9. 七佛所說戒、10. 尊敬戒經、11. 結說圓滿、12. 迴向，在十二個儀節裡，就有上述六個儀節都是使用可以歌詠的「讚頌」文體，顯示了音樂在這個儀式裡所參與的角色是非常積極的。因此這個布薩儀式，已經使用很多唄讚。這顯示不僅是儀式上的發展，就連梵唄在「說一切有部」已經發展到較高的水平。

從上面的儀軌我們看到，部派佛教已經發展成較為複雜的說戒儀軌。雖說有部乃為聲聞乘部派，但其儀軌已經具有如此規模，對後世佛教禮儀、典禮之儀式是有一定的影響。再從此一儀軌的儀節裡，我們也見識到聲聞乘對於儀式的觀點，由於聲聞乘的行門傳統是以禪修為主，訶五欲，棄五蓋，以四聖諦、十二因緣為修行的思想，因此凡是一切與禪定無關事情，本來聲聞乘佛教徒都沒有興趣，布薩儀軌顯得簡單樸實。然而，同樣是部派佛教，說一切有部的布薩儀軌與《銅牒戒經》相較，卻顯得如此複雜，究竟是什麼原因使「說一切有部」在布薩儀式的表現如此？還無法了解。然而這個布薩儀軌，就其歷史性來說，是具有非常可看性的佛教儀式，也是一個佛教儀式與梵唄發展上的里程碑。

三、佛門基本的誦經儀式結構——三啓經

　　「三啓經」的歷史很早，在佛陀的時代就有了。在本文第五章第一節提到當給孤獨長者譏諷僧團因學習外道吟詠之法誦經，造成到嘈雜的情況爲「變成乾闥婆城」，文中提到了允許作吟詠聲的兩件事情：

> 給孤長者因入寺中，見合寺僧音聲喧雜，白言：「聖者，今此伽藍先爲法宇，今日變成乾闥婆城！」時諸苾芻以緣白佛。佛言：「苾芻不應作吟詠聲誦諸經法，及以讀經、請教白事，皆不應作。然有二事作吟詠聲：一謂讚大師德；二謂誦三啓經。餘皆不合。」〔註95〕

可以作吟詠聲的兩件事情，一是「讚大師德」，這是指讚歎佛的功德方面。而男一件事情就是「誦三啓經」。什麼是誦「三啓經」呢？三啓經，就是指誦經的儀軌，是屬於三段式的，稱之爲「三啓經」。義淨大師在《南海寄歸內法傳》卷四提到他在印度所見到的「三啓經」：

> 所誦之經多誦三啓，乃是尊者馬鳴之所集置，初可十誦許，取經意而讚歎三尊，次述正經，是佛親說。讀誦既了，更陳十餘頌，論迴向發願。節開三段，故云三啓。〔註96〕

「節開三段，故云三啓。」也就是說，三啓經的儀節是這樣的：

1. 取經意而讚歎三尊。
2. 述正經。
3. 論迴向發願。

　　從上述的儀節來看，「三啓經」規制與前面我們所知道的「布薩」儀式的三個部份：「序說」、「正說」、「結說」過程是一樣的。因此筆者以爲，佛教基本的儀軌模式，就這種三段式，含有三個儀節的儀軌。這種三段式儀軌廣泛應用於印度佛教各部派之間。也包含了大乘佛教——從義淨大師的看法，「三啓經」乃是「尊者馬鳴所集置」。義淨法師所見到的三啓經，可能是馬鳴菩薩所集，但是三啓經卻似乎不一定是馬鳴菩薩所創設。《根本說一切有部毘奈耶》卷二十八說明唸誦「三啓經」可以用來「求營造僧團用建築的樹木」這樣的一個故事：

> 佛告阿難陀：「營作苾芻所有行法，我今說之，凡授事人爲營作故，

〔註95〕同註94，頁223。

〔註96〕請見《大正新修大藏經》第五十四冊（臺北市：新文豐出版有限公司，民國72年修訂版），頁227。

將伐樹時，於七、八日前在彼樹下作曼茶羅。布列香花，設祭食，
誦三啓經，耆宿苾芻作歌呪願，說十善道讚歡善業，復應告語：
若於此樹舊住天神，應向餘處別求居止、此樹今為佛法僧寶有所營
作。過七、八日已應輒伐之。……若營作苾芻如我所制不依行者，
得越法罪。」〔註97〕

事實上，「三啓經」不只可以用來求建材用的樹木，還可以用來戰場上退敵，
卷二十三提到一個法與比丘尼教導軍人唸誦三啓經退敵的故事：

時前軍人詣法與尼處，告言：「聖者！王遣我等往伐彼城，我等今欲
作何計？」法與報曰：「賢首，仁等但去，至彼邊城，必當得勝。然
每於宿處誦三啓經。既至邊隅，圍彼城郭，及於其夜通宵誦經。稱
天等名而為呪願。願以此福，資及梵天，此世界主帝釋天王。并四
護世及十八種大藥叉王，般支迦藥叉大將，執杖神王所有眷屬，難
陀、鄔波難陀、大龍王等。」時軍人聞法與苾芻尼所說事已，即便
禮足歡喜而去。〔註98〕

然而，唸誦「三啓經」的故事裡，最殊勝的大概要算這個唸誦「三啓經」開
悟的故事。在《阿育王傳》卷第五有提到尊者優波椈多時代，有一個男子唸
誦「三契經偈」而開悟的故事：

尊者椈多語彼比丘曰：「爾隨我敕，當教授汝。」比丘答言：「唯願
奉教。」尊者言語：「汝於今夜宜應為人演說法教。」比丘即便作三
契唄而欲說法。問尊者言：「當說何法？」尊者答言：「當說多聞有
五事利益，善解諸大，善知諸陰，善知諸入，善知十二因緣，自善
解了不從他受。」悟三契唄已，說法已竟，便得阿羅漢。〔註99〕

從以上三個故事，我們可了解到，「三啓經」已經是當時比丘一般流行唸誦經
典的儀式，「三啓經」並非單純限定唸誦某一本經典而已。值得注意的是，前
兩則故事告訴我們：唸誦「三啓經」還有附上一些供養，像是法與比丘尼告
訴軍人，「稱天等名而為呪願。願以此福，資及梵天，此世界主帝釋天王。并
四護世及十八種大藥叉王，般支迦藥叉大將，執杖神王所有眷屬，難陀、鄔

〔註97〕同註96，頁776。
〔註98〕請見《大正新修大藏經》第二十三冊（臺北市：新文豐出版有限公司，民國
72年修訂版），頁753～754。
〔註99〕請見《大正新修大藏經》第五十冊（臺北市：新文豐出版有限公司，民國72
年修訂版），頁121。

波難陀、大龍王等。」而這些將士確實也「并設祭食，供養天神。」〔註100〕
而另外一個故事，佛告阿難想要砍伐樹木，則要在樹下設「作曼荼羅。布列
香花，設祭食」。這帶給我們如下的啓示：

1. 「三啓經」是印度佛教常用的誦經儀軌，佛陀時代以來即已流行。說
   法時候可用，就連前面提到的布薩儀式，都使用這種三啓經模式。「三
   啓經」並非只是限定某本經典的唸經儀式，而是隨著不同用途，而唸
   誦不同經典，只是「三啓經」這種誦經的儀軌去設置而已，換言之，「三
   啓經」內的儀節內容是可以更動的。

2. 再來，我們也可以發現到，唸誦「三啓經」也有并設壇供養的做法，
   這告訴我們，這種并設供養的儀式，事實上就是今天中國佛教所見到
   的祭祀典禮的遠祖。

3. 再從前面一小節提到的布薩儀式來看，其所具備的三段式儀節，在在
   告訴我們，「三啓經」就是今天所有佛門的誦經儀式的原型。這個結論
   就告訴我們，印度佛教誦經儀式使用的梵唄，原來就是這三種：歸敬
   三寶的讚頌、經文的轉讀與迴向、發願的讚偈。這三種類型的梵唄應
   該屬於最古老的梵唄形式。

中國迄今可見最典型的「三啓經」儀軌，就是義淨法師所翻譯的《佛說
無常經》，在《大正新修大藏經》第十七冊，頁745處，經題下有小標字：「亦
名三啓經」，事實上，「三啓經」即如前面所說，只是誦經的儀軌而已。今將
此經的儀軌介紹於次：

第一段：是由《皈依三寶》：「稽首皈依無上士，常起弘誓大悲心：
為濟有情生死流，令得涅槃安隱處。……」有七頌，與下面接的《無
常頌》：「生者皆歸死，容顏盡變衰；強力病所侵，無能免斯者。……」
有十頌所組成。

第二段：是正經部份，從「如是我聞，一時薄伽梵，在室羅伐城逝
多林給孤獨園，爾時佛吉諸苾芻有三種法，於諸世間是不可愛。……
皆大歡喜信受奉行。」這部份是「正經」部份，也就是所唸誦的主
體經文。

第三段：是迴向與發願部份：從「常求諸欲境，不行於善事；云何
保形命，不見死來侵。……」五言十二頌，與「天阿蘇羅藥叉等，

來聽法者應至心；擁護佛法使長存，各各勤行世尊教，……」七言
四頌，這是屬於迴向和發願的部份。〔註101〕

從以上對「三啓經」討論，我們可以知道，「三啓經」就是佛陀以來最基本的
誦經儀式之基本模式。隨著佛教東傳，來到了中國，不論是西域、天竺來的
高僧，都可以看見他們使用「三啓經」的記錄。《高僧傳・經師第九》記載，
中山人帛法橋，曾作「三契經，聲徹里許。遠近驚嗟，悉來觀聽。」〔註102〕
帛法橋是中國人，尚且會使用「三契經」，必為西來僧人所教。迄至唐代，義
淨大師甚且引進「三啓經」儀軌，翻譯《佛說無常經》，作為「苾芻、苾芻尼、
鄔波索迦、鄔波斯迦，若見有人將欲命終，身心苦痛」使用的儀軌。〔註103〕

另外，中國佛教僧人也曾依照「三啓經」模式制定了自己的課誦儀式。
敦煌所發現的一些比較小型的（例如一卷）禮懺儀式其格式不少都可以歸類
為這種「三啓經」格式。如 P. 2722 號的《十二光禮懺文》及善導大師所作的
《往生禮讚文》一卷都是這種格式。其中《往生禮讚文》，該文取《觀無量壽
佛經》的「十六觀」而作，其間儀軌就有「三啓經」格式：

第一段：是「歸敬三寶」，從「一切恭敬，敬禮常住三寶。次胡跪供
養，是諸眾人等各胡跪，嚴持香花如法供養。……供養已，一切恭
敬，作梵：如來妙色身，世間無與等，無比不思議，是故今敬禮，
敬禮常住三寶。次嘆佛咒……同生阿彌陀佛國，俱成佛果。」

第二段：是懺悔文的「正文」。從「南無釋迦牟尼佛等一切三寶，我
今稽首禮，回願往生無量壽國。……回願往生。」一直到最後的「懺
悔迴向發願已，至心歸命，阿彌陀佛。」

第三段：是「迴向與發願」部份：從「作梵竟，說偈發願：懺悔諸
功德，願臨命終時，見無量壽佛無邊功德身，……往生安樂國，成
無上菩提。」一直到「願弟子等臨命終時，心不顛倒，心不錯亂……
至心歸命阿彌陀佛。」〔註104〕

〔註101〕請見《大正新修大藏經》第十七冊（臺北市：新文豐出版有限公司，民國72
年修訂版），頁745～746。

〔註102〕請見《大正新修大藏經》第五十冊（臺北市：新文豐出版有限公司），頁
413。

〔註103〕請見《大正新修大藏經》第十七冊（臺北市：新文豐出版有限公司，民國72
年修訂版），頁746。

〔註104〕請見王書慶編撰《敦煌佛學・佛事篇》（蘭州市：甘肅民族出版社，1995年3
月一刷），該懺文從頁95～98。

是以我們了解到，「三啓經」在佛教儀式的發展史上佔有重要的位置，非常值得深入研究。同時，藉此我們也能夠了解到，這種三段儀節所結合成的「三啓經」其實就是佛教儀式梵唄的基本三個種類，也就是：

1. 讚歎佛菩薩的梵唄，通常安置在儀式開始的位置。
2. 經文轉讀，通常放置在第二個，或僅次於讚歎佛菩薩，歸敬三寶以後的部份。
3. 迴向、發願的詩偈，這是放在儀式的末端。

以上三種基本梵唄種類，是印度傳來佛教儀式上的基本梵唄類型。佛教傳入中國以後，誦經儀式有很大的變化。一方面是延續印度佛教儀式的模式發展，另一方面則因中國祖師根據經典上指示開發了新的儀式。因而中國佛教，承繼了印度傳來的佛教，在儀式上有了新的開拓與發展，這種「自創的儀軌」，如「懺儀」、「水陸法會」等中國特有的法會，形成了中國佛教另一項特色。這些法會基本儀式，可以說都是從印度佛教傳統的「三啓經」格式的複雜化或改變創造出來的。

四、中國佛教儀式結構的定位──天臺懺儀

佛教傳入中國以後，早期大多致力於翻譯經典的工作，伴隨經典的翻譯，則是義理的傳播與各種法門的修持。由於中國東漢時期，佛教開始來到中國，大乘經典與小乘經典幾乎是接續傳來。而更特殊的是，最早引進的大乘經典竟然就是屬於般若系列經典與淨土系列經典，那就是由支婁迦讖所翻譯的三部重要大乘經典：《首楞嚴三昧經》、《道行般若經》與《般舟三昧經》。這三部經典內，《般舟三昧經》雖然與三摩地有關，但是經文內強調的念佛可以進入「三昧」的「念佛三昧」，這與中國佛教後來重視音聲法門的風氣甚有關係，成爲開啓淨土法門重要的關鍵。但是眞正使經典唸誦成爲中國佛教寺廟不可或缺的日常功課，天臺智者大師的影響力當居首功。

在第五章第二節，我們了解到，誦經有不可思議的功德。然而大抵上都是像《小品般若波羅蜜經》的《塔品》和《明咒品》所說到的做這些現世的利益。即如前面曾提到的誦念「三啓經」有不可思議的感應，其用途也僅是爲了一些現世利益而已。然而，對於僧人的心目中來說，眞正最大的利益就是能夠「成佛」。倘若任何一個法門能夠讓他們達到這個目標，那麼以這個法門爲中心，就能夠形成「宗派」，這個法門就能夠獲得發揚而得以光大。對

於天臺宗而言，「止觀」與「判教」是天臺宗最光輝、最耀眼的兩顆明珠。然而筆者以為智者大師影響中國佛教最顯著的，是藉由誦經可以清淨罪業，使得行者得以進入三昧。這個行門主張影響中國佛教最為顯著。

智者大師在中國佛教誦經儀軌上最大的貢獻，就是創立了「法華三昧懺儀」這個儀軌。由於「法華三昧」是被列為天臺宗修習「四種三昧」──「常行三昧、常坐三昧、半行半坐三昧與非行非坐三昧」之一，是屬於「半行半坐三昧」。由於天臺宗特別重視《法華經》，以組合禮拜、懺悔、行道、誦經與坐禪等各種修行方法而成的儀軌。天臺宗自智者大師以後都非常重視「法華三昧」，大多以修持這個懺儀為主。

選擇介紹這個懺儀的原因，一方面是這個懺儀帶給中國佛教的影響可說非常深遠，其後天臺宗許多懺儀（如《國清百錄》卷一所載、另外還有《方等三昧行法》、《金光明最勝懺儀》、《千手眼大悲心咒行法》等等）規制，都以這個懺儀為主要規範，甚至於後世中國許多懺儀，乃至於其他儀軌大多以此為範本〔註105〕；另一方面這個懺儀的修行思想，還影響了其他中國佛教宗派，如淨土宗、華嚴宗乃至禪宗〔註106〕都或多或少受到這個懺儀的思想與方法所影響。是以筆者以為《法華三昧懺儀》不僅在中國佛教的行門歷史當中居於關鍵地位，說它是中國佛教梵唄發展史重要的關鍵，也並不為過。

關於「法華三昧懺儀」製作的宗旨，主要是為了能夠見到釋迦牟尼佛及其他諸佛，此一思想和前面我們曾經提到的「念佛三昧」思想是有關係的。

〔註105〕懺儀也是天臺宗的特色之一。由於《法華三昧懺儀》等天臺懺儀的出現，在敦煌發現的一些懺悔文當中頗有類似天臺規制的懺悔文，如 P. 3842《寅朝禮懺》、P. 2722 沙門思遠所述的《禮佛文》、生‧二十五 No. 8347《降生禮文》都有類似天臺懺儀的格式。上述資料請見王書慶編撰《敦煌佛學‧佛事篇》（蘭州市：甘肅民族出版社，1995 年 3 月一刷）。《寅朝禮懺》：頁 101～103，《禮佛文》：頁 103～104。《降生禮文》：頁 123～126。

〔註106〕如禪宗、淨土宗所用的懺儀,部份承繼天臺懺儀,最有名的就是《大悲懺》及《千手眼大悲心咒行法》,也就是所謂的「大悲水」的儀軌還有《金光明懺齋天法儀》其格式即為天臺懺儀法式。上述資料請見天寧寺用課誦本《禪門日誦》（臺北市：老古文化事業公司版社，1994 年 12 月二刷）。又韓國佛教使用課誦本《釋門儀範》當中有收錄《七處九會禮》，以禮拜《華嚴經》為主，其格式簡單而非常古老：僅有「茶偈」、「歸敬頂禮」與「迴向」的「三啓經」格式，然於「歸敬頂禮」部份，起頭皆為「志心頂禮」，推測應與天臺宗的懺儀內「一心頂禮」有關。以上資料，請見安震湖編《釋門儀範》（韓國：法輪社出版，1984 年 4 月 20 日七版發行），頁 3。該書內收錄頗多中國佛教沒有的儀規，筆者推測應屬於華嚴宗使用儀軌，而今天中國多已失傳。

智者大師說：

> 欲修大乘行者，發大乘意者，欲見普賢菩薩色身者，欲見釋迦牟尼
> 佛多寶佛塔分身諸佛及十分佛者，欲得六根清淨入佛境界通達無閡
> 者，欲聞十方諸佛所說，一念之中悉能受持通達不忘，解釋演說無
> 障閡者……欲得一念之中遍到十方一切佛剎，見種種色身作種種神
> 變，放大光明說法度脫一切眾生，入不思議一乘者，欲得破四魔，
> 淨一切煩惱，滅一切障道道罪，現身入菩薩正位，具一切諸佛自在
> 功德者，先當於空閑處，三七日一心精進入法華三昧。若有現身犯
> 五逆四重失比丘法，欲得清淨還具沙門律儀，得如上所說種種勝妙
> 功德者，亦當於三七日中，一心精進修法華三昧，所以者何？此法
> 華經是諸如來祕密之藏，於諸經中最在其上，行大直道無留難故。

〔註107〕

換句話說，想要進入到大乘佛法的核心，進入到三摩地境界當中。想要進入
到不可思議的一佛乘，滅一切障道道罪，證到菩薩果位，具足了一切諸佛的
自在功德者，證入「法華三昧」是一條可行的道路。我們知道傳統佛教的修
行法門就是禪坐，禪坐的目的就是要證入三昧，證入三昧就可以進入諸大菩
薩與佛如來的境界。所有修行法門都是為了這個目的而成立，而所有的方便
法門都是為了能夠進入正確的諸佛菩薩的三昧境界而能成立。那也就是說，
只要任何一個方法可以導引進入三昧，也就是意味著，它就是成佛的法門。
直而言之，「方便」也就是「究竟」，一佛乘的意義就是在於此。於是如智者
大師所說，修行誦讀《法華經》若能直接進入三昧，不像傳統修行禪定那樣
需要一步一步，漸次進入各種三昧，如諸大乘經典所開示的各種三昧，數量
非常多，種類非常繁雜，但是想要在三昧當中見到諸佛的境界，是需要進入
甚深的禪定當中才有可能，這在聲聞乘而言是很難做到的，只有在菩薩境界
中才能做到。這種一步一步漸次悟入各種三昧，經過好大的工夫才能進入到
《法華經》所揭示的三昧，比起智者大師這個修行方法來說，智者大師的方
法顯然是太簡便，太方便了！這種不必使用傳統打坐進入禪定就能夠見到諸
佛菩薩，乃至能夠「得如上所說種種勝妙功德者」，毫無疑問是最善最妙的修
行法門。筆者以為，天臺宗能夠成為一個時代的佛教領先群倫的地位，說是

〔註107〕請見《大正新修大藏經》第四十六冊（臺北市：新文豐出版有限公司，民國
　　　　72年修訂版），頁949。

這類如《法華三昧懺儀》的功勞其實並不過分。進入甚深三昧，見到諸佛菩薩是許多學習佛法人們心中的夢想。能夠使用簡便的方法，就使人們這一個夢想能夠實現，無怪後人將智者大師譽爲「東土小釋迦」。

智者大師之所以製作《法華三昧懺儀》主要是參考了《觀普賢菩薩行法經》當中的修行懺悔的方法。這是因爲《妙法蓮華經・普賢菩薩勸發品》揭示了唸誦《法華經》的方法，提到了：

> 爾時，普賢菩薩白佛言：「世尊，於後五百歲濁惡世中，其有受時是經典者，我當守護。……是人若行、若立、讀誦此經，我爾時乘六牙白象王，與大菩薩眾，俱詣其所，而自現身供養守護，安慰其心。亦爲供養《法華經》故。……受持《法華經》者，得見我身，甚大歡喜，轉復精進，以見我故，即得三昧及陀羅尼，名「旋陀羅尼」。……欲修習是法華經於三七日中，應一心精進，滿三七已，我當乘六牙白象，與無量菩薩眾而自圍繞，以一切眾生所喜見身，現其人身，而爲說法。」〔註108〕

而關於普賢菩薩所說的這個法門，在《觀普賢菩薩行法經》當中有更進一步的開示：

> 樂見普賢菩薩色身者，樂見多寶佛塔者，樂見釋迦牟尼佛及分身諸佛者，樂得六根清淨者，當學是觀。此觀功德除諸障礙，見上妙色，不入三昧，但誦持故。專心修習，心心相次，不離大乘。一日至三七日，得見普賢。……普賢菩薩……以智慧力化乘白象，其象六牙七支下生七蓮華。……（行者）見是事已，復更懺悔。至心諦觀思惟大乘，心不休廢。〔註109〕

是以，我們知道，普賢菩薩就是《妙法蓮華經》的保護者，護持者，只要是有人唸誦《妙法蓮華經》，他就要率領眾菩薩眷屬，前往那個人地方恭敬圍繞，守護他，教導他得到三昧及「旋陀羅尼」。因此智者大師就了解到，就諸佛菩薩本願關係，即以普賢菩薩所開示的《法華經》修行方法，也就是《觀普賢三昧行法經》所揭示的內容來修持，終於在慧思大師的教導下，在十四天內

〔註108〕請見《妙法蓮華經》（臺北市：大乘精舍印經會，民國 87 年元月出版），頁457～458。

〔註109〕請見《大正新修大藏經》第九冊（臺北市：新文豐出版有限公司，民國 72年修訂版），頁 390。

唸誦《妙法蓮華經·藥王品》：「諸佛同讚，是名眞精進，是名眞法供養。」到此豁然開朗，證入「法華三昧前方便」，得到了「旋陀羅尼門」〔註110〕。因此《法華三昧懺儀》可說是智者大師「己心中所行法門」〔註111〕。是智者大師親自修行，親自實證，獲得妙果的法門。

　　天臺智者大師所創制的悟入「法華三昧」的法門，卻命名爲《法華三昧懺儀》，從題名來看，明顯的是在於「懺悔」。懺悔本來只是就自己過去所造的罪業，表示後悔，確實是佛教修持的法門一種。對此《摩訶止觀》卷四上說：

> 事理二犯俱障，止觀定慧不發。云何懺悔令罪消滅不障止觀耶？若犯事中輕過，律文皆有懺法，懺法若成，悉名清淨。戒淨障轉，止觀易明。若犯重者佛法死人，小乘無懺法，若依大乘許其懺悔，如上四種三昧中說，下當更明。……若犯事中重罪，依四種三昧則有懺法。……《妙勝定》云：四重五逆，若除禪定，餘無能救。〔註112〕

罪業的存在，是會造成止觀的障礙，因此名之爲「業障」。罪業輕，小乘的懺法還可以淨除，但若犯了很重的罪業，如「殺父、殺母、殺阿羅漢、破和合僧、出佛身血」這種「五無間罪」，小乘懺法就無能爲力。智者大師發現，若使用大乘佛法，則可以懺除這類重罪，那就是「禪定」方法。是以誦經一心，則能見到普賢菩薩，及十方諸佛，在以普賢菩薩爲首及十方諸佛面前行懺悔，主要就是因爲淨除罪障，得發定慧，進入三昧。但筆者以爲，這樣的行懺悔法門事實上還有另一個重要的目的。《國清百錄》卷一《敬禮法第二》告訴我們，天臺宗禮佛方法是依照龍樹菩薩的《十住毘婆沙論》爲主而制定的〔註113〕。而《十住毘婆沙論·除業品》當中說：

> 求阿惟越致地者，非但憶念稱名禮敬而已，復應於諸佛所懺悔勸請隨喜迴向。……如過去諸菩薩求佛道者，懺悔惡業罪，我亦如是發露懺悔，不敢覆藏，後不復作。〔註114〕

〔註110〕請見《大正新修大藏經》第五十冊（臺北市：新文豐出版有限公司，民國72年修訂版），頁191～192。

〔註111〕請見《大正新修大藏經》第四十六冊（臺北市：新文豐出版有限公司，民國72年修訂版），頁1。

〔註112〕同註109，頁39。

〔註113〕請見《大正新修大藏經》第四十六冊（臺北市：新文豐出版有限公司，民國72年修訂版），頁794。

〔註114〕請見《大正新修大藏經》第二十六冊（臺北市：新文豐出版有限公司，民國72年修訂版），頁45。

換句話說，在諸佛菩薩面前懺悔罪障，披露而不覆藏，將可能因此功德獲得「阿惟越致」，即「不退轉地」，大約是七、八地菩薩，可算是高級的菩薩果位。因此就這一點來看，智者大師所創制的儀軌，不僅能夠使修行此一懺儀的人獲得淨除業障的機會，事實上更有機會能夠入更深更廣的三昧，獲得較高級的菩薩成就。從這一點來說，智者大師對佛法的了解，眞非尋常所及。此一懺儀的精神，可說眞正是《妙法蓮華經》精神的具體實踐。

關於《法華三昧懺儀》的意義、價值與用心所在，大略介紹至此。至於深入討論，則有待來日。本研究所要關心的是，《法華三昧懺儀》的儀軌。關於《法華三昧懺儀》概略是這樣的：

1. 三七日行前方便：正懺以前，一七日先自調伏其心，息諸緣事。供養三寶，嚴飭道場。
2. 正入三七日，修行一心精進方法：
    (1) 嚴淨道場。
    (2) 淨身方法。
    (3) 修三業供養法。
    (4) 請三寶法。
    (5) 讚嘆三寶法。
    (6) 禮佛方法。
    (7) 懺悔六根及勸請隨喜迴向發願方法。
    (8) 行道法。
    (9) 誦經方法。
    (10) 坐禪實相正觀。〔註115〕

前述《法華三昧懺儀》當中十個三七日內行道的儀節的情況：

1. (1)、(2) 部份皆無梵唄。
2. 「(3) 修三業供養法」當中，智者大師在上面註明「口自唱言」〔註116〕：「一切恭敬一心敬禮十方常住佛」。並唱言：「願此香花雲，普遍十方界，供養佛經法，並菩薩聲聞緣覺眾，及一切天仙，受用作佛事。」這首讚偈。
3. 「(4) 請三寶法」當中的「一心奉請南無釋迦牟尼佛」等各尊諸佛菩

〔註115〕同註113，頁 949～954。
〔註116〕同註113，頁 950。

—192—

薩及經法是「口稱名字」，也就是直接讀誦的。

4. 「(5) 讚嘆三寶法」中則有智者大師的註記：「口自宣偈讚嘆并及咒願」〔註 117〕：「容顏甚奇妙，光明照十方，我適曾供養，今復還親觀，聖主天中王，迦陵頻伽聲，哀憫眾生者，我等今敬禮。」

5. 「(6) 禮佛方法」當中，則「一心敬禮本師釋迦牟尼佛」是屬於言語讀誦的。但到了「一心頂禮普賢菩薩摩訶薩」時，則須「三唱」。

6. 「(7) 懺悔六根及勸請隨喜迴向發願方法」當中「懺悔」的地方通常要「口即自言」，也就是用口說的比較真切〔註 118〕。「勸請」與「迴向」及「發願」也都是口唸誦讀。

7. 「(8) 行道法」，到了誦念佛菩薩名號時，智者大師則要「燒香作唄契」。「唄竟至本禮佛處，皈依三寶一心正念當口自唱言」〔註 119〕《三皈依》偈，是本處則有使用梵唄。

8. 「(9) 誦經方法」部份則為讀誦，也就是轉讀，「當使文句分明，音聲辯了，不寬不急。」〔註 120〕

9. 「(10) 坐禪實相正觀」則沒有使用梵唄，純粹是打坐而已。

從以上的分析來看，我們發現，智者大師不僅製作了儀軌，還在儀軌內各個儀節當中註明是否使用梵唄。其用心至深，由此可見。然而，從右邊這個儀軌來看，筆者以為，我們可以看到在智者大師的時代，有這樣幾種重要的梵唄：

1. 「一切恭敬一心敬禮十方常住佛」這是放在儀軌的最前面梵唄。筆者以為這應該是屬於當時「維那法師」，也就是類似司儀性質，主法帶領的法師所用的梵唄。

2. 「願此香花雲，普遍十方界，供養佛經法，並菩薩聲聞緣覺眾，及一切天仙，受用作佛事。」這首唄曲是放在《法華三昧懺儀》前面，作為「三業供養」或「香華供養」。

3. 在「(6) 禮佛方法」與「(8) 行道法」當中，屬於誦念佛菩薩名號時是使用梵唱，而到了唱《三皈依》時也是使用梵唄方式唱唸。

〔註 117〕同註 113，頁 951。
〔註 118〕同註 113，頁 952。
〔註 119〕同註 113，頁 953。
〔註 120〕同註 113，頁 954。

4. 轉經：儀軌中有「誦唸經典」的儀節，是使用聲調誦唸經典的方法。

從《法華三昧懺儀》當中，我們知道智者大師不僅明白列出儀軌次序，還在上面做了種種讀誦的標記，明白標註某地以口宣說，或唱或唄。這大概是大師以爲在修行過程中應該要有的唸誦方式，行者比較能夠契入《法華三昧懺儀》的精神所在與容易進入「法華三昧」吧。前面筆者曾提到，《法華三昧懺儀》是中國佛教梵唄發展的重要關鍵，其原因是：

1. 天臺懺儀是中國佛教首次脫離印度佛教色彩的傑作，天臺懺儀的製作，不僅繼承印度佛教思想，並能獨樹一格，由中國佛教的法師自制儀軌，而且修驗有成，而歷代修持此一儀軌獲有成就，有名者亦頗眾多。在智者大師以後，天臺宗行門以弘揚《法華經》思想爲主，不僅獲得僧眾努力發揚，連國家也認同，而給予支持（陳、隋二朝給予天臺宗的支持最著）。今天天臺懺儀還仍然成爲中國佛教重要法會重心，扮演著重要角色。如中國佛教顯教的《大悲咒》就是天臺宗所弘揚，而成爲禪門、淨土重要的儀軌之一。天臺宗能夠成爲中國佛教重要宗派，不僅僅是在於提出系統的佛教教育體系，行門上的成就更不可忽視。

2. 天臺懺儀，帶給中國佛教最大的財產，就是唸誦經典與稱念佛號。這使得後世發展禪宗、淨土宗，乃至其他宗派都有深遠的影響。如《法華三昧懺儀》當中的「個個胡跪，嚴持香華供養」的做法與「一心頂禮」的觀念，後代大多遵從。今天臺灣佛教的淨土宗儀軌例如「早、晚課」在儀軌開始時，雖並無強調「個個胡跪，嚴持香華供養」，但是有香花陳設供養，而舉《爐香讚》替代，以香供養爲主。「佛七儀軌」的「大迴向」當中就還有這些「一心頂禮」的模式。天臺懺儀強調「禮佛」、「拜佛」的觀念，也成爲後世佛門重要修行觀念。因此吾人可說，天臺宗是中國佛教行門重要的發展關鍵，甚且說是近世佛教行門的宗祖，應該一點也不爲過。

3. 從《法華三昧懺儀》來說，從正式進入道場開始儀軌的「(3) 修三業供養法」當中梵唄「願此香花雲，普遍十方界，供養佛經法，並菩薩聲聞緣覺眾，及一切天仙，受用作佛事。」此曲今雖不用，然而以香作爲儀軌開端的觀念，已經成爲今天（幾乎）中國佛教儀軌所採用。那就是《戒定眞香》、《爐香讚》這類讚頌。另外，天臺懺儀以《三皈

依》放置在儀軌後段，並以梵唄方式唸誦，這一觀念也爲後世所採用。
而稱念佛號，以梵唄方式唱唸的「行道」，雖今天多不使用，但是給予
後來的淨土宗發展成的「念佛」、「繞佛」儀式，不無影響。持別是誦
念《法華經》可以入三昧，及誦經後的禪坐等等，這對後來的淨土宗
（「佛七」儀軌當中有「念佛後坐禪」的儀節）行門儀軌的形式具有一
定的影響。這說明了中國佛教使用基本的佛教儀規格式，是奠基與發
展在天臺宗門人手中的。

　　天臺懺儀，雖經智者大師的制定，已經形成一定規模，對後代起很重要
的影響。筆者以爲，眞正奠定今天中國佛教儀軌基本形式的，是在唐代湛然
大師，就《法華三昧懺儀》所另行制定的《法華三昧行事運想補助儀》當中
的「依本文總歷十法」如下：

　　(1) 嚴淨道場。

　　(2) 淨身。

　　(3) 三業供養、運香。

　　(4) 請佛、請佛菩薩。

　　(5) 歎佛。

　　(6) 禮佛。

　　(7) 懺悔應運順逆十心。

　　(8) 懺六根。

　　(9) 勸請、隨喜、迴向、發願。

　　(10) 行道、三歸。〔註121〕

這「十法」可說是現代中國佛教使用的儀軌之基本型式，我國梵唄也就此儀
軌爲基本規範而設計。舉如以「(3) 三業供養、運香」而使用的各種《香讚》；
「(4) 請佛、請佛菩薩」而有的奉請諸佛菩薩的唱唸；「(5) 歎佛」而有的
《讚佛偈》；「(6) 禮佛」而有的各種如「一心頂禮南無本師釋迦摩尼佛」，或
是所謂「拜願」；「(7) 懺悔應運順逆十心」雖然並沒有完全同天臺型式，但
已經有了《懺悔偈》或各種「懺悔文」；「(9) 勸請、隨喜、迴向、發願」
雖不完全採用，但有《迴向偈》、《四弘四願》等詩偈；「(10) 行道、三歸」
則發展出了《三皈依》與「繞佛、念佛」的儀式。總之，由於天臺宗以崇拜
《法華經》爲主，奉普賢菩薩修行法門爲中心，故所有儀軌都與普賢菩薩的

〔註121〕同註113，頁 949～954。

「十大願王」有關〔註122〕，故其儀軌設計都具備這些型式。後代華嚴宗、禪宗、淨土宗雖並不一定隨同天臺宗一樣崇拜《法華經》，但是基本上對普賢菩薩的崇拜是沒有改變的。

因此，不論是以歷史，或是成就上來講，想要了解中國佛教修行儀軌基本型式，天臺宗的行門應該是首要研究的對象。事實上，中國佛教從印度傳來，其間雖然翻譯經典，倡議經論思想的大師並不少見，但是一直要到天臺智者大師，中國佛教思想體系總算有了較系統性的整理。然而天臺大師並不同於其他大師對佛教的理解，他不僅提出「五時八教」的佛學體系，最重要的，筆者以為就是以「一佛乘」為前提，提出的各種修持法門，將大乘佛法的「方便思想」發揮到淋漓盡致。筆者以為，天臺智者大師真正偉大所在，乃是提出了「法華思想」的實踐方法。使「成佛」的「方便教義」從理論上成為可能的事實，這是天臺智者大師對中國佛教真正的貢獻。是以想要真正了解天臺教義，在行門上的研究不應該忽略的。

所以梵唄的研究，是不能脫離儀式。因為佛教僧伽的傳統對音樂的基本態度還是否定的。即使大乘佛教對於音樂有所開放，但也不能因為對眾生行方便法而危害到自己的修持。換句話說，能夠教導大眾以六欲來做修行對象的，本身一定要能夠有離欲的本事。否則在眾生還沒有度化以前，自己恐怕就墮落了。所以，大乘佛教雖然對音聲有所謂的「音聲佛事」，基本上也是以「歌詠法言」為主，還是有一定的範圍。

就佛教梵唄的發展來看，僧伽在使用梵唄之時，那種沒有意義而歌唱或使用梵唄（單曲）情況幾乎是沒有的，即使是練習，也是以儀式用途作為前提之下來進行。唯有從這個角度觀察，我們才能有辦法了解像《佛門必備課誦本》這類的佛教梵唄教本的組織。而像《魚山聲明集》這種散亂編排梵唄的方式，若非研究儀式中的儀節，恐怕也很容易歧路亡羊——弄不清楚這些梵唄的用途和使用場合。這就是我們為什麼要研究儀式的原因，就是為了要清楚理解梵唄所扮演的角色與課輔本的組織。換句話說，課誦本的成立，事實上就是與當時使用的儀式所形成對映關係，僧人往往只要學會幾種梵唄的

〔註122〕這「十大願王」的内容是：「一者禮敬諸佛。二者稱讚如來。三者廣修供養。四者懺悔業障。五者隨喜功德。六者請轉法輪。七者請佛住世。八者常隨佛學。九者恆順眾生。十者普皆迴向。」原文出自《華嚴經‧普賢行願品》，今皆成為臺灣佛教常用早晚課唸誦内容。見《佛門必備課誦本》（臺北市：大乘精舍印經會出版，民國80年4月四版），頁35。

範本，也就是儀式中每個儀節使用的聲曲，他就有辦法去應付該教派下各種不同的法會與儀式。所以今天不一定可以看得到當年天臺宗使用的課誦本，但從各種天臺宗法會的儀節裡歸納，類似《魚山聲明集》這樣的「課誦本」也是可以編輯得出來。

僧人是不能沒事唱歌來娛樂自己，在前面我們曾看到給孤獨長者譏諷僧團不當吟詠的故事。即如僧團對音聲處理不好，還會招來在家人的譏諷。在佛門文化裡，梵唄和儀式的關係是很密切的，捨去儀式談梵唄，恐怕有忽略了梵唄在佛制的本義，而容易流於純音樂的欣賞了。